普通高等教育精品教材

大学生心理健康

主　编　张玉茹

副主编　许惠芬　郝文静　施展望　姚春芬

中国轻工业出版社

图书在版编目（CIP）数据

大学生心理健康 / 张玉茹主编；许惠芬等副主编．—
北京：中国轻工业出版社，2026.1
ISBN 978-7-5184-4035-1

Ⅰ．①大…　Ⅱ．①张…　②许…　Ⅲ．①大学生—心理健康—健康教育　Ⅳ．① G444

中国版本图书馆 CIP 数据核字（2022）第 103219 号

责任编辑：李　红　　　责任终审：劳国强
整体设计：锋尚设计　　责任校对：宋绿叶　　责任监印：张　可

出版发行：中国轻工业出版社（北京鲁谷东街5号，邮编：100040）
印　　刷：河北鑫兆源印刷有限公司
经　　销：各地新华书店
版　　次：2026年1月第1版第11次印刷
开　　本：787×1092　1/16　印张：12
字　　数：300千字
书　　号：ISBN 978-7-5184-4035-1　定价：49.00元
邮购电话：010-85119873
发行电话：010-85119832　010-85119912
网　　址：http://www.chlip.com.cn
Email：club@chlip.com.cn

260092J1C111ZBW

本书编委会

主　编　张玉茹

副主编　许惠芬　郝文静　施展望　姚春芬

编　委（按姓氏笔画为序）

王凤华　石统昆　步珏良　宋之霞

张志坚　程　敏　虞　岚　黎　林

前言

党的二十大报告中明确指出，要“推进健康中国建设”，要“把保障人民健康放在优先发展的战略位置，完善人民健康促进政策”，特别强调要“重视心理健康和精神卫生”，这极大鼓舞了我们推动心理健康事业高质量发展的信心和决心。嘉兴学院开展大学生心理咨询工作已有二十余年，又是浙江省首家为大学生开设“心理健康教育课程”必修课的学校。在为大学生进行心理咨询与教育的过程中，我们发现大学生的心理问题主要是大学生在成长发展过程中遇到的心理困惑与矛盾，这些心理困惑与矛盾可以在课堂上通过形式多样的辅导得到启迪与解决。一门好的课程不能缺少一本好的教材，想为我们学校的同学们编写一本适合心理健康教育的教材的念头由来已久，却一直因琐事拖拉着。在时任学生处处长郝文静的督促与鼓励下，在心理课程任课老师们的支持下，我们终于动笔编写此教材。

本书的内容除了以往相关教材都会涉及的大学生心理健康教育的主题，如自我认知、学习心理、人际交往、爱情发展、性心理、情绪健康、人格健康等，还增加了生命意识这一教育内容。

参与本书撰写、审核的有：第一章 黎林编写，许惠芬审核；第二章 许惠芬编写、审核；第三章 姚春芬、郝文静编写，郝文静审核；第四章 张志坚、程敏编写，张玉茹审核；第五章 张玉茹编写、审核；第六章 张玉茹编写、审核；第七章 步珏良、虞岚编写，姚春芬审核；第八章 石统昆编写，姚春芬审核；第九章 施展望、宋之霞编写，施展望审核；第十章 王凤华编写，郝文静审核。张玉茹最后统稿。

感谢嘉兴学院各个部门对心理健康教育工作多年的支持与关心。

本书在写作上还有一些不足，希望读者批评指正，以期通过进一步修订使其逐步完善。

编者

2023年11月

目录

第一章　大学生的心理健康

任务目标

- ★ 认识心理活动的特点和实质
- ★ 了解大学生心理发展的特点
- ★ 掌握大学生心理健康的标准

如果没有健康，智慧就无法表露，文化就无法施展，力量就无法战斗，知识就无法利用。

——赫拉克利特

随着社会的进步和观念的转变，心理健康问题日益受到人们的重视，人们对健康的理解更加全面和多元化，心理健康作为健康的一个重要组成部分逐渐被大众了解和接受。如何保持健康的心理、健全的人格和成熟的心态，将成为每个人需要面对的问题。了解心理健康，学习维护心理健康的方法和技巧，学会应对各种压力和问题，提升自身心理素质是每一位大学生成长和发展过程中应该面对的一个重要课题。

第一节　大学生的心理发展

一、人的心理现象

心理活动是人人具有并为大家所熟悉的，但对于心理的实质却有各种说法。在我国古代很长时期内人们认为心理活动起源于心，从我国汉字中可看出这样的痕迹，表示心理活动的字大多和“心”有关，如想、恋、怒、恨等；著名医学家李时珍提出了“脑为元神之府”的论断，认为脑是高级中枢所在地，聚集着人的精神；清代名医王清任也提出了“灵机，记忆不在心在脑”的论断。随着现代医学的发展，特别是解剖学和临床医学的日趋成熟，人们的认识逐步提高，认为心理是脑的机能，以及任何心理活动都产生于脑，所有心理活动都是脑的高级机能的表现；心理是对客观现实的主观反映，以及所有心理活动的内容都来源于外界，是客观事物在脑中的主观反映。

心理现象是心理活动的表现形式。一般把心理现象分为两类：即心理过程和个性心理，分别从动态方面和静态即相对稳定的方面阐述心理现象。

1. 心理过程

心理过程是指人的心理活动发生、发展、消失的过程，包括认知过程、情感过程和意志过程。认知过程源于感觉器官受到刺激后，在脑中产生感觉，脑将多种感觉综合并整合成一个整体而形成知觉，再通过记忆、思维、联想、想象，借助语言来完成。人在认识客观事物的过程中，总是带着一定的态度：喜爱、厌恶、高兴、烦恼、愤怒、恐惧、悲伤等，这便是情绪过程。人在处理客观事物的活动中，必然要克服困难，这就需要意志。认知、情绪和意志既有区别又有联系，它们是心理过程的三方面。认知是情绪和意志的前提，意志对认知和情绪又起着控制和调节作用。

（1）认知过程。认知过程是心理过程中最基本的过程，是人从感性认识到理性认识的过程，主要包括感觉、知觉、记忆和想象等。

①感觉和知觉。感觉是事物直接作用于人的感觉器官的个别属性反映。例如，吃到蜂蜜，感觉它是香甜的；呼吸到早晨的空气，感觉它是新鲜的；抚摸棉花，感觉它是柔软的；闻到花香，感觉它是芬芳的。感觉往往是人们对客观事物最突出和鲜明的个性的感知。知觉是事物直接作用于人的感觉的整体属性的反映。世界上的事物，之所以构成一个事物，往往不是由其某一单独属性构成的，而是由许多个别属性构成的。知觉就是对事物整体的把握。盲人摸象之所以不准确，就在于他只摸到单一的局部。我们看到棉花就能准确辨认，就是因为我们感知了它的全部属性。

②记忆就是过去的经验在人脑中的反映。人的大脑感知过的事物、思考过的问题和理论、体验过的情感和情绪、练习过的动作都是记忆的内容。记忆是个复杂的心理过程，它包括识记、保持、回忆三个基本环节，而不是单一的“背诵”。这三个环节是相互联系不可分割的。识记和保持是回忆的前提、基础，回忆又是识记和保持的结果，并能够加深识记和保持。

③思维和想象。思维是人脑对客观事物间接的、概括的反映。思维是认识过程中的高级阶段，它可以揭露事物的本质和规律，主要表现在人们解决问题的活动中。例如，早晨起来推开窗户，看到地面潮湿便会断定夜里下过雨；出差回来，凭着看到的一片狼藉和少了贵重物品，就可以断定有人入室偷盗了。想象是人们在感知的基础上，在头脑中创造出来的形象。它是一种高级复杂的认识过程，与思维有着密切关系。通过想象产生的事物的新形象，可以是没有直接感知过的事物的形象，也可以是世界上还不存在的或根本不可能存在的事物的形象，但是无论想象的内容怎样离奇古怪，它都是以客观现实为基础的。

（2）情感过程。“人非草木，孰能无情”，人在认识世界、改造世界的过程中，总会对认识的对象和现象产生各种内心体验、情绪和情感。当客观现实符合人的需要时，就会产生爱、满意、愉快、赞赏、尊敬等肯定而积极的情绪和情感体验；当人的需要不能得到满足，则产生憎恨、不满、忧愁、愤怒、恐惧等否定而消极的情绪和情感体验；如果客观事物与人的需要的满足是无关的，人就会表现得无动于衷。

积极的情感可以使人斗志旺盛，对人的行为起促进作用；消极的情感则会削弱人的斗志，阻碍人意志行动的现实。例如，当前大学生中存在着两极分化的状态，有些同学学习刻苦、积极地参与社会活动，其学习成绩优秀、社会活动能力大增，兴趣和斗志被进一步激发，结果越来越优秀；有些同学则沉溺于游戏和网络世界，学习成绩糟糕，缺乏社会实践和锻炼，甚至因此而考试不及格，被迫休学或者退学。

（3）意志过程。如果说感知觉是外部刺激向内部意识的转化，那么，意志过程就是内部意识向外部行为的转化，因为意志过程总是伴随着行动，并指向外部特定目标。人在认识和改造世界的活动中，总有一定的目的。为实现其目的，必须制订计划、采取措施、调节行为、克服困难。这种内部的心理过程就是意志过程。

2. 个性心理

“人心不同，各如其面”，世界上没有两片相同的树叶，也没有两个完全相同的人。心理学把一个人的精神面貌称为“个性”，每个人都具有自己的个性，各不相同。一个人的个性心理包括个性倾向性和个性心理特征。

（1）个性倾向性。个性倾向性，主要包括需要、动机、兴趣、理想、信念及世界观。需要是个性、积极性的源泉，是个体对生理的和社会的需求在头脑中的反映。动机是为满足某种需要推动人们进行活动的内部动力。需要是动机的基础，动机是需要的表现。动机的主要形式有兴趣、理想、信念、世界观。兴趣是人积极探究某种事物的心理倾向。一个人对某种事物产生稳定的兴趣时，就会主动思考，探究其实质，使整个认识活动积极化，情绪活动和意志活动也会增强。理想是人们对未来的向往和追求。理想激励着人们的热情和斗志，是人们学习、工作和生活中的鼓舞力量。信念是人坚信某种认识的正确性，并以此作为生活准则，用来支配自己行为的个性倾向性。信念一旦确立，就会给人们的心理活动以深远影响，决定着人们行动的原则和坚韧性。世界观是对整个世界的根本看法，其中包括对人生的看法，即人生观。世界观是个性倾向的集中表现，是人们活动的主导动机，它指导人们正确地认识世界和改造世界。

（2）个性心理特征。在同一种环境下，不同的人从事同一种活动，结果会不同。如几个同时考入同一所医学院校临床医学专业的学生，最后有的成了科学家，有的成了名医，有的成了教师，还有的成了音乐家。为什么会有这样的差别？这是能力、气质、性格不同所致。

①能力。能力是指人们顺利完成某种活动所必备的个性心理特征。有一般能力和特殊能力之分。一般能力是在许多基本活动中表现出来，且各种活动都必须具备的能力。观察力（感知能力）、记忆力、思维力、想象力都属于一般能力。一般能力的综合称为智力，大家常说的“智力测验”，测的就是一般能力。特殊能力是在某种专业活动中表现出来，从事某种专业活动必须具备的能力，例如，音乐能力、绘画能力、机械操作能力等。

②气质。气质指的是一个人出生时就具有的表现在心理活动的速度、稳定性、强度和指向性等动力方面的特点，俗称“脾气”“秉性”。心理学把气质分为四种类型：胆汁质、多血质、黏液质、抑郁质。研究表明，并不是每个人都能归入某一气质类型。在成年人中，多数人属于混合型或中间型气质。

③性格。性格是指一个人在个体生活过程中所形成的对现实稳定的态度，以及与之相应的习惯了的行为方面的个性心理特征，是在主客体的相互作用中伴随着世界观的确立而形成的。从幼时起，家庭、学校和社会不断对个体施加各种影响，这种影响逐渐内化为个体意识，并通过个体的认知、情感和意志等心理活动做出相应的、特定的行为反应，个体的反应系统逐渐在其心理结构中保留并巩固，就构成了个体一定的态度体系，这种态度体系又调整着个体的行为方式，构成个体待人接物以及处事的独特心理面貌。

二、人的心理发展

一个人的心理是不断发展和变化的。一个人从出生到死亡，他的心理过程和个性心理特征不是固定不变的，而是处在一个不断变化的过程中。但是并非所有的心理变化都可以称为心理发展。例如，由于病理原因而发生的心理上的变化就不能称为心理发展。所谓心理发展主要是指个体从出生到老年期的心理活动所发生的积极变化。人在心理上所发生的这个积极变化过程，实质上就是指个体从出生之日起，随着实践活动的不断发展和大脑结构与机能的日益完善，对客观现实整个反映活动的扩大、改善和提高的过程。

20世纪初，霍尔接受生物进化论和复演说的观点，提出个体的心理发展复演了种族的进化过程，个体从婴幼儿、童年、青少年、青年时期的过程相应重复了人类原始时代、狩猎时代、蒙昧时代、浪漫主义时代的进化过程。人类进化史上出现的活动，在个体早期的行为特征中表现出来，而高级的、蕴含意志力的活动则在年龄较大的时候才会出现。霍尔认为，这种特征可称为“儿童乃成人之父”。早期出现的行为特征比后来的古老，但是没有后来的行为稳定，个体的行为符合社会和环境的要求，但这是如何出现的呢？关于人类心理发展的问题，各种心理学派的观点存在争论，目前的研究结果主要有以下三个方面。

1. 遗传与环境

子女与父母不仅外貌相似，而且举止言谈都有种神似——基因的遗传使得个体获得亲代的特征，肤色、长相、身形，长期共同生活导致父母与孩子的气质、秉性等心理特征相似。心理学家们普遍认为先天的遗传基因给心理发展提供了物质基础，而后天的环境则提供现实依据。就像播撒了若干种子一样，但哪颗种子发芽，后来的长势如何，就要受到后天的影响。基因来自父母，但从受精卵形成的那一刻起，母体的内在环境以及所处的外在环境就会对胎儿的发育产生影响。婴儿出生后受到抚养者的看管和照顾，与亲人建立人际互动，并逐渐模仿家人的行为方式。随着年龄的增长与活动范围的增大，个体受到学校教育和社会环境的影响，并逐渐形成稳定而统一的心理特点与模式。

2. 内因与外因

内因是指事物变化发展的内在根据，在心理学中是指个体的内在心理动机；外因是指事物存在和发展的外部条件，在心理学中是指促进个体改变的外在因素。一般来说，内因是事物发展的动力与源泉，影响着事物发展的基本方向；外因改变事物的发展速度，但不能改变事物的基本性质。人类的身心发展是主动的，外在因素可以影响心理的发展和心理状态的变化，但不能决定心理发展的方向。所以心理的发展不仅受到个人兴趣、动机的影响，也受到他人期待、同伴竞争等因素的影响。

3. 量变与质变

量变积累到一定程度才能引起质变，质变为量变提供了新的发展。人类的心理是一个不断发展的过程，心理发展也具有阶段性，人类在相同的年龄经历相似的心理发展过程，这与生命的本质发展有关，由生理发育决定，也与社会文化有关，由个体的社会角色、需要承担的责任与义务决定。

三、大学生的心理发展

1. 大学生认知能力的发展

个体的认知是一个包括感知、记忆、思维与想象等的心理过程。大学生的认知在他们的学习与实践生活中作用重大。知识的掌握、信仰的形成、技能的应用、问题的解决、观念的创新等，无不与认知密切相关。

（1）大学生感觉的发展与特点。与其他心理过程相比较，感觉能力较多取决于感官的生理状况，较少取决于个体的学习与经验积累。再者，与其他器官相比较，感觉器官的生理状况既成熟较早，又衰退较早。于是，这就决定了人类的感觉既是较早发展的心理过程，又是较早衰退的心理过程。大学生的感觉能力与18岁以前相比虽然有所下降，但仍然处于一生之中的较佳水平。大学生的动作及反应速度远比中学生好，处于一生之中的最高水平。

（2）大学生记忆力的发展与特点。记忆是人脑对过去经验的存储、组织与提取。心理学家对不同记忆进行了一项研究，发现个体的机械记忆发展最早，17岁左右几乎达到顶峰，维持一段时间之后才开始下降。形象记忆发展稍晚，14岁左右急速发展，17岁以后有所下降。逻辑记忆发展最迟，直到17岁才急速上升，维持几年上升趋势，然后衰退。可见大学生的机械记忆与形象记忆有所下降，逻辑记忆正盛。

（3）大学生思维的发展与特点。人类的思维分为直观动作思维、直观形象思维与抽象逻辑思维三种类型。前两类思维建立在直观操作和头脑中表象的基础上，后者建立在抽象概念和推理的基础上。大学生以思维能力为核心的智力处于高峰水平，抽象逻辑思维处于一生之中的顶峰，思维发展方向具有极大的系别差异，许多理工科学生（如物理系、数学系、化学系的学生）以及一些文科学生（如哲学系、经济系、逻辑学专业的学生），由于他们的学科内容包括逻辑推理都相当抽象，几乎全由抽象概念组成，“形式”已经从“内容”中完全解脱出来，只按逻辑关系展开，从而导致这些系的学生不仅习惯而且擅长抽象逻辑思维，逻辑思维水平极高；而其他一些系的学生（如中文系、艺术系、体育系的学生），他们的学科内容要求具备较高的形象思维，包括较高的视觉表象，动觉表象的感知、存储能力，从而促使他们的形象思维水平有了较高发展。大学生的辩证逻辑思维趋向成熟与完善，且思维更具独立性与批判性。

2. 大学生情绪情感的发展

大学生处于生理、心理发展的高潮阶段，思想活跃、思维敏捷、兴趣广泛，但由于经验不足，还不够成熟，表现出独特的情绪活动特点。

（1）情绪的丰富性与复杂性。处于青年中期的大学生，身心发展已经成熟或接近成熟，能独立处理个人生活和周围的事务。他们精力充沛、思想敏锐，敢想、敢说、敢为，最富有激情和创造性，情感日益丰富。他们渴求知识，兴趣广泛，追求友谊和爱情，常对自己喜欢的对象、活动表现热衷，对自己信服的人和关心自己的人表露出钦佩、仰慕。

（2）情绪的不稳定性与心境化。大学生的情绪犹如疾风、怒涛，表现出多变、不稳定的特点。他们容易兴奋、冲动，喜欢感情用事，情绪起伏较大，容易从一个极端跳到另一个极端。他们可能因一时的成功而产生积极的、愉快的情绪体验，甚至骄傲自满，忘乎所以；也可能因一时的挫折、失败而低估自我，甚至意志消沉，悲观失望。同时，他们的情绪一旦被激起，即使刺激消失，也还会转化为心境。

（3）情绪的外显性与内隐性。大学生对外部刺激反应迅速、敏感，喜怒哀乐表现得充分而具体，由情绪引起的内心变化与外部表现是一致的，具有外显性特点。例如，取得了好的成绩、获得了好的评价，喜悦之情会溢于言表。但大学生的外部表现与内心体验又并不完全一致，在某些状态下甚至会表现相反，尤其是在对异性的态度上，明明喜欢某个人，却有意无意地表现得不关心，甚至冷漠。

3. 大学生意志水平的发展

一个人在意志行动中所表现出来的稳定的、鲜明的心理特征就是意志品质。大学生的意志品质已呈现出较高的水平，但发展不平衡，总体而言，呈现出以下特征：

（1）自觉性不断提高，盲目性与惰性依然不同程度地存在。随着身心发展、自我意识的增强，以及知识和经验的积累，大学生行为的目的性、自觉性有了较明显的提高。

（2）果断性增强，但面对重大决定仍犹豫不决，仓促行事依然明显。由于独立性的提高、知识经验的丰富以及能力的增强，多数大学生行事的果断性有了较大发展。因此，一般情况下，大学生喜欢自己做决定，采取行动时也表现得自信、果断。

（3）坚韧性品质突出，但动摇、固执的特点依然存在。大学生血气方刚、精力充沛，富有正义感与冒险精神，再加上以往生活经历的锻炼，使得自身的坚韧性品质突出。他们敢想、敢说、敢干，内心充满着为真理而勇于牺牲自己的大无畏气概；为克服学习、生活中的各种困难而勇往直前。

4. 大学生个性与人格的发展

大学阶段，正是一个人生命的转折点，也是人格形成的重要阶段；是一个人从青春期向成年期转变的重要时期，也是人的自我意识形成、发展，走向完善的重要时期。在大学阶段，大学生将面临学业、择偶、就业等各方面的心理压力，更为重要的是在自我意识形成上面临着巨大的挑战与压力，会出现一系列大学生自我认识过程中的困惑。人格发展就是自我意识的形成从自我分化到自我整合的过程。可见，大学生自我意识的形成实际上正是埃里克森所说的自我同一性确立的过程。在整个大学阶段，大学生主要是进行自我探索和目标的达成，在这个过程中，他们会经历主观自我与客观自我、理想自我与现实自我、个人期望的自我与他人期望的自我、现实自我与未知自我等一系列的矛盾与冲突，最终获得自我同一性的整合。

第二节　大学生的心理健康

心理承受能力太差，是一种不健康的表现，心理健康是人良好素质的一个基本的方面，它对于我们今后的就业与成才有着十分重要的意义。

【案例 1-1】

A君，男，21岁，大学一年级，计算机专业。平时学习刻苦，学习成绩也很不错。近来，他被奇怪的腹痛“缠”上了，每当疲劳或精神紧张时就会肚子痛。那天，A君的肚子又痛了，开始是脐周痛，后来转为右下腹疼痛。老师、同学见状，连忙把他送到了医院。A君告诉医生，他从小就有肚子痛的毛病，在家乡曾被诊断为“慢性阑尾炎”。医生结合病史和体检结果，很快下了“慢性阑尾炎急性发作”的诊断。虽然当时化验结果提示血项中的白细胞不高，但考虑是“慢性阑尾炎”，经常发作会影响学习和工作，医生还是建议A君手术根治。A君考虑再三，决定长痛不如短痛，最终上了手术台。术后很快便康复了。然而，术后的病理报告却让A君傻了眼，上面赫然写着“正常阑尾”四个字。“难道我的肚子痛不是阑尾炎引起的？我的阑尾根本没病？”A君不由得担心起来。此后不久，他的担心变成了现实。每当他闷闷不乐或情绪激动时，肚子还会痛。去医院反复检查，都没有发现身体的异常情况。最终，外科医生建议A君去看心理科。心理咨询师经过全面访谈、认真分析后认为，A君患的不是真正的阑尾炎，而是“假性阑尾炎”或称“精神性阑尾炎”。经过一段时间的心理治疗，A君的肚子痛再也没犯过。

一、何谓健康

健康是人类永恒的追求，健康是人生首要的财富。正如古希腊哲学家赫拉克利特所说的，如果没有健康，智慧就难以表现，文化就无从施展，力量就不能战斗，财富就变成废物，知识也无法利用。有了健康就有了希望，有了希望就有了一切。那么到底什么是健康呢？我们自己的健康状况如何呢？

1. 健康的新概念

在过去很长一个时期，人们普遍认为没有痛病和不适，就是健康。这种“无病即健康”的传统观念一直影响着人们的医疗保健乃至政府的相关卫生政策。在日常生活中，人们比较注意锻炼身体，却大多忽略心理健康的维护，也不关注自然社会环境对人健康的影响。

现代科学技术和医学的发展，揭示了人的整体性、人与自然环境和社会环境的自然统一。人们对健康的认识已经从被动的治疗疾病转变为积极的预防疾病和提升素质；从单纯的生理标准扩展到心理社会标准；从生物医学模式转变为生物—心理—社会医学模式；从个体诊断延伸到群体乃至整个社会的健康评价。也就是说，既考虑到人的自然属性，又重视人的社会属性；既研究健康对人的价值，又强调了人对健康的作用，并将二者有机结合起来，新的健康概念应运而生。

1978年联合国世界卫生组织（WHO）成立时，在其宪章中把健康定义为：“健康乃是一种身体上、心理上和社会适应方面的良好状态，而不仅仅是没有疾病的虚弱状态。”这种对健康含义的界定，明确指出心理状态和社会适应能力也是健康不可缺少的组成部分。

1989年，世界卫生组织又公布了经过修改的健康的定义：“健康不仅仅是躯体没有疾病，而且还要具备心理健康、社会适应良好和道德健康。”

把道德纳入健康的范畴是有科学依据的。据巴西著名医学家马丁斯研究发现，屡犯贪污受贿的人易患癌症、脑出血、心脏病和精神过敏症。品行端正、心态淡泊、为人正直、心地善良、心胸坦荡，则会使人心理平衡，有助于身心健康。相反，有违于社会道德准则，胡作非为，则会导致心情紧张、恐惧等不良心态，有损健康。据测定，这类人很容易发生神经中枢和内分泌系统功能失调，其免疫系统的防御功能也会减弱，最终可能会在恶劣心态的重压和各种身心疾病的折磨下早衰甚至死亡。

从世界卫生组织对健康下的新定义来看，健康不仅是人们在一般意义上所理解的身体好、没有疾病、没有缺陷、不虚弱。而且还要具备心理健康、社会适应良好和道德健康。只有具备了以下四个方面的良好状态才是一个真正健康的人。

（1）生理健康。是健康的基础，是人们正常生活和工作的基本保障，是指人结构完整、生理功能正常。达不到这点，就谈不上健康。

（2）心理健康。是指人的精神、情绪和意志方面的良好状态，包括智力发育、情绪稳定乐观、意志坚强、热爱生活，行为规范协调、精力充沛、应变能力较强，能适应环境、能从容不迫地应付日常生活和工作压力，乐于承担责任，人际关系协调，知足常乐，心理年龄与生理年龄一致，能面向未来。心理健康和生理健康一样重要。

根据医学测定，良好的心态，能促进人体分泌出更多有益的激素，能增强机体的抗病能力，促进人体健康长寿。

（3）社会适应。是指不同时间内在不同岗位上对各种角色的适应情况。适应良好是指能胜任各种角色，适应不良是指缺乏角色意识。

（4）道德健康。指能够按照社会道德行为规范准则约束自己，并支配自己的思想和行为，有辨别真与伪、善与恶、美与丑、荣与辱的是非观念与能力。道德健康的最高标准是无私奉献，最低标准是不损害他人。不健康的标准是损人利己或损人不利己。

2. 健康的标准

健康是人生的第一财富，是每个人的基本追求。从国际社会的高度来认识，享受最高标准的健康被认为是一种基本人权；健康是社会发展的组成部分；健康是自己对人类的义务，人人都享有健康平等的权利。健康人人都需要，为了加深人们对健康的理解，世界卫生组织提出了健康的十条基本标准：

（1）有足够充沛的精力，能从容不迫地应付日常生活和压力，不感到过分紧张。

（2）处事乐观、态度积极、勇于承担责任，无论事情大小都不挑剔。

（3）善于休息、睡眠良好。

（4）能适应外界环境的各种变化，应变能力强。

（5）能够抵抗一般性的感冒和传染病。

（6）体重适当、身体匀称，站立时，头、肩、臂的位置协调。

（7）反应敏锐，眼睛明亮，眼睑不发炎。

（8）牙齿清洁，无空洞、无痛感、无出血现象，牙龈颜色正常。

（9）头发有光泽，没头屑。

（10）肌肉丰满，皮肤有弹性。

这十条标准，具体阐述了健康的定义，体现了健康所包含的体格方面、心理方面和社会方面的三部分内容。第一，阐明健康的目的，在于运用充沛的精力承担起社会责任，而对繁重的工作不感到过分的紧张和疲劳；第二，强调心理健康，处事表现出乐观主义精神和社会责任感及积极的态度；第三，应该具有很强的应变能力，对外界环境（包括自然环境与社会环境）各种变化的适应能力，以保持同各种变化不断趋于平衡、完美的状态；第四，从能够明显表现体格健康的几个主要方面提出标准，诸如体重（适当的体重可表现出良好、合理的营养状态）、身体、眼睛、牙齿、肌肉等。

围绕健康新概念，世界卫生组织归纳和总结了人群实践经验，于1999年提出了身心健康的新标准，即“五快”（机体健康）和“三良好”精神健康。

五快是指：

（1）快餐。快餐不是指狼吞虎咽，不辨饭菜滋味，而是说吃饭不挑食、不偏食，吃饭时感觉津津有味，吃的痛快，没有过饱或不饱的不满足感。如果出现持续性无食欲或食欲不好的状态，可能就意味着胃肠或肝脏出了问题。

（2）快睡。快睡就是睡的舒畅，一觉睡到天亮。醒后头脑清醒、精神饱满，睡眠质量好。如果睡的时间过长，且睡后仍感乏力不爽，则是心理或生理的病态表现。快睡说明神经系统的兴奋、抑制功能协调，且内脏无病理信息干扰。

（3）快便。便意来时，能畅快排泄大小便，而且感觉轻松自如，在精神上有一种良好的感觉，便后没有疲劳感，说明肠胃功能好。

（4）快语。说话流利，语言表达标准、有中心，头脑清醒、思维敏捷，说话时底气十足，说明心肺功能正常。

（5）快行。行动自如、协调，迈步轻松、有力，轻身敏捷、反应迅速。说明身体状况良好、精力充沛旺盛。因为很多疾病导致身体衰弱，都是先从腿部开始的，人有疾病时，下肢常有沉重感。另外，心情焦虑、精神抑郁时，往往感觉四肢乏力、步履沉重。

三良好是指：

（1）良好的个性。性格温柔和顺，言行举止得到大家的认可，能很好地适应不同环境，没有经常性的压抑感和冲动感。目标明确、意志坚定、感情丰富、热爱生活、乐观豁达、胸怀坦荡。

（2）良好的处事态度。能以良好的处事态度看问题、办事情，能以现实和自我为基础，与人交往能被大多数人所接受。不管人际关系如何变化，都能始终保持稳定、永久性的适应。

（3）良好的人际关系。与人相处自然融洽、言谈举止恰到好处，不寂寞独处，具有交际广、知心朋友多的特点，众人都乐于向你诉说心中的喜与乐。

总之，现代社会中，人们对健康的认识和对健康概念的理解越来越深刻。且越来越多的教育工作者和大学生认识到心理健康是大学生全面发展、早日成才的基础。开展大学生心理健康教育，提高大学生心理健康水平，已经成为高等教育的重要组成部分。这些健康观念的转变，与大学生心理问题的日趋突出有关。

二、何谓心理健康

1. 心理健康的含义

一个人的身体不健康，完全可以在这个世界上活得很快乐；如果一个人的心理不健康，即使他的身体很强壮，也可能生活得不愉快，甚至非常痛苦。可见心理健康对一个人来说是非常重要的。那怎样才能称为心理健康呢？

1946年，第三届国际心理卫生会议曾对心理健康下过定义："所谓心理健康是指在身体、智能、情感上与他人的心理健康不相矛盾的范围内，将个人心境发展成最佳的状态。"

总之，心理健康是指一个人能以积极有效的心理活动和平稳正常的心理状态，对当前和发展变化着的社会环境、自然环境、自我内部环境做出良好的适应和调节的一种状态。

2. 心理健康是健康的核心

从健康的含义中我们不难看到，一个完全健康的人，必须具备四个方面的良好状态。即：身体健康、心理健康、道德健康和社会适应能力良好。这四个方面相互联系、相互影响，四者在健康中所处的地位在不同的时期、不同的阶层、不同的需求群体都有所不同，因此对四者的重视程度也有很大区别。当今社会科学高度发达，竞争日益激烈，各种压力接踵而来，心理健康在健康中的地位将会变得越来越重要。人们逐渐开始重视心理健康，心理健康在某种程度上将成为人类健康的"核心"。

（1）生理健康是心理健康的基础，心理健康反过来又能促进生理健康。身体疾病可以影响个体的正常心理活动；强烈或持久的心理刺激也可以导致心理健康水平下降。生理和心理两方面的因素都与人的健康有着密切关系。

（2）心理健康与社会适应能力的关系也是密不可分的，二者互为因果。心理不健康就不能具有良好的适应能力。同样，适应能力较差的人，就不会有良好的心理状态。

（3）道德健康在某种意义上属于心理健康的范畴。

3. 心理健康标准

一个人的身高、体温可以用尺子、体温计准确测量，心理健康水平的测试就困难多了。人的心理健康标准是相对的，判断人的心理健康状况必须考虑年龄、性别、社会身份、情景等各种因素。某些行为发生在孩子身上是正常的，发生在成人身上则是变态的；某些行为发生在女性身上是可以接受的，而发生在男性身上则是不能容忍的；某些行为在特定的社会背景和条件下是正常的反应，在其他情况下出现则被视为超常规的行为。

基于对这些因素的考虑，心理学家和精神病学家提出的判定心理健康或心理正常与否的基本标准，就是同等条件下大多数人的心理和行为的一般模式，也就是社会常模。学者将人的心理健康水平大致分为三个等级：

（1）一般常态心理者。表现为心理经常愉快，适应能力强，善于与别人相处，能较好地完成同龄人发展水平应做的活动，具有调节情绪的能力。

（2）轻度失调心理者。表现出不具有同龄人所应有的愉快，与他人相处略感困难，生活自理能力有些差，若主动调节或通过心理辅导专业人员的帮助，可恢复常态 。

（3）严重病态心理者。表现为严重的心理失调，不能维持正常的生活、工作。如不及时治疗就可能恶化，成为精神病患者。

怎样判别心理健康与否？国内外心理学家从不同的角度提出了心理健康的一般标准。

美国心理学家马斯洛和密特尔曼从个体的人格完整及个体与环境之间协调的角度，提出了健康的十条标准：

（1）有足够的自我安全感。

（2）能充分了解自己，并能对自己的能力做恰当估计。

（3）生活理想切合实际。

（4）不脱离周围的现实环境。

（5）能保持人格的完整与和谐。

（6）善于从经验中学习。

（7）能保持良好的人际关系。

（8）能适度宣泄情绪和控制情绪。

（9）在符合团体要求的情况下，能有限度的发挥个性。

（10）在不违背社会规范的前提下，能适当满足个人的基本要求。

美国心理学家莱曼则主要从人际关系和社会适应方面，提出了心理健康的人应当具备的十大特征：

（1）情绪稳定，没有不必要的紧张感和莫名的不安感。
（2）能把敌对心转向有创造性的、建设性的方面。
（3）对别人的情绪容易产生同感。
（4）有喜欢别人和被人喜欢的能力。
（5）能表现出与发育阶段相适应的情绪。
（6）能建设性地处理问题，适应变化。
（7）自信、善于同他人交往。
（8）自我满足，同时也能接受帮助，二者保持平衡。
（9）为了将来的欲求，现在的欲求得不到满足也能忍受。
（10）善于生活。

1946年，第三届国际心理卫生会议曾指出心理健康的四条标准：
（1）身体、智力、情绪十分和谐。
（2）适应环境，在人际关系中彼此谦让。
（3）有幸福感。
（4）在工作中，能充分发挥自己的能力，工作有效率。

我国心理学家也提出了一些心理健康标准，这些标准大多包括两大方面：心理状况和社会适应。

郑日昌教授提出的心理健康标准包括以下七条：
（1）认知活动正常。
（2）情绪生活健康。
（3）意志品质健全。
（4）自我意识正确。
（5）个性结构完整。
（6）人际关系协调。
（7）社会适应良好。

上述中外学者所提出的心理健康标准、侧重不同，提法有异，但它们的基本精神和主要内容是一致的。

三、何谓大学生的心理健康

根据大学生所具备的年龄特征、社会角色和心理发展特点，大学生心理健康的基本标准可概括为以下几个方面。

1. 无躯体化反应

健康的生理是健康心理的基础和表现，诸如头痛、焦虑、失眠、注意力不集中等生理反应都是心理不健康的临床反应。心理健康标准的基本要素是指没有心因性躯体异常现象。

2. 智力正常

心理健康的学生对学习有浓厚的兴趣，求知欲望强烈，能克服学习中的困难，学习成绩稳定，能保持一定的学习效率，并从学习中体验到满足与快乐。大学阶段的主要任务是学习求知。联合国教科文组织提出，大学生在大学阶段要学会学习、学会做人、学会做事、学会与人相处。无论是学什么，心理健康的学生都应该表现出旺盛的求知欲和学习动机。

3. 情绪健康

大学阶段的学生情绪情感体验日益丰富、深刻，但是波动也较大，能否保持良好的情绪状态，进行有效的学习工作也是衡量大学生心理健康的重要指标。

4. 人格完整

人格是人体比较稳定的心理特征的总和。人格完整指人格的各要素（需要、动机、兴趣、理想、信念、世界观以及能力、气质、性格、人生观等）完整统一、平衡发展。心理健康的大学生有积极的人生观、价值观和世界观，与高尚的理想、远大的抱负和坚定的信念；他们有坚强的意志、独立创造能力和实践精神；他们勤奋学习、努力工作，为社会的发展与进步不懈奋斗；他们能把需要、动机、态度、理想、目标和行为统一起来，做到态度与行为相一致。

5. 自我评价正确

大学生自我意识虽然随着年龄的增长在逐步增强，但发展还不成熟；在认知上容易接受新事物，但相对缺乏辨别真伪的能力；抽象思维迅速发展，但思维易带主观片面性等心理特点，因此，在自我认识的时候，容易主观片面，不能正确看待他人对自己的评价，导致自我意识不正确，不能愉快的接受自己。

一个心理健康的大学生应该有正确的自我评价，能够客观地认识自己、了解自己、接纳自己，既不狂妄自大，做自己所不能及的事情；也不妄自菲薄，甘愿放弃发展的机会。

6. 人际关系和谐

心理健康的大学生乐于与人交往，并能用尊重、信任、友爱、宽容、理解的态度与人相处，能获得并与人分享友谊、乐于助人、团结协作。马克思说，人的本质是一切社会关系的总和。人总是处在一定的社会关系中，总要参与人际交往并在其中发展人际关系。和谐的人际关系是能够接纳他人并与其中的一部分人建立较亲密的关系，和谐的人际关系是一个有层次的、开放的体系。

7. 适应能力强

心理健康的学生在环境改变时能面对现实，使个人行为符合新环境的要求，并能对社会现状有清晰认识，与社会保持良好的接触。

8. 心理行为符合年龄特征

心理健康的人一般心理特点应该与其所属年龄阶段的人的共同心理特征相一致。心理健康的大学生应该充满青春活力，朝气蓬勃、积极向上、敢想敢干、勤学好问、探索创新、自由浪漫、不怕失败，既不过于老成，也不过于幼稚。

理解和运用大学生心理健康的标准应注意以下问题：

首先，心理不健康与有不健康的心理和行为表现不能等同。心理不健康是指一种持续的不良状态。偶尔出现一些不健康的心理和行为并不等于心理不健康，更不等于已患心理疾病。因此不能只看一时一事就简单的对自己或他人给出心理不健康的结论。

其次，心理健康与心理不健康不是泾渭分明的对立面，而是一种连续状态。从良好的心理健康状态到严重的心理疾病之间有一个广阔的过渡带。在许多情况下，异常心理与正常心理、变态心理与常态心理之间没有绝对的界限，只有程度上的差异。

再次，心理健康状态不是固定不变的，而是动态变化的过程。随着人的成长、经验的积累、环境的改变，心理健康状态也会有所改变。

最后，心理健康标准是一种理想的尺度，不仅提高了衡量是否健康的标准，而且为人们指明了提高心理健康水平的努力方向。在具体衡量心理健康水平的时候，必须从整体性的角度去看待大学生各种心理现象的状态，重在追求心理发展的更高层次，不断发展自身潜能。

第三节　大学生心理健康维护

一、大学生心理健康的重要性

1. 心理健康对生理健康具有直接的作用

心理、生理的研究表明，心理的变化会引起生理功能的变化，也就是说心理不健康必然会影响身体健康。著名生理学家坎农曾发现情绪状态对于机体的生理过程有明显影响。他指出，强烈的情绪变化可使丘脑下部通过自主神经系统影响内分泌腺激素的分泌，并使心脑血管系统的活动等发生变化。与此同时，巴甫洛夫学派提出高级神经活动学说，认为心理因素之所以能影响人体器官的活动是因为人体的各种器官都受大脑皮层调节。沃乐夫等在前人研究的基础上通过进一步研究认为，情绪对一些躯体疾病影响很大，对自主神经系统支配的某一器官和某一系统的影响更为明显。例如，焦虑、恐惧、愤怒和激动等情绪，能够引起心率、心输出量和血压的变化。只有具备健康的心理，才能保证人体处于完整统一的健康状态，才能维护身心功能的协调稳定。

2. 心理健康是智力发展的必要条件

大量调查表明，心理问题和心理疾病成为困扰大学生正常学习、生活的大问题，是大学生休学、退学的主要原因。大脑是心理活动的器官，也是智力活动的器官。心理活动通过大脑直接影响智力活动。轻松、愉快、乐观的情绪，使人记忆力增强、反应敏捷、思维活跃；焦虑不安、悲观、愤怒等不良情绪，则使人心烦意乱、思维停滞。试想，要是同学之间发生了矛盾，心里面憋着一股气，即使身在图书馆，能看得进书吗？长期的心理紊乱必然导致大脑机能失调，破坏正常的智力活动。对于以脑力劳动为主的大学生来说，如果心理不健康，就难以继续进行正常学习。心理健康是大学生进行正常学习和生活的基本保证。

3. 健康的心理是成才的重要保证

具有良好的非智力因素，是心理健康的直接体现。健康的心理有助于积极调动非智力因素的作用，充分发挥智力潜能。一个人即使智力发达，如果心理不健康，那么他也可能难以适应社会，难以成才。

二、大学生心理健康的影响因素

影响大学生心理健康的因素是多方面的，它是生理、心理、社会诸因素共同作用于个体的结果。

1. 社会环境因素

美国精神分析专家哈内认为，许多心理变态是由于对环境的适应不良而引起的。改革开放以来，中国社会发生了巨大变化。随着市场经济体制的确立，竞争机制的导入，整个社会结构、生活方式、价值观念和行为模式都在发生着巨大变化。人们的心理活动较之以前更活跃、更复杂。大量的新鲜刺激对人们的心理健康威胁越来越大，对大学生更是如此。新旧观念的碰撞，东西文化的冲突，理想与现实的反差，常常使大学生感到混乱、茫然、顾虑、紧张和无所适从。长期的心理失调必然带来心理上的冲突，出现适应不良等种种反应。

在现代社会中，大学生面临的挑战很多，心理承受着多种社会压力：有来自社会责任的压力，有来自生活的压力，有来自家庭的压力，有来自学习和竞争的压力，有来自人际关系和情感的压力，也有来自就业的压力以及整个社会生活节奏不断加快所带来的压力等。这些压力过于沉重，就会引发心理障碍。因此，我们要不断加快文化教育认识的步伐，及时进行自我调整，以适应新的社会环境。

2. 家庭因素

一个人对客观现实的认识往往是从家庭生活、家长的言谈举止开始的。现代心理学的研究证明，家庭环境对人的一生发展会产生重大影响，特别是早年形成的人格结构会在以后的心理发展中打下深深的烙印。家庭环境包括家庭人际关系、父母教育方式、父母人格特征等。大学生在步入社会之前，很大程度上受家庭环境和父母言行举止的影响，不同的家庭教育与影响必然产生不同的结果，如对子女严格管教的父母，经常用命令、强迫、指责的方式让孩子去学习，把子女的学习放在中心地位，而往往忽视了对子女能力、兴趣、需要的理解。这种类型家庭的大学生在日常交往中往往缺乏适应社会、适应生活的能力，虽然在性格上，可能表现出诚实、负责、礼貌、细心，但在人际交往关系中往往表现出害羞、自卑、敏感，对人容易屈从。过分满足孩子的需要，唯恐孩子受到什么挫折，对孩子百依百顺，过于保护的父母，在一定程度上减少孩子在成长期所遇到的挫折。但由于没有遭遇较多的挫折体验，这种大学生形成了在人格上的依赖性格，遇事退缩、缺乏同情、情绪不稳定，自制能力和自信心缺乏，容易受别人左右。那些对子女行为完全放任，不加约束的父母，使孩子成长了任意放纵的心理，这种大学生很可能在人际交往关系中以自我为中心，不懂得尊重他人，唯我独尊，很难适应集体生活。家庭结构不完整，如单亲家庭、父母离异往往会影响儿童心理的正常发育，使儿童产生冷漠、孤僻、懦弱、早熟、自卑和仇视心理。

3. 校园环境因素

校园环境是促使大学生心理走向成熟的一个重要场所。校园的物理环境、学习环境及文化范围对大学生的心理健康有着直接、深刻的影响，但如果校园文化环境不良，将对大学生心理健康发展产生消极作用。下列校园环境因素对大学生心理健康将产生不良影响。

（1）教育思想的片面化。我国的教育体制长期以来偏重于智力方面的培养，而忽视非智力因素的培养，致使大学生不能全面健康的发展。近年来，我国大力提倡素质教育，但仍未见有明显好转。

（2）不良的校风、班风、学风。学风的影响至关重要。所谓学风，是指学习风气，包括学习态度、学习精神、学习风格和学习方法。一所学校有一所学校的学风，一个班级有一个班级的学风。优良的学风，不仅能有力地促进和保证学习任务的完成，而且有利于丰富、充实大学生的精神世界。良好的校风、班风和学风有利于大学生的生活和学习，会产生积极的影响。相反，如果校风不佳、班风涣散、学风不正，将对大学生心理的发展产生消极影响。

（3）单调的业余文化。大学生具有思维活跃、富于想象、情感丰富、精力充沛等特点，入学前往往会把大学生活想象得美好浪漫，但当现实生活中“三点一线”式的单调生活与理想形成强烈反差时，会导致其对大学生活产生枯燥乏味之感，甚至会产生厌烦、空虚、压抑、失望和苦闷等心理症状。长此以往，对心理健康极为不利。

4. 个体心理因素

个体心理因素是一个人心理健康状况发生变化的内在原因，而诱发因素则是产生变化的外在因素。个体因素是个体自身所具有的一种内在的、主观的因素，对大学生心理健康的影响主要体现在以下几个方面：

（1）遗传因素。研究表明，父母患有某种心理疾病，下一代患有同一种疾病的可能性达68.1%。如果父亲或母亲一方患病的，下一代患病的可能性则为16.8%。尤其是抑郁症常来自高危家庭。

（2）身体健康状况。各种躯体疾病会使人烦恼、敏感多疑、行为控制力下降，尤其是慢性病或久治不愈的疾病，更容易导致严重心理障碍的产生。

（3）人格因素。人格因素也称为个性因素。包括性格、气质、能力和个性倾向性等因素。个性因素是心理活动的核心，这对一个人的心理健康影响最大。例如，同一种生活挫折，对不同个性的人，其影响程度完全不同。有的人可能无法承受，或消极应付，从此自暴自弃；有的人则可能接受现实、正视挫折、加倍努力、奋发图强。

（4）心理素质。心理素质脆弱，尤其是缺乏自制力和挫折承受力的人容易产生心理问题。

三、大学生心理健康的维护

加强对大学生的心理健康教育，增强自我心理保健和调适能力，有助于大学生预防与治疗心理疾病，优化心理素质，开发心理潜能。

1. 强化心理健康意识

（1）逐步形成学校、社会、自身共同关心大学生心理健康的良好氛围。目前，高校普遍认识到心理素质在人才培养中的重要作用，建立了相应的机构，加大了心理健康教育的力度，并将心理健康纳入课堂教学中，使心理健康教育逐步走上科学化、规范化的轨道。大学生也逐步认识到心理健康的重要性，开始注重自己心理素质的培养与提高，以主动的姿态调整自身的状态，以适应社会需要。家庭教育中也在逐步重视学生的心理健康教育。在大学校园中营造宽松的心理氛围，建立良好的班风、学风、校风，消除不良文化影响，逐步形成积极向上的校园文化，人人重视自身心理健康的良好氛围。

（2）学习心理健康知识，提高自身心理素质。大学生通过学习心理卫生知识，能增进自我了解，提高心理健康意识，自觉维护自身的心理健康。实践证明，系统学过心理卫生知识的大学生能够更有效地进行自我心理调节与保健。大学生要积极参加学校开设的有关心理健康知识的课程与专题讲座，阅读有关书籍与杂志，上网查询心理网站，收听与收看有关广播和影视节目等，从中获取心理卫生知识，并注意把知识运用于自己的生活中。

（3）及时寻求心理咨询的帮助。当前，不少大学生对心理咨询存在误解，认为有心理问题的人（患有精神病）才去心理咨询，对心理咨询非常敏感，甚至排斥。即使碰到心理问题也羞于咨询，以至于耽误解决问题的最佳时机，使问题复杂化。其实大可不必，因为心理咨询是受过专门训练的咨询人员提供的运用心理学的理论与技术，通过与来访者的交流、探询、解释、协商，对来访者施加心理影响，改变其认知、情感、态度、行为，维护和增强来访者的心理健康，促进其人格发展和潜能发挥的一种服务，对于我们改善心理状况是很有帮助的。心理咨询的基本要求是为来访者保守秘密，因为在心理咨询过程中，不可避免地要涉及来访者的个人隐私问题，保密不仅能获得来访者的信任，也是咨询人员职业道德的基本要求，同时还是咨询过程顺利进行的必要保证。

2. 增进心理健康的维护

（1）坚持健康、文明的生活方式。生活方式是指人们在日常生活中遵循的行为规范，即习惯化了的生活方式。生活方式对心理健康的影响已经被越来越多的人所关注，生活没有规律、随心所欲、懒散放荡与过度学习等都是不健康的生活方式。对大学生而言，健康的生活方式包括：

①合理作息，起居有常，早睡早起，充足睡眠。

②平衡膳食，坚持吃早餐，体重保持在正常水平。

③科学用脑，实行时间管理，提高学习效率，劳逸结合，有张有弛，避免用脑过度。

④积极休闲，选择文明高雅的休闲娱乐方式，保持身心愉悦。

⑤适量运动，积极参加体育锻炼，不吸烟、不喝酒。

大学生不健康的生活方式有沉溺网络、暴饮暴食、节食瘦身、晚睡晚起、饮食不规律、不从事体育运动、抽烟、酗酒等。

（2）注重自身的“五学”教育。“五学”，即“学会生存、学会生活、学会关心、学会学习、学会发展”。在社会这个大家庭里，要做一个心理健康的人，必须“学会生存、学会生活、学会关心、学会学习、学会发展”。学会生存就是要学会适应环境，能够妥善处理自身的事务，学会遵守社会规范，成为一个适应社会需要的社会人；学会生活，就是要以热情积极主动的态度投入到社会生活中；学会关心，就是要关心国家大事，关心国际局势，关心人类生存的社会，关心朋友、体谅父母、珍惜友谊、善待爱情；学会学习就是不仅要学会学习书本知识，还要学会观察问题、解决问题的方法和途径，学会将书本知识转化为社会实践；学会发展就是要知道人的发展是永恒的课题，不断地自我塑造、自我完善，求得人生最大的发展。

（3）减少过度的心理压力。在日常生活中，人们常常承受着来自各方面的压力。压力是指由刺激引起的，伴有躯体机能以及心理活动改变的一种身心紧张状态。

适当的压力是身心健康所必须具备的条件，它有助于提高人的学习生活效率，正可谓“人无压力轻飘飘”。但是紧张和松弛状态要维持在合理平衡的水准上。当平衡点趋近松弛状态，生活就变得枯燥无味，生理活动也会停滞下来；当平衡点趋近紧张状态，生活就会变得具有冒险性、挑战性、刺激性，同时也可能影响身心健康。如何减少过度的心理压力呢？

①通过一些心理压力的测试量表来进行自我评价，从中发现自己在压力下反映出来的特点，并认识压力继续下去可能导致的不良后果。

②学会自我放松。通过自我默想，使意识范围逐渐缩小，排除外在干扰，全身松弛，纠正情绪的失衡状态，冷静地引导自己从烦恼、愤恨、紧张等消极状态中解脱出来，达到内心的平衡与安宁。

③在问题及后果还未引发之前，将压力加以控制。方法有：坦诚倾诉，找亲朋好友诉说；调整工作节奏，在还没有达到极度疲劳时，将学习计划、工作步伐放慢；调整生活节奏，经常从事体育运动，打球、散步、调节身心。有的人依赖药物、酒精、烟草等方法来应对压力是不足取的。

④学会分享矛盾、分解压力。有的矛盾可以分解化小然后应对，有的矛盾可以分期分批逐步解决，有的矛盾可以有取有舍，应学会适时转化压力。

（4）培养良好的心境。良好的心境，使人干什么都精神，有助于人的潜能的发挥，可以提高学习、工作效率。培养良好的心境是人的个性修养的一个重要组成部分。

①培养乐观的情绪、相信未来、拥有希望。即使遇到失败，也不要为一时一事所困，相信下一次一定会干好。卓别林说过：“用特写镜头看生活，生活是一个悲剧，但用长镜头看生活，生活则是个喜剧。”良好的心境需要希望之光照射。

②经常记录下自己的收获，做成了什么事，哪怕是几件小事，也是收获。对未做成的事情，能总结经验教训也是收获。日日有收获，将有助于保持良好的心境，满怀信心地争取实现更大的目标。

③不盲目攀比。古人主张淡泊名利，今人也提倡以平常心看待生活，能够做到并不容易。人们总是想我还应争到什么，却很少想我不应或不必得到什么。奋力去争本不应争的东西，只能给人带来烦恼。如：比吃穿、比容貌、比家境……为什么总向别人看齐呢？心理学认为，盲目攀比是最大的心理误区。走出这个误区，才可能有好的心境。

④增强审美情趣。美的重要特征是感染性。色美以感目，音美以感耳，意美以感心。一切美的事物和想象都有着感染力，它可以使人精神愉悦、感情丰富，使人加深对生活的理解，更加热爱生活。对平常苦读的大学生来说，走向大自然，接受大自然的陶冶，或登山览胜，或临海观潮，都有调整心态的作用。

⑤关爱他人。到社区去志愿服务，给需要帮助的人以力所能及的爱护与帮助，会增进人的社会责任感；了解他人的生活情况，有助于对照地了解自己、了解社会和人生；在对他人的爱心付出中，能看到自身存在和发展的价值，从而积极乐观地面对社会。

⑥对心境有决定性影响的是在实践中形成的理想、信念以及人生价值观，这是人生的根基。植根深固，才可能目的明确，不怕风吹雨打，排除一切干扰，解决纷繁复杂的心理问题。

3. 掌握心理调适方法

（1）学习幽默。多点幽默，笑口常开。幽默是一种高级的心理防御形式，用幽默来化解困境，转移内心不悦，可以维护心理的平衡。我们不是常听到几句“笑话”“妙语”就能使心里的忧虑烟消云散吗？这就是幽默的力量。如何才能幽默呢？关键是要以风趣幽默的态度对待生活，善于从中寻找快乐。俗话说：“笑一笑，十年少；愁一愁，白了头”。笑能振奋精神，消除烦恼，使人轻松，还能促进血液循环，锻炼心肺功能，促进新陈代谢，是一剂延年益寿的良药。

（2）自我激励法。自我激励是精神生活的动力源泉之一，主要是指用生活哲理、榜样力量或明智的思想观念来激励自己。首先，要相信未来是美好的，热爱生活，学会从零开始，心向未来；其次，要正确对待意外事件，长存一颗平常心，临危不惧，处变不惊；再次，知足常乐，自强不息，物质上的追求是永无止境的，要学会知足，但在精神上的追求要勇往直前；最后，要相信自己、接受自己，不能被挫折吓倒。如失恋应有“天涯何处无芳草”的想法；找不到工作应坚定“天生我材必有用”“是金子总会发光”的信心；与朋友分手应持“莫愁前路无知己，天下谁人不识君”的态度；遇到棘手的问题应抱有“车到山前必有路”的信念。总之，决不能被困难击败，时时激励自己，用“不到长城非好汉”的精神去实现自己的既定目标。

（3）情绪合理宣泄法。人总是有受气的时候，不满情绪堆积在心中是有害的，反击回去或发泄给别人，会伤害别人，破坏人际关系，不是上策。

心中不良情绪压抑过久，有可能导致严重的心理问题。当大学生感到巨大的心理压力，并出现悲伤、愤怒、焦虑等情绪时，要勇敢找自己信任的人倾诉，或进行心理咨询，或通过一定方式排解，比如哭泣、运动、呐喊等。运用合理的宣泄方式，将压力及其引起的不良情绪释放出来。

（4）情境迁移法。当遇到挫折时，可以转移环境，离开引起苦闷或愤怒的环境，把注意力从消极情绪上转移到积极方向去。这样做能使自己的情绪恢复稳定。比如出去散步、听音乐，或去做一些其他有益的事，这对消除烦恼、消除愤怒情绪非常有效。

总之，大学生心理健康教育的实践过程，既是其认识自己、实现自身价值的过程，也是其不断与社会互相作用，为社会做贡献的过程。在这个过程中，大学生的人生必将接受一次大洗礼，达到一个崭新的境界。

思考题

1. 大学生心理发展的特点是什么?
2. 什么是心理健康?
3. 大学生心理健康的标准有哪些?
4. 大学生应该如何提升自己的心理健康水平?

阅读书目

1. 毕淑敏．心灵七游戏[M]．北京：北京十月文艺出版社，2014.
2. 岳晓东．登天的感觉[M]．合肥：安徽人民出版社，2011.
3. 埃克哈特・托利．当下的力量[M]．北京：中信出版社，2013.
4. 曾奇峰．你不知道的自己[M]．北京：希望出版社，2008.

第二章 大学生的自我认知

任务目标

★ 认识自我意识的发展过程和特点
★ 了解自我意识的重要作用和意义
★ 掌握完善自我认知的途径和方法
★ 理解自我认知的常见偏差和影响

“有时一个人自认不完整，只是他还年轻”——我们都是由不完整在寻找自我完整的过程；最初的自我分裂—自我否定—自我斗争，直到最后，自我和平，这就是我们整个人生。

——伊塔洛·卡尔维诺

第一节 大学生的自我认知概述

一、自我意识的发展

自我意识是人对自己身心活动的觉察，即自己对自己的认识，具体包括认识自己的生理状况（如身高、体重、体态等）、心理特征（如兴趣、能力、气质、性格等）以及自己与他人的关系（如自己与周围人们相处的关系，自己在集体中的位置与作用等）。

一个人的自我意识从发生、发展到相对稳定、成熟，大约需要经过20多年的时间。

新生儿不具有自我意识，处在主客体未分化的状态，不能区分自己和非自己的东西，婴儿常常吮吸自己的手指，但他（她）不知道手指是自己身体的一部分，而把它们当作玩具。七八个月的婴儿开始出现自我意识的萌芽，渐渐能意识到自己的身体，听到自己的名字会做出明确的反应。一岁左右的婴儿，才开始把自己的动作和动作的对象加以区别，意识到自己的手指与脚趾是自己身体的一部分，这是自我意识的最初级形态。一岁半左右的儿童，有了语言表达能力，能叫出自己和身边亲人的名字，意识到自己和别人的区别。

两岁左右的儿童，在语言学习中掌握了“我”这个概念，是自我意识的一次突破。他的小名叫小华，当他的表达从“这是小华的玩具，你不能抢”变成“这是我的玩具，你不能抢”，这个儿童已经能区分“你”与“我”，表明自我意识开始真正确立起来了。

在自我意识的成长中，个体要经历两次叛逆期。第一次的叛逆是2～3岁的叛逆期，2～3岁的儿童基本有了语言表达的能力和行动的能力，他内心的自然需求会通过语言表达希望即刻获得满足，同时又有了行动的能力，可以行走、去抓，开始自主行动，这个时期的儿童其行为是一种以自我为中心的行为，以自己的身体为中心，以自己的想法和情感来认识和投射外部世界。表现为不服管束，需求明显而强烈，主张自我行动，往往和大人“对着干”，因为他认为自己“行的”“可以的”。这个叛逆期是以否定的方式来体现自我意识的反正，是真正的肯定和成长。

从第一叛逆期到青春期，是一个形成“社会自我”的主要发展期，经过幼儿园、小学、中学的教育和家庭教育，在游戏、学习、社会活动和家庭教养中不断练习、模仿和认同，逐渐习得社会规范，形成各种角色观念，如性别角色、家庭角色、朋辈角色等，这个阶段是形成行为习惯的重要时期，也是个体社会化进程的重要时期，个体逐渐形成一定的社会常识、一般的社会判断标准，以及人与人之间交往的一些基本准则，把本我的意识合理转化成自我意识，用自我的、他人的和社会的标准衡量要求自己，努力做一个符合社会标准的个体。

第二个叛逆期就是青春期的叛逆，也是以否定的方式体现自我意识的迅速发展，青少年的表达以“我想……”“我要……”“不……”为典型色彩，坚持自己的意见和观点，朋辈的影响比较大，对权威持反感态度。

在两个叛逆期之间如果缺失家庭教育和学校教育，很有可能在自我意识形成的过程中缺乏社会化的影响而更多地体现本我的需求，影响自我意识的健康发展。

青春期到青年后期，自我意识发展逐渐趋向成熟。经历两个叛逆期和持续的学习过程，个体的视野开始从探索外部世界更多地转向向内探索，关注自我的内心世界和内心体验，区分内在自我世界与外在客观世界，运用自己的学识、经验在两个世界中转换，形成对客观世界的判断和对自我世界的认同，开始出现一个理性的自我。

理性的自我并非就是一个和谐的自我，在这个逐渐成熟的自我意识中，仍然有着不可避免的冲突和矛盾，这个矛盾就是“理想的自我”和“现实的自我”的冲突。大学生正是处于这个时期，大学生对自己已经有了客观的认识和美好的设计，但现实生活中的自己却不是自己所希望和设想的那样，很多大学生理想中的自己是勤奋的、刻苦的、果断的、积极主动的，而现实中却是懒惰的、拖拉的、犹豫不决的、悲观迷茫的。大学阶段的自我意识正是在矛盾中寻求统一和认同，所以这个时期正确地认识自我意识，实现自我认同和发展，是青年期的重要任务。

二、自我意识的特性、作用及分类

自我意识是人对自己身心状态及对自己同客观世界的关系的意识。自我意识不仅是人脑对主体自身的意识与反映，也是人与人、人与周围现实之间关系的反映。

1. 自我意识的特性

自我意识具有觉知性、社会性、能动性、同一性等特点。

一是觉知性。觉知性是指个体对自己以及自己与周围世界的关系有着清晰、明确的认识和理解，通过自我的觉知把握、理解和加工客观世界的信息，形成为我所有的内在意识世界，通过觉知建立了客观世界和主观世界的联通。

二是社会性。社会性是自我意识成长必然经历的洗礼和特性。按照弗洛伊德的理论，人格结构包括三部分：本我、自我和超我。本我按照快乐原则行为；自我则是按照现实原则行为，超我按照道德原则行为。自我是一个社会的“我”，将“本我”的需求以社会化的形式给予满足，按照社会的规则实现人与他人、与社会的交互活动，成长为社会人。

三是能动性。自我意识的形成不仅通过自我的评价来形成，同时根据社会或他人的态度、评价和自己的实践成果来修正、补充和完善自我意识，调整自我的心理与行为。自我意识呈现一个动态发展的特性，即使已经成年的个体在社会生活中也会不断地调整自我意识及其行为，完善自我、实现自我。人的一生就是自我意识形成、发展、完善和实现的动态过程。

四是同一性。心理学研究表明，自我意识一般需要经过20多年的发展，直到青年中后期才能形成比较稳定、成熟的自我意识。青年期是建立同一性的重要时期，虽然这种自我意识有可能因个体实践的成败和他人评价的改变而发生变化，但到青年期以后，个体对于自我有能力做客观理性的评价和分析了，对于自己的优势长处和缺点缺陷，在心理与事实上达成一致的态度，以此建立自我意识的同一性，从而避免自我冲突和同一性的混乱，推动自我意识向前发展。青年期建立起来的同一性对个体来说在未来的生活中具有重要意义，一个成熟健康的个体必然有和谐的自我同一性，同一性混乱会引发各种价值观念的冲突，导致个体困惑迷茫和痛苦。

2. 自我意识的作用

自我意识是一个人对自己的认识和评价，包括对自己心理倾向、个性心理特征和心理过程的认识与评价。正是由于人具有自我意识，才能使人对自己的思想和行为进行自我控制和调节，使自己形成完整的个性。自我意识在个体发展中有十分重要的作用。

（1）自我意识是人成为人的重要标志。自我意识是人区别于动物的重要依据，人从自然中独立出来，意识到自己的存在，意识到自己与外在世界的差别，有着自我的设计和愿景，显示出人不同于动物的社会性、高贵性及超越于外在世界的一面。人不是本能去适应这个世界，而是用意识去改变处境使自己能够更好地生存和发展。这种超越性和意识性，是决定人自身发展的力量。

（2）自我意识是推动人自身发展的动力。人有一种自我成长的需求，一种向上发展的内在动力，通过自我意识来自我规划、自我实践、自我修正，在自我评价、他评中协调自我与他者的关系，自我与世界的关系，扬长避短成长为更好的自我。

（3）自我意识是个性形成的重要基础。个体的自我认知、自我体验、自我控制在某种意义上是个性倾向的主要因素。成年后，个体的个性很大程度受到成长过程中自我意识的影响。个性的形成与自我意识的发展是一致的，二者相互影响，共同推进。

3. 自我意识的分类

依据不同的标准，自我意识可有多种类型。

从意识活动的形式来看，自我意识表现为具有认知的、情绪的和意志的形式，简称知、情、意三种形式。认知层面的有：自我感觉、自我观察、自我概念、自我印象、自我分析和自我评价等，统称“自我认知”。属于情绪形式的有：自我感受、自爱、自尊、自恃、自卑、自傲、责任感、优越感等，统称“自我体验”，以体验的形式表现出个人对自己是否悦纳的情绪。属于意志形式的有：自立、自主、自制、自强、自卫、自信等，可以统称“自我控制”。自我意识的这三种形式联系在一起，形成了个人对自己自觉的观念系统。

从自我意识的内容来分，可以分为生理自我、社会自我和心理自我。生理自我通常是个体对自己的生理状况，如样貌、身高、体重、性别、躯体健康等的认识和评估；社会自我是个体对自己与他人的关系，如与父母、师长、同学、朋友以及陌生人相处的关系的自我认识和评估，以及自己在他人或组织与集体中的认同程度等；心理自我是个体在心理特征，如需要、兴趣、能力、气质、性格等方面表现出来的特质。

三、自我认知的途径

自我意识是通过认知、情感和意志表现出来的，自我认知是自我意识形成最重要的基础，在自我意识形成中具有决定性的作用。个体的自我认知往往通过四种途径来完成。

1. 通过权威来检视认识自己

人的很多行为与反应是来自于模仿，特别是在个体幼年的成长过程中，父母长辈、哥哥姐姐、老师等的语言与行为模式不自觉地成了孩子自我判断的依据。例如，当看到别人对长者很有礼貌并受到大家称赞时，认为这是孩子理应有的表现；但看到别人的不礼貌时，再次告诉他也有这样的情况，个体就会在两种不同声音下被更具有说服力的语言和行为影响，形成自己对此事的看法，即相应的自我概念。在成长的过程中，权威在某种程度上能更多地影响个体做出比较和检视，内化成自己的判断和认识。

2. 通过他评来认识自己

个人对自己的认识，在很大程度上受他人评价的影响。人毕竟是社会人，是在社会关系中展现自我和实现自我的。把他人的评价当成自我发展的一面镜子来不断认识自我，包括自己的优点和缺点。接触不同的人、不同的组织和团体，展现自我的不同方面，通过多面不同的镜子来照出多维度的自我，个体就能较全面地认识自己，从而促使自我意识不断完善与发展。

3. 通过自我实践成效来认识自己

自我意识也需要通过合适的途径和载体得到体现，才能让他人和社会看到个体自我意识的内涵。个体在实践活动中的表现和取得的成果就是自我意识结出的果子，反映出自己的体力、智能、情感、意志和品德等特性，从而使之成为认识自我、评价自我的对象。如一个学生，在学习上或一项竞赛中取得了好成绩，他会从中体验到一种自信，对自己和自己的能力就会有新的认识。

4. 通过自省和调控自我来完善自己

个体通过以上几个方面的途径，在不断自省和自我认识中，发现现实自我与理想自我的差距，一方面通过自我监督，来克制、约束自我，服从既定目标，来调控自己的行为，缩小理想自我与现实自我的差距；另一方面通过协调理想自我与现实自我之间的心理落差，在意识层面实现现实自我与理想自我的差异统一。通过两个层面的调控进一步完善自我。

四、自我认同的意义

自我认同本质上就是解答“我是谁”的问题。自我认知的结果在个体的意义上表现为接纳和拒绝。同一性的获得表现为接纳，拒绝则反之。按照埃里克森的理论，从青少年到成年的早期是建立同一性的主要时期。阿内特（Arnett）在埃里克森（Erickson）理论基础上将青少年期结束到成年期开始之间的这个阶段称为“始成年期”，大学生正处于“始成年期”，自我同一性作为“始成年期”核心的内在品质对大学生的成长具有重要意义。

1. 自我同一感的建立

埃里克森提出，自我同一性的确立和防止社会角色的混乱是青年期的发展任务。自我同一性是关于个体是谁、个体的价值和个体的理想是什么的一种稳定的意识。每个人在青年时期都在探索并尝试去建立稳定的自我同一感，即自我认同感。埃里克森认为，青年期自我同一感的确立是自我分化和整合统一的过程。这个过程分为两个步骤：

一是，自我分化是把整体的我分化为“主体我”与“客体我”。

儿童期总体来讲被外在的意识所引导，还处在自我意识初级发展阶段，自我表现为稳定的、整体的自我，就如我们有时看到的所谓“小大人”以成人的口气和行为来表现。而青年期的自我是将整体的自我分为“主体我”和“客体我”，“主体我”是观察者、分析评价者、认同者，“客体我”是被观察者、被分析评价者、被认同者，即由主体我来分析、认识客体我：“我是什么样的人”“我想成为什么样的人”。

二是，通过自我接纳和自我排斥达到自我认识的整合统一。

自我分化为“主体我”和“客体我”，作为自我的观察者要检视二者是否一致，如果“客体我”符合“主体我”，主体是积极肯定的态度，表现为自我接纳，否则是自我排斥和自我否定。但在这个过程中，“主体我”经过一段时期的矛盾冲突，会理性分析不一致的原因，理性接纳自我或者自我妥协，在新的认知平台上达成整合和统一。

青年期自我的发展经过自我分化，再通过自我接纳和自我排斥等过程之后，大多数青年人都能形成并确立自我同一感。

根据美国心理学家马萨的理论，青少年的自我认同有四种方式：

第一，早定，即未经过困惑和挣扎就认定了自我的特点与发展，这通常是青少年接受了父母及师长对自我的认识与期望，个体因而缺乏生活的自主性。

第二，拖延（延迟），指青少年正处于对自我的困惑与迷茫中，尚无法全面地认识自我，建立理想自我与现实自我的统一，所以在徘徊之中，拖延对自我确认的思考与时间。在拖延过程中虽然青少年正在经受自我确认的煎熬，却没有放弃对自我的思索。

第三，迷茫，指青少年完全陷入了对自我确认的困惑之中，干脆不再去思考自我，得过且过，稀里糊涂地过日子了。青少年在迷茫中不愿面对成人社会的挑战，宁愿生活在自我的浑噩世界中。

第四，达成，指青少年经过对自我的认真思考，终于认定了自我的特点与发展方向，找到了理想自我与现实自我之间的最佳结合点，充满信心地奔向未来。

2. 自我同一感危机的解决

如果自我不能整合和统一，也就意味着不能建立起自我同一感，甚至引发同一性危机。如果“客体我”和“主体我”之间的矛盾难以协调，个体会表现出明显的内心冲突，甚至引起自我情感的激烈变化，引发现实的“我”与理想的“我”之间的矛盾冲突，从而导致自我同一性扩散或社会角色混乱，并造成自我同一感危机。如果长期遭到同一性挫折，个体无法知道自己究竟是什么样的人，想要成为什么样的人，不能形成清晰的自我同一感，致使自尊心受挫，道德标准受阻，长久地找不到发展方向，无法按自己设计的方式正常生活。有的会走向与社会要求相反的、消极的同一，有的甚至会出现同一性扩散症候群的特征。

针对自我同一感危机，学者马西亚提出四种解决方式：

一是，同一性确立。体验过各种发展危机，经过积极努力，达成统一形成自我认同。

二是，同一性延续。正处于体验各种同一性危机之中，尚未明确做出对未来的选择，但是正在积极地探索过程中。

三是，同一性封闭。在还没有体验同一性困惑的情况下，由权威代替其对未来生活做出选择。这实际上是对权威决定的接纳，属于盲目的认同。

四是，同一性混乱（扩散）。无论是否经历过同一性危机，或是否进行过自我探索，个体并没有对自己的未来生活抱有向往或做什么选择，不追求自己的价值或目标。这也称为角色混乱。

诚然，在一段时期内，为寻找自我、发现自我而出现暂时的同一性扩散或角色混乱，多属正常现象。通过角色试验、亲身体验的自我痛苦探求，可能实现新的、更富创造性的、积极的自我同一。

青年与社会交往，不只是为了认知社会、了解社会，而是完成“我是谁”的自我认同的任务。也就是说，青少年与社会互动即社会化的过程中，关键是完成自我认同的任务，核心是形成良好的自我认识。

哈耶克指出，个人能否凭自己的能力或意志做出决定，或理智地做出决定，关键是能够自觉地意识到，在应当做事情的时候坚持自己的见解与立场，这样个体才能是自由的、自主的。自我认同的最终目的是解放自我，使自己成为一个个性自由的人，所以要使自我全面发展，最重要的任务是解放自我，使自我能够积极地利用各种条件促进自我认同的实现。

【案例 2-1】

B同学，女，出生在南方一座小城市的工薪家庭，四姐妹，排行老二。自诉从小成绩不错，考入本地的二本院校，母亲在家里是权威，从不表扬，总是批评，要求很高，但对其他三个女儿似乎没那么苛刻，母亲经常挖苦、讽刺、打击，用恶毒的语言责骂B同学，她见妈妈就像老鼠见了猫，而且大姐永远站在妈妈一边，只要妈妈一批评，大姐就在边上帮腔，批评她，说她不懂事，妈妈特别喜欢姐姐，姐姐甚至不允许她和自己报一样的专业，还说下面的一个妹妹也被B同学带坏了。B同学曾经因此出现过抑郁情况，觉得自己很差劲，在和别人相处时，总是会联想到别人很糟糕的一面，在内心极力贬低他们，甚至用不堪入耳的语言在内心评价他人，评价自我。经常哭泣，止也止不住。说话结巴，人际关系受挫，常因为自己不中听的语言而导致人际疏离，面对考试等压力感很大，失眠。（资料来源：编者整理）

通过沟通了解到，B同学成绩在中上，过去学习过程中也还算顺利，主要考试中也没出现过失误。B同学的自我意识存在着偏离的状况，在自我认同和自我接纳方面存在一些问题。B同学做事做人时总有两个声音：一个类似妈妈的声音；一个是她自己的声音。她用妈妈的愿望替代自我意识，当成自我意识，总说我不行，我很差，别人也很差，别人也很下流，而自己也很糟糕。我到底是谁，该怎样？她极其痛苦和迷茫。针对B同学的心理状况需要在自我认同上做些改变：

首先，需要重构B同学对母亲的认识。B同学的母亲并不是完美的，相反，在养育孩子的过程中有意无意地制造了很多阻碍孩子健康发展的因素，作为成年人的B同学，要正视自己的母亲，母亲的出发点是好的，无论是不满意、打击和责骂都是为了孩子有更好的未来。（当然，作为母亲不应该毫不克制自己的情绪发泄不满。）从B同学母亲的境况来看，有这样的情绪和行为的方式也是一个不可避免的养育过程及其他因素造就的，同时，母亲没受过什么良好的教育，对她来讲，她会用原生家庭带来的教养方式教育自己的孩子，而不曾学习和领悟到用更科学和合理的方式教养自己的下一代，所以，成年的孩子也许依然不能接受母亲的教养方式，但可以理解她，理解她才能完成对自己的认同和接纳。

其次，同样地对于姐妹之间的关系，也可以做类似的推理，姐姐就是另一个“妈妈”，同时也是母爱获得的竞争者。妈妈是要管教自己的孩子的，所以，姐姐的教训少不了，扮演了另一个“妈妈”；同时，姐姐与妈妈站在一起，妹妹的不好，从竞争者的角度来看，姐姐将获得母亲更多的认同和爱。B同学也发现姐姐其实什么事都没她做得好，但批评起来却振振有词，姐姐也没什么朋友，工作似乎也不是那么得力。显而易见，姐姐的种种表现也是为了获得母亲更多的认同，理解姐姐，也意味着可以更好地理解自己、认同自己。

最后，倾听内心的声音，合理认知。B同学在人际中的反应，对别人的负面评价她自己深知不是真实的，事后的了解都说明了她从别人的行为中读出的判断是偏离事实本身的，其实她在评价的时候也有两种声音：一种声音是这个人很烂；另一种声音说她不是我所想象的那样。在这种斗争中她屈服于负面评价，从而在情绪和行为中表现出对他们的不认同，甚至做出变异的行为，因此影响了人际关系。

总之，个体要有正确的自我意识，自我意识不仅包括对自己的认知，也包括正确的认识他人对自己的评价，才能实现自我认同和接纳自我，也包括认同和接纳不完美的他人。理解接纳并不完美的妈妈和姐姐，才可能正确理解他们对自己的评价，从而接纳并不完美的自己。

第二节　大学生常见的认知偏差

在个体成长的过程中，自我意识的发展可能会迂回曲折、冲突对立，需要自我调整、统一和妥协等，自我认知的偏差或暂时或持续地存在于个体的自我意识中。大学生常见的认知偏差有：自尊与自卑、自我与自负、缺乏主见与从众等。

一、自尊的需要与缺失

自尊，即自我尊重，也称“自尊心”“自尊感”，是个人通过社会比较，在自我评价的基础上产生和形成的一种自重、自爱、自我尊重，并要求受到他人、集体和社会尊重的情感体验。自尊是人格自我调节结构心理成分。自尊有强弱之分，过强则成为虚荣心，过弱则变成自卑。自尊同时也是一种自我价值感，是对自己的综合价值的肯定。

自尊是人类的心理需求，是保持一个人生命的健康发展和完满。马斯洛在关于人的五大需求中论述到，自尊和被尊重是人的一大心理需求，体现个体的存在感和价值感。

心理学家贝德纳儿（Bednar.R.）曾指出，人都有一种保持积极的、健康的、向上的自我形象的需要，这种需要既是防止与避免生存环境带给人的伤害与压力的有力武器，也是个体发展的基本力量。自尊驱动人去追求和呈现一种良好的社会形象，从而更好地适应社会环境。

自尊通常通过社会比较来呈现，主要有两种方式的比较：一种是上行比较，与比自己强或好的人比较；另一种是下行比较，与比自己弱或差的人比较。上行比较会产生嫉妒、敌意、挫折等消极的情感体验，而下行比较则会产生优越、满足、幸福等积极的情感体验。

但也不尽然，上行比较也许能激发个体的动力，从而超越自我，下行比较可能因此引发自负和自满，停滞或倒退，这与个体的比较动机、情境和认知水平相关联。如果自尊不足甚至缺乏，人就无法正确对待自己和他人的评价，不能适时恰当地对社会环境的要求或事件做出合理反应，无法及时缓解生活中的基本焦虑。现实的自尊不足和理想的自尊需要发生严重冲突的时候，心理问题就会随之产生，具体表现出两类行为或态度：一类是自伤性行为或态度，主要指向自我，其表现有自怨自艾、自轻自贱、自我封闭甚至可能放弃生命，自绝于世；另一类是自恋式或自我中心的行为与态度，主要指向他人与环境。可能出现不负责任、冷漠、以自我为中心、敌视、攻击他人、报复社会等偏激行为和罪错行为，甚至走上违法犯罪的道路。自伤性的行为和自恋性的行为其实是两种不同的反向自尊方式保护自我：一种是退回自我；一种是敌视和对抗来保护自我。这两种行为属于低自尊，比如古柏史密斯（Coopersmith）把这种自尊称为“偏差自尊（discrepant self-esteem）”，国际自尊心理学协会执行理事长布兰登称之为“假自尊（pseudo）”，而姆鲁克（Mruk）和其他一些研究者则采用“防御性自尊”这一术语来概括该现象。

真正的高自尊是一种动态平衡的自尊。也就是说，理想的自尊需要与现实自尊现状之间呈现出一种动态的平衡。一方面，高自尊的人对自我现状常常是满意的，他们对自己的存在能力和存在价值充满自信，即使这种能力和价值并不比别人高；另一方面，高自尊的人虽然对自我现状并不满意，但并非停滞不前，而是不断改善和提高其自尊状况。正如罗森贝格（Rosenberg）所指出的，高自尊感不是指优越感，他不一定把自己看得比别人好，他们只是能够怡然自得而已，高自尊感并不包括完美感。高自尊的人也会有自尊需求与现实不和谐的冲突，但是他们在与社会环境的良性互动中可以较容易地化解这种冲突，并很快恢复心理平衡，从而保持心理的和谐与健康。

影响自尊的因素是多方面的，但离不开两大因素：一是家庭的教养，既民主又有原则，既有爱又有管束，以及父母的以身作则，都是影响孩子自尊水平的要素。二是同伴和社群的关系，建立同伴友谊关系和被集体接纳是自尊体验的两个重要因素。朋友的亲密程度高和被集体接纳的程度高是自尊的重要需求，亲密感有利于建立依恋与社会支持，有助于缓解压力和消极情绪的影响。

大学生处于青年期到成年期的一个重要成长转折期，从学校走向社会的一个过渡期，面临很多现实问题，如何处理好高理想自尊与现实自尊状况是其适应和走向社会的一个重要的心理调整期。

二、自卑的心理

大学时代是个体一生中自我发展意识日益增强的时期。这一时期，大学生的内在自我期待与外在的实际行为、自身的发展水平及社会的要求等都存在着矛盾与不平衡，不能自我协调和整合统一，就会产生对自我的否定与内心的自责与痛苦，即自卑心理。

阿德勒认为，一切人在开始生活的时候，都具有自卑感，因为儿童的生存都要完全依赖成年人。儿童与那些所依赖的强壮的成年人相比感到极其无能。这种虚弱、自卑的情感激起儿童追求力量的强烈愿望，从而克服自卑感。所以说，每个人都有不同程度的自卑感，因为我们都发现所处的地位是我们希望得以改进的。因为适度的自卑是个体进步的动力，推动个体去积极补偿。正是因为大学生积极要求进步，追求优越，才会不断发现自己仍有需要改进的地方，然后不断地自我完善。正所谓，知道得越多越感受到自己的无知，便越容易自卑。正是那些要求进步的人才会不断地感受到自卑，然后不断地去克服自卑，这才有了个体可持续的发展进步。如果个体安于现状，自以为是，反而体验不到这种自卑心理，也不会有动力去努力补偿，更不会有进步。因此，存在一定程度的自卑是正常的。自卑感的客观作用在于引导人主动地与他人进行合作，并自觉地服从他人的管理，虚心地听从他人的建议或忠告，努力地学习他人的长处。

但是，长期自卑影响大学生走向成功。按照阿德勒的理论，一切人都会感受到自卑，一些人身上产生了对成就的需求，但在另一些人身上会引起精神病症。长时间的自卑，不但会造成心理上的不健康，也会导致生理上出现亚健康状态。比如，使大学生降低学习效率和引发行为的退缩；心理上情绪低沉、郁郁寡欢，常因害怕别人看不起自己而不愿与人来往，缺少朋友、顾影自怜，甚至自疚、自责；缺乏自信，优柔寡断，放弃竞争，把握不住各种机会，享受不到成功的欢愉等。同时在生理上会导致免疫系统功能下降，抗病能力也随之下降，从而使人的生理过程发生改变，出现各种病症，如头痛、乏力、焦虑、反应迟钝、记忆力减退等。

情境性自卑在大学生中比较常见，它通常是社会比较的结果。大学生进行向上比较的原初动力是寻求自我改善和提高。然而，频繁地进行向上比较也会影响个体的自我评价，难免产生自不如人的心理体验。因此，多数大学生普遍存在的自卑心理是建立在社会比较基础上的一种暂时的心理体验，它具有一定的情境性和暂时性。由于个体的自我调适能力存在差异，因社会比较而引起的自卑体验可能产生以下几种结果：①激起个体努力奋斗，以求改变现状，追求优越，自卑体验易消除。②降低个体的自我评价和自我效能，进而承认自己的虚弱无能，任其自由发展，自卑越来越严重。③极少数人则以自欺欺人和自我陶醉的方式来极力掩饰自己的自卑，最终易陷入自恋自大情结。

大学生中自卑感来源主要是社交、外貌、体能、学习能力、自我价值方面，尤其是在人际交往、体能和外貌形象方面，因社会比较而产生的自卑心理较多。比如，对于入校两个月的大学新生而言，人际交往热情高，经常有各种聚会，能给人带来良好印象的外貌、身体协调能力、表演能力、表现能力在人际交往中起着重要作用，如果在这些方面的表现不如意，很容易因社会比较而产生不如人的消极自我评价，引发自卑心理。

自卑感是一种相对比较隐蔽的心理特征，但是自卑心理可以通过心理健康水平及人格特点反映出来。王冰蔚认为，从总体自卑感回归模型可见，神经质、人际敏感、内外向、强迫四个特征可以较好地预测自卑感。其他几个回归模型显示，自我价值、社交、学习、外貌、体能方面的自卑会有不同的心理健康症状表现和人格特征体现，自我价值感低的人会比较抑郁、较少敌对，有高神经质人格（情绪稳定性差）特点；社交方面自卑的人容易人际敏感，体现内向、情绪稳定性差的特点；学习能力方面自卑的人总体心理健康水平较差，而且有易内向、情绪稳定性差的人格特点；外貌方面自卑的人表现出人际交往敏感，低焦虑，而且有易内向、情绪稳定性差的人格特点；体能方面自卑的人与学习能力方面自卑的人预测出的心理健康状态与人格特征相似。自卑心理容易造成学生敏感、多疑、情绪不稳定、孤僻、适应性差、倔强、内向、不成熟。

自卑心理在认识层面的表现归纳为：

（1）片面性。在自我认识和自我评价上不能客观全面地对待自己。

（2）泛化性。把由于某一方面原因造成的自卑情绪波及其他方面，进而对自己各方面做出普遍否定。

（3）敏感性。对自己的短处和别人对自己的评价感受性高。

（4）掩饰性。总是担心自己的短处暴露于他人，常常加以掩饰或者否认。

（5）封闭性。由于担心别人知道自己的短处，经常采取回避与他人交往的办法，不愿参加集体性活动，从而产生孤独的体验，容易形成封闭性格。

（6）退缩性。常常怀疑自己思想观点的正确性，在别人面前不敢发表自己的见解或者不能坚持自己的观点，忍让退缩，附和顺从。

（7）自负性。有自卑心理的大学生有时也会争强好胜、清高自傲、自我夸耀，只关心个人的需要，因强调自己的感受而忽视他人的表现。

大学生自卑心理产生的主要原因在于社会环境、家庭环境及个体自身因素等方面。比如，因适应不良而导致学习上的失败；生活上屡次遭受挫折；理想自我和现实自我的冲突；自我评价不合理；气质抑郁，性格内向；家庭教养不当。

心理学的研究表明，自卑是一种低自尊的表现，低自尊个体对拒绝性线索表现出更高的注意偏向，哈特（Harter）认为，由于低自尊反映了个体早期对社会拒绝和排斥的重复体验，李海江、杨娟、贾磊、张庆林等学者认为与高自尊个体相比，低自尊个体对拒绝性线索具有较高敏感性，将会为与拒绝有关的线索分配更多的注意；低自尊个体对拒绝信息注意偏向的内在机制表现为对拒绝信息的注意解脱困难；吉尤拉克（Gyurak）和艾杜克（Ayduk）认为，注意控制对低自尊个体注意偏向的影响，发现只有低注意控制能力的低自尊个体才表现出对拒绝信息的注意偏向，而高注意控制能力的低自尊个体未发现该类偏向。

如何克服自卑心理呢？我们可以在这几个方面做出调整：

（1）正确认识自己。学会从多角度看问题，全面辩证地看待和评价自己，不仅要恰如其分地看到自己的长处，也要如实地看到自己的短处，切不可因自己的某些方面不如别人而看不到自己的过人之处。要用理性的态度面对失败和挫折，做到大志不改，不因挫折而放弃追求，在挫折中寻找有利于自我的益处。善于挖掘自己的潜能、利用自身的特点，大胆尝试，勇于拼搏。一个人只有客观地评价自己和他人，与他们进行正确的社会比较，才有助于肯定自己，才可能克服自卑感。

（2）正确地归因。不能因一次失败，就认为自己能力不行。失败的原因很可能是多方面的，不一定是能力不足造成的，要全面、理性、客观地分析失败的原因。

（3）积极地自我暗示。当你在干一件事之前，首先应有勇气，坚信自己能干好。当遇到某些情况感到信心不足时，不妨运用语言暗示："别人行，我也能行。""别人能成功，我也能成功。"从而增强自己改变现状的信心。

（4）学会对比。与人比较时要讲究"可比性"——选择适当的参照系，否则只有"人比人，气死人"；或者做自我的纵向比较，看到自己的成长和进步，增强自信。

（5）自我升华。某件事情失败了，把挫败的心情引向更为积极的事件上去，专注于此事。失之东隅收之桑榆，用下次的成功弥补这次的失败。用一些小成功刺激、满足和愉悦自我，树立起新的自信。

【案例 2-2】

A同学，男，来自广西壮族自治区，农村，家里兄妹三人，排行老二，三兄妹中成绩最好，但当年还是没考上大学，复读一年后来到了浙江的一所大学。在大学里，发现自己普通话不标准，话也不敢多说，怕被人笑话；英语、计算机等课程跟不上，学习又不出色；个子矮小黝黑，不够帅气；家境也不富裕，比不得江浙沪和其他城市的孩子花钱大方，很是自卑，独来独往，但又渴望和大家交往，希望自己可以和他们一样出色、自信，很是苦恼。（资料来源：编者整理）

A同学因社会比较而体验到自卑的情绪，这种自卑是通过上行比较得出的情绪，可以看出A同学之所以自卑，是因为对自己有要求和期待，希望有更好的自己。对于A同学，要正确对待和处理自卑情绪。

第一，要认识到自卑情绪不是绝对的负面情绪，要看到自卑情绪背后的谦虚的个性和求上进的意愿，是激发向上的动力，超越自卑就能超越自我，如果满足于自我的状态，是无法超越自我的。自卑的个体在为人处世中比较低调和温和，也是良好的人际关系的一个支撑。

第二，改变你能改变的。比如，普通话不标准，可以通过一段时间的训练和交流来改善，积极地采取有效行动来改善。英语和计算机也是如此。当然，根据自己当前的情况要订立一个适合自己的学习目标，循序渐进，持之以恒。

第三，寻找自己的优势资源，积极发展自我，无论是兴趣爱好、能力、气质和性格等，显现自己的人格和人际的吸引力，做强自己，有强大的实力才能有强大的心理和足够的自信。

第四，学会正确的比较。不拿自己的弱点与别人的长处比，不拿自己的弱点去压自己的长处，或者放大自己的缺点，要做纵向的自我比较，设立自我发展的目标，不断看到自己的努力和成长，成为最好的自己。

第五，接受你不能改变的现实，比如长相和家庭出身、地域的差别等，人不能选择出生和成长的环境，正确看待家庭和成长环境给你带来的不同方面的影响，艰苦的环境对个体的成长也有着得天独厚的有利的一面，接纳自我才能正确评价自我，才能激发更自信的自我，采取积极的行动成就更好的自我。

总之，大学生应该善于以正常的、健康的心理状态与精神面貌正视自己所取得的成绩和所面临的困难，客观而准确地看待他人的能力、成绩和境遇，既不能因自己一时的幸运而狂妄自大，也不能因自己一时的失败而悲观失望；既不能因他人一时的落魄而低眼瞧人，也不能因他人一时的得意而低三下四，应该使自己时刻保持不亢不卑、不骄不躁、平衡而稳定的心理状态和精神面貌，塑造健全的自我意识。

三、自负的心理

自负与自卑，从情绪理论来看，都是负性情绪的体验，都是心理不健康的一种重要表现，但实质上二者是一致的，都是低自尊的补偿方式。自卑是正向的补偿，自负是逆向的补偿，是一种自卑的特殊表现方式。

自负在日常生活中的一般表现为：自傲自大、傲慢无礼。自负的人自我感觉过于良好，认为自己非常了不起，什么都比别人强。固执己见，人际关系不和谐。自负的人自以为是，目无他人。耐挫折能力差。自负的人生活多是一帆风顺的，对自己的认识过高，对一些任务难度的估计偏低，有掉以轻心的倾向。

根据精神分析理论，自负心理的实质是潜意识的自卑心理，是反向形成的防御机制。自负心理和自卑心理都是心理不健康的表现形式。所表现出的状态截然相反，但实质上自负心理是属于自卑心理的一种。自卑的人胆小懦弱，自负的人傲然自大；自卑的人低估自己，自负的人高估自己；自卑的人性格软弱，自负的人性格刚强。面对同样的生理缺陷，有的人软弱胆小，封闭自我，害怕与人接触，变得自卑；而有的人自尊心强，不喜别人的悲悯，用相反的态度去对待这种缺陷，即对自己的缺陷漠视，假装毫不在意，以此来进行自我保护，这种态度就是精神分析理论中防御机制的反向形成。

阿德勒的理论中就认为，自卑感在人的成长中，如果以一种障碍因素而不是激励因素发挥作用，他将其称为自卑情结。有自卑情结的人，可能对自己的缺陷过分敏感，唯恐别人蔑视自己，因而在言行上变得格外争强好胜。具有自负心理的人，平时言行中处处夸大自己的能力，傲慢自大，对任何事都采取漠视的态度，这正是由于潜意识的自卑。他们对自己的某些方面不甚满意，因而采取反向形成的防御机制，降低自己的焦虑感，进行自我保护。他认为自卑情结会出现一种病态的补偿现象，称之为过度补偿，是对自卑感进行补偿的夸张形式。所以自负心理是自卑心理的特殊表现。

自负心理与人的自我认知、家庭因素、情感、性格和人生境遇都有紧密的关系。自我认同感偏差会引起自负心理。具有自负心理的人，往往有着过高的自我认同感，不能全面地认识自己。不良亲子关系也易引起自负心理。亲子关系的疏离使孩子沉浸在自恋需要中，孩子不能从“重要他人”那里感觉到亲情的作用，感受不到父母的肯定和鼓励，自尊需要得不到满足。在以后的生活中，孩子的自尊心异常强烈，以此弥补自己早期自尊需要的匮乏，在遇到挫折时，为了维护脆弱敏感的自尊心，容易潜意识地启动自我防御机制，形成自负心理。同时养尊处优、过于顺利的成长之路，或者在摆脱艰难困境，得到优渥处境后，也容易形成自负心理。

大学生来自不同的地域、环境、家庭，有着不同的人生经历和个性等，人与人之间有很大的差异，对于自尊的满足呈现的是不同的方式，低自尊的个体难免有维持自尊的需要而做出反向的补偿和防御反应。

正确地认识和做出相应的调试是必要的。一要全面地认识自我，自信而不自负。既要倾听自己的声音，也要听取多方对自己的客观评价，通过别人对自己的评价和态度来全面认识自我。二要通过自己的实践结果检视自己对自己的判断是否有过度超于事实的虚高。三要真实而坦诚地面对自我。人最了解的还是自己，即使是内心最隐秘的一面而不愿提及，但自己还是会用不易察觉的方式呈现出来，或者以反向的方式补偿，只有自己坦诚而真实地接纳自己，才能以健康的心态示人。四要把握好心理补偿的度，克服自负心理。例如，有的人小时候家里贫穷，受人欺负，长大后便过度补偿内心对金钱的自卑感，拼命挣钱，对金钱欲望强烈，不顾法律伦理，甚至犯罪。用升华的方法让自己更好地发挥长处，克服自负心理。五要构建良好的家庭氛围，获得来自家庭的社会支持和尊重的满足，避免过度补偿。

四、从众的心理

从众心理是指个人受到外界人群行为的影响，而在自己的知觉、判断、认识上表现出符合公众舆论或多数人的行为方式，而实验表明，只有很少的人在这样的影响下保持了独立性，没有被从众，可见从众心理是普遍的心理现象。

一般来说，从众行为有以下几个因素：

（1）群体因素。群体规模大、凝聚力强、群体意见的一致性等，都易于使个人产生从众行为。

（2）情境因素。这主要有信息的模糊性与权威人士的影响力两个方面。即一个人处在这两种情况下，易于产生从众心理。

（3）个人因素。这主要反映在人格特征、性别差异与文化差异三个方面。一般来说，智力偏低、自信心不足、性格软弱者，较易从众；妇女比男子更容易从众；不同文化背景的人，其从众表现有一定差别。就个人从众的发生看，从众可能是盲目的，也可能是自觉的；可能是表面的顺从，也可能是内心的接受。而就其意义说，从众可能是消极的，也可能是积极的。

（4）心理因素。在群体中，个体不愿因为标新立异、与众不同而感到孤立，当他的行为、态度与意见同别人一致时，会有“没有错”的安全感。这种无形的心理压力，迫使一些成员违心地产生与自己意愿相反的行为。

从众导致人的个性消失。从众的心理在群体高度一致性的基础上使个人获得了匿名的安全感，个人做事会无所顾忌，这种情况通常会发生有悖于原则的事情上，从而带来不良的社会影响。从众的心理使人失去了价值感，因为群体的共同行为给个人带来了淹没感，个人的存在无足轻重，扼杀了个体努力、创造、创新的勇气和锐气。

不同类型的人，从众行为的程度也不一样。一般来说，女性从众多于男性；性格内向、自卑感的人多于外向、自信的人；文化程度低的人多于文化程度高的人；年龄小的人多于年龄大的人；社会阅历浅的人多于社会阅历丰富的人。大学生中新生的从众心理较老生多，女生多于男生，能力较弱者多于能力较强者，内向学生多于外向学生等。

对于从众心理，大多数人持否定态度，他们往往看到消极的一面，它抑制个性发展，束缚思维，扼杀创造力，使人变得无主见和墨守成规。但从众心理也有积极的一面，即有助于学习他人的智慧经验，扩大视野，克服固执己见、盲目自信的行为方式，修正自己的思维方式，减少不必要的烦恼，如误会等。更为重要的是，它是寻求认同的一种方式，个体为了融入群体放弃自己的主张，希望获得群体的认同和接纳，在行为上与群体成员保持一致，获得心理上的安全感。当然，群体的行为和意图也是有待于考察和区分的，它的一个前提是主体需要运用自己独立的思考预先对此进行预判和选择，然后做出从众与否的决定。因此，对"从众"这一社会心理和行为，要具体问题具体分析，不能认为"从众"就是无主见，就是"墙上一棵草，风吹一边倒"。比如大学新生一窝蜂去参与学生会、社团、志愿者、社会活动，考各种各样的证书，我们应该如何分析和看待？涉及每一个个体的情况与选择是不同的。

当然，对于大学生的某些从众行为，比如玩游戏、低头族、翘课族、攀比风等，大家的意见是一致的。这些从众行为的过分普遍，反映了部分大学生自我意识弱化、独立性较差，缺乏个体倾向性的世界观、人生观、价值观，以及意志力，一旦离开这种从众氛围，个体就很容易不知所措，找不到自己努力的方向，走向社会后易陷入迷惘、失落和自卑，实际上是这类从众现象最直接的恶果。

第三节　大学生自我认知的完善

一、深入认识自我

健全的自我意识是大学生心理健康的一个重要标准，全面而深入地认识自我不仅是健康的需要，也是个体成长为更优秀的个体的发展需要。苏格拉底认为，人一生的任务就是认识自我。人从有自我意识开始，就在不断认识自我、展现自我、实践自我以及实现自我。深入地认识自我是培养健全的自我意识的基础。自我意识不仅包含自我，也包含着与他人，与社会的关系，自我意识本质上体现的是一个社会的我。健全的自我意识的建立有赖于多方面的途径来认识自我。

第一，自察与反省。孔子说"吾日三省吾身"。早晨，思考一下今天的计划，工作、学习与人际上需要完成一些什么？做一些什么调整；白天空余时间检视一下自己今天的计划进行得怎样，哪些做得不错，有无失误的地方，及时调整和完善；晚上，总结一下今天的所思所行，有无按照计划完成今天的任务，有什么得失和经验，更好地监督和鞭策自己。

一个个体只有充分了解自己，才能知道自己的情绪和行为为何如此反应，才能更好地扬长避短。我们可以对自己做一个小测验：

“我是谁?”在20分钟内用20句以上的话来描述自我。

从对自我的描述中去分析自我，在这些描述中哪些属于自我认识？哪些属于情绪体验？哪些属于自我调控？

在描述的语句中有多少是正面的评价？有多少是负面的评价？

在描述中哪些属于生理自我？哪些属于心理自我？哪些属于社会自我？

进行归纳后，或许可以看到自己对自己的认识集中在哪里，注重什么方面的评价，对自己的评价偏向的是积极的态度还是消极的态度，以及自我意识的强度。

第二，他评与分析。人是社会的人，人的自我意识的形成也有赖于社会交往，在社会交往中可以更好地认识自我，纠正自我认识中的偏差，或者在特殊环境中造成的片面的自我认识。他人的评价需要在多个层面去了解：一是父母、兄弟姐妹的评价；二是熟悉的同学和朋友的评价；三是师长的评价；四是陌生人的评价等。从多维度的他人评价中可以更全面地看到他人眼中的自己，以此来分析自我认识中的偏差，从而改善自我。这些他评，可以是日常表现，也可以是在特殊事例和特殊场合的表现，对于他评，我们需要在交流的基础上明确对方的真实评价，而不是你所认为的“他评”，否则，仍然不过是自我的评价或臆测而已。

在自我评价和某个他评不一致的地方，需要更多地倾听几方的他评，更客观理性地分析差异，再来坚持自己的评价或者接纳他评。

我们也可以通过小测验来获得他评，请你认为相关和重要的人士给你列出他们眼中的“你”。

第三，学会正确的比较。无论是自评还是他评，我们得出判断的时候总有一个判断的依据，这个比较的依据也是很重要的。

在比较中需要注意几点：一是不比无法改变的事实；二是不拿自己的弱点与他人的强项比；三是客观地用自我的长处与他人比较；四是多做自我的纵向比较。突出优势，改善或避免短处带来的影响，从自我的优势建立理性自信。

第四，实践中检验自我。自我的评价、他人的评价需要经得起实践的检验，那才是真实客观的评价，当然，偶尔一次的实践也许证明不了什么，实践的评价也需要经过数次或持续行为的检验。大学生可以从自己的道德与法律素养、学习成绩、人际交往、兴趣能力、社会实践等多方面检视自己。

第五，勇于直视自己的内心。接纳自我的不足和缺点，才能得到一个完整的、真实的自我，才能积极改变可能的不足，促进自我成长。

二、积极悦纳自我

在对自己有了全面而清晰的认知后，重要的是欣赏和接纳自己。人与人之间有很大的差异，如家庭出身与成长环境、样貌、地域、需要、兴趣、能力等种种差别。无论是优秀的自我还是平常的自我，都要客观理性地接纳自我。“垃圾是放错了地方的宝贝”，无论你是一个怎样的人，你有其独特的个性，总有适合你的情境和适合你做的事情。

悦纳自我是自我意识中的高境界。自我悦纳是指个体能正确评价自己、接受自己，并在此基础上使自我得到良好的发展。自我悦纳不仅指接纳自己人格中的优点、长处，更要接受自己的缺点与不足。在接受不足这个情况的基础上，努力改进、完善自己，而不是妄自菲薄，失去信心。

悦纳自我包括三个方面：一是接受自己的全部，无论优点还是缺点，无论成功还是失败；二是无条件地接受自己，接受自己的程度不因自己是否做错事而有所改变；三是喜欢自己，肯定自己的价值，有愉快感和满足感。只有能够真正做到如此，才能真正悦纳、认识自我。

一个悦纳自己的人，并不意味着他的一切都是完美的，而是说他在接受自己优点的同时，也了解自己的缺点，能坦然承认自己的不足之处；不断克服缺点，完善自己，更加自信的面对生活，走向成功。这是一种修养，也是一种难能可贵的品质。

悦纳自我是心理健康的表现。心理健康的人首先要有自知之明。对自己能做出恰当评价的人，既能了解自我，又能接受自我，体验自我存在的价值。当你快乐地接受了自己，你的整个心胸便会舒展和开阔，同时你会发现，你也更加容易接受他人了。

良好的自我悦纳可以有效缓解发展中的矛盾冲突，使个体得到健康发展。马斯洛的需要理论认为：人有自尊的需要，这是仅次于自我实现需要的第二高层次的需要。自我悦纳即产生高自尊。肯定和发展自己的优势，接纳自己的不足，才是成熟个体的自我表现。接纳并不完美的自己，用自己的成长方式去发展自我，就算是野百合也有自己的春天。

现代版的龟兔赛跑，兔子轻而易举赢了乌龟，乌龟不放弃终于到达终点，问它明知道是要输了比赛的，为什么坚持跑到终点？乌龟回答“我也要看一路的风景”。自我有一种向上发展的动力，也可能有不能超越别人的某一方面的不足，但坚持用自己擅长的方法走自己的路，一样可以到达终点，不需要因为别人的优秀而否定自己。接纳自己可能的笨拙和不足，正视自己，才能坚持用自己的方法走自己的路。

作为大学生，已经比一般的青年具有更多优势，不要局限于个别群体比较的差异，放开视野，也就意味着放开束缚和心胸，才能容下更多，接受更多，走得更远。积极悦纳自己，需要客观评价自己；需要勇敢地接受自己的缺点、不足或缺陷，需要每天不断鼓励自己；需要强化自己的优点和长处；要懂得分享；尽情体验自己的喜悦；欣然接受自我。

三、有效地调控自我

认识自我不是自我发展的终极目的，认识自我是为了改造自我、完善自我，成长为一个优秀的自我。有效调控自我是认识自我的必然要求。自我调控是自我意识的意志成分，指个体对自己行为与心理活动的自我作用过程。它包括自立、自主、自律、自我监督、自我控制和自我教育等。其中，自我控制和自我教育是自我调控中最主要的方面。自我认识和自我体验是自我控制的基础。

事实上，大学生自我意识的发展过程中对自我的分析大多数还是客观、理性、合理的，但在现实的行为上显示出现实自我与理想自我的差距，显示出调控的无力，如自我放弃、懒惰、逆反等。要有效调控自己，需要做到以下几点：

一要制订确实可行的目标和计划。根据自己的兴趣、能力、节奏、专业和对未来的预设制订可行的计划。

二要培养顽强的意志力。制订计划是容易的，培养执行力是不易的。通过分解计划，以科学而严格的执行步骤和有力的监督来培养意志力。

三要建立起足够的自信。强化和放大自己每天取得的进步，每天重温自己原初制订的目标和计划，积极暗示自己，坚信自己可以做到；善于挖掘自己的潜能、利用自身的特点，找准容易成功的突破口大胆尝试，获得局部乃至更大的成功，增强自信。

四要合理认知。学会从多角度看问题，全面辩证地看待和评价自己，用理性的态度面对失败和挫折，做到大志不改，不因挫折而放弃追求。

五要给予恰当的目标激励。目标的完成特别是长远目标和规划，要经历困难、曲折和长时间的努力才能实现，因此，在目标的不同的实现阶段要给予自己适当的奖励，给予成功需要的满足和激励。

六要寻求环境感染与社会支持。要寻求或营造一个良好的外部环境，大家有共同的志趣、积极向上的目标，为了自己的未来和成长都在做努力的群体氛围，获得心理上的互助与支持。同时和亲人与朋友及时进行感情上的沟通与帮助，积极寻求家庭、朋友的社会支持，感受到亲人朋友关心自己的成长进步，感受到他们支持的力量，推动自己往前走。

思考题

1. 自我意识的发展经历哪几个重要阶段？大学生的自我意识发展最重要的任务是什么？具有什么特点？
2. 如何看待自尊与自卑、自负？在你的成长中，你是如何面对和克服的？
3. 成长过程中，你是如何理解自我认同及危机的？

阅读书目

1. 阿德勒．自卑与超越[M]．黄光国，译．北京：作家出版社，1986.
2. 阿德勒．让生命超越平凡[M]．北京：西苑出版社，2003.
3. 岸见一郎，古贺史健．被讨厌的勇气[M]．北京：机械工业出版社，2015.

第三章　大学生的学习心理

任务目标

- ★ 认识大学生学习的特点
- ★ 了解大学生学习的常见困惑
- ★ 掌握大学生学习动机的内涵与激发
- ★ 理解创新学习的重要意义

人类会因累积的学习和经验，告诉自己这也不能做，那也不能做，让拒绝尝试变成自己的习惯，那正是创造力最大的致命伤。

——阿雷克斯·F. 奥斯本

大学生学习是学生与环境互动的过程，也就是说，除了进入大学前所具有的特点之外，学生在大学里的发展变化主要受到大学环境的影响。这里的环境不仅指大学客观存在的物质环境和文化环境，还指学生对这种客观环境的心理感知和体验，以及他们对环境的利用、参与和浸入。相比制度化的学习，大学生课程之外的经历，如师生互动、同伴交往、社团活动和参与管理等，对他们今后成长发展所起的作用更大。因此，大学生的学习活动应被视为一种经历，包括大学生在大学生活过程中经历的所有方面。

第一节　大学生的学习特点

一、自主学习

大学生的学习方式以自主学习为主，往往是教师领进门，做启发性的指导和答疑解惑，有大量的时间要大学生自己去支配和决策。自主性就是大学生独立自主的学习，在大学学习的某一阶段，自觉确定学习目标，决定发展方向，制订学习计划，采取有效措施并加以实施。其目的是在教师的指导下，努力提高自己独立获取知识和独立思考问题的能力，进行独立发展尝试，为将来迎接挑战、独立胜任工作打下基础。这既符合大学生身心发展规律，又符合大学阶段的学习规律，还符合大学生成才规律。

自主性是大学生与中学生学习的主要区别。中学生甚至不少大一的学生，往往存在被动学习的现象，中学生习惯了“老师讲学生听”，依赖老师，围绕书本，一切为了高考，把所有精力和时间都用在记忆“死的知识”上，初入大学的学生沿用高中的学习方法，上课记笔记，下课补笔记，考试背笔记；学校开设什么课，自己学什么课；老师教什么，自己学什么，把自己当成了“容器”，而没能成为“学习的主人”。随着年龄的增长和文化程度的提高，自主性也逐步发生着变化。度过适应期，大学生会发现正确答案不是唯一的，有的问题本来就是没有答案的，不再有绝对权威，也不必承受巨大的考试压力，能够自主阐释和选择学习内容，个性可以得到适度释放。他们不再是单纯而又抽象的学习者，而是有丰富个性的行为主体，大学生作为一个独立的个体存在，具有不可重复性和不可替代性，具有无限的发展潜能。他们与知识的关系也不是机械被动的固定关系，他们不仅被视为知识的消费者，同时也是知识的解释者、生产者、传播者，甚至是创造者，正是这种地位转化的理性探讨与实践，才形成了大学生学习的自主性。

大学生自主学习表现在三个方面：第一，自主调整学习目标。在学校总体培养目标和专业设置要求下，大学生开始能动地确立自己在短期甚至很长一段时期的学习目标，这一目标并不是一成不变的，可以随时调整。学习目标由自身学习兴趣爱好、思维特点、知识水平、个性品质决定。第二，自主思考学习内容。大学的学习内容极为丰富，具有一定的深度、难度和广度，大学生摆脱“填鸭式”学习，开始独立自主的思考、钻研学习内容，由被动学习转为主动思考。第三，自主选择学习方法。学习方法分广义和狭义两种。广义是指在学习过程中，一切为了达到学习目的，掌握学习内容而采取的手段、方式、途径，以及学习所应遵循的一些操作性原则和组织管理等环节。狭义的方法是指学习过程中学习者所采取的具体活动的措施和策略。学习方法既表现为经验、技能，又表现为观点、理论。总体来说，学习方法是学习个体在学习方式上的一种感悟，一种思维方式，更是一种行为策略。大学生的学习方法就是根据自身特点，凭借自己的探索，自我选择最科学的、更有效的学习模式。

二、全面学习

随着科学、技术、经济的迅猛发展，社会分工越来越细，社会生产、生活的复杂程度也越来越高，要求人必须有高度发展的能力系统，只有具备综合能力的人，才能在现代竞争中获胜。现代人才不仅要具有扎实宽厚的学科知识，还要具有将知识应用于社会实践的能力和创新能力。大学生在学好、学精专业知识的同时，应广泛涉猎相关学科知识，做到专精与广博相结合，理论与实际相结合。大学生的学习内容更加强调精深与广博，在广博的基础上求专长，在专业学习的基础上求拓展与创新。大学生在校学习的往往是某一门专业的学科知识，同时兼顾其他内容的知识。围绕某一门专业知识学习，可以有多种参考书；对一个问题的解释，可以有多种不同的理论与观点。

在知识经济时代，大学生更应该学习与人相处、学会追求知识、学会做事、学会发展，不仅要学习如何学习，还要学习如何管理自身的学习。因此，大学生应以浓厚且广泛的学习兴趣尽可能多地进行多方面、多层次的学习，积极拓展知识面、丰富知识结构，促使自己成为一个适应能力强的复合型人才。

三、专业学习

大学跟社会是紧密相连的，美国高等教育专家弗莱克斯纳曾说："大学不是一个风向标，对社会每一流行风尚都做出反应，大学必须经常给予社会一些东西，这些东西并不是社会想要的，而是社会所需要的。"高等教育的三大职能中也提到要服务社会，大学生学习的最终目标就是为以后走入社会打好基础。我国的大学生虽然在入学前就已选好专业，学习具有显著的职业定性，学习定向的专业知识和专业技能。在信息化社会，社会对大学生专业的学习要求更高，不仅要求学生具有专业的操作能力，还应有专业的思维能力。而专业的思维能力又包括专业思想 、专业学识、专业学问三个方面。大学里的学习目标是使大学生在德、智、体、美、劳全面发展的前提下，掌握更加精深的专门知识，具备奋发进取的科学研究素质，成为高层次的专门人才。因此，大学生必须了解和掌握本专业广博的基础知识，形成宽厚而坚实的、丰富的专业素养，必须具有从事本专业科学研究的较高水平。

不同于中学学习，大学的学习是专业学习，需要具体而系统的学习一门专业，掌握专业基础知识和专业基本技能。大学生是按国家需要培养的高级专门人才，从一入学就有一个专业定向的问题。因此，专业性是大学学习的一个显著特点，大学生对自己的专业是否有兴趣会直接影响学习热情，进而影响整个学习面貌，因此，要不断培养自己对专业课的兴趣。现代社会要求学生在大学里必须学习自己的专业，但又不能满足于本专业这一狭窄的范围，而是要扩大自己的知识面和视野。要把知识的精深和广博结合起来，处理好专业与非专业学习的关系。专业课要力求精深，知识面和视野要力求开阔。当代社会需要专业技术过硬、视野开阔、思维活跃、善于解决问题的高素质人才。

第二节　大学生的学习困惑

一、学习目标不明确

著名的德国哲学家康德曾说："没有目标而生活，恰如没有罗盘而航行。"学习缺乏了目标，也就意味着学习失去了方向，不明确自己学习是为了什么，又何谈学习的优越性?

大学生在经历了压力大、竞争激烈的中学阶段的应试教育后，这种强压下的释放导致迷失，许多大学生存在学习目标不明确，学习氛围不适应，自我定位不清楚等问题，导致了学习态度和思想上的松懈，甚至是放纵自我。缺少寻求知识的渴望，不知不觉成为“低头族”，他们的行为不仅伤害了自己的身心健康，同时也对自己与人沟通和学习能力造成了极大威胁。显然，他们在向手机低头的同时，也在向自己的学习屈服。

二、学习专业不喜欢

“兴趣是最好的老师”。学生的学习兴趣、学习动机、学习动力及学习态度等内驱力是学生的学习行为指向。学习兴趣是学习过程中表现出来的一种稳定而积极的倾向，是学习者自觉或不自觉力求认识、探索某种事物或从事某种学习的认识倾向。作为非智力因素，它可以调动学习的积极性，提高学习效率。所以学生的学习兴趣直接影响着学习的效果，要我学与我要学，效果截然不同。

浓厚的学习兴趣是学生学习的不竭动力，而学习动力不足在很大程度上影响着学生的学习态度，学习态度的好坏直接影响着学生的学习效果。学习兴趣是学习动机的初级形式，如果学生对学习内容没有兴趣，只是为了应付点名才坐在课堂里，那么他们就会用表面上的学习投入应付老师、家长；面对考试的时候，学生们内心排斥，通过强记一大堆知识点的突击复习应付考试，这样的学习无法真正达到学习目标。

目前，一些学生对专业、对课程认识不清，缺乏专业兴趣，甚至不喜欢所学专业。由于“一考定成绩”的考核方式，往往抱着应试的心态学习，就会产生厌烦心理，当缺乏动力却又不得不为之时，就会身心俱疲，消极对待学习活动。

三、学习热情不充足

美国教育心理学家奥苏贝尔提出，学生在校学习内驱力主要包括自我认知内驱力和自我提升内驱力。心理学家皮特也指出，动机不仅受到内部需要“推动”，而且受到外部刺激“拉动”，动力是动机激发的“推力”和刺激诱发的“拉力”的共同结果。学习热情不充足的学生实质就是学习动能不充足，缺乏内在的“推力”或外在的“拉力”。理想的学习动能就是学习动机“推动”能量所激发的内动力和外在刺激“拉动”能量所诱发的外动力的双向作用机制体系。

学习热情不足的学生在思想上表现为对自己的学习没有明确的目标，求知欲望不强，考试只要求不要挂科，能拿到文凭就行；在学习上表现为不喜欢上课，课前不预习，上课时不认真听讲，课后不复习，作业不认真完成，很少到图书馆查资料，考试前才“临时抱佛脚”；在行为上表现为懒散，不愿意在学习上花时间、动脑筋，沉溺于网络、玩扑克、谈恋爱等；学习独立性差，不能保持持久的学习兴趣等。

第三节　大学生的学习动能

21世纪将由善于思考、持续学习的人来主宰，所以当代大学生必须成为有思想、热爱学习的人。孔子说："知之者不如好之者，好之者不如乐之者。"我们面对的是一大堆个人似乎无法控制的复杂问题，唯一的办法就是全民觉醒，前所未有地互相合作，增强自身的学习动能，培养高度的创意思考能力，成为"有效学习者"。当代大学生必须不断努力，学会学习，学会思考，由被动的教育消费者转变成自我学习与生命的主动掌控者。

一、激发学习动机

（一）动机内涵

动机通常被定义为一种激发、指向并维持某种行为的内部心理状态。心理学家研究动机，通常把重点放在以下五个基本问题上：

（1）人们为什么选择不同的行为？

（2）他们需要花多长时间才开始行动？

（3）开始活动后，他们的参与程度如何？

（4）什么因素决定一个人选择坚持还是放弃？

（5）活动进行的过程中，他们有什么想法和感受？

对动机的一个最经典的区分就是将动机划分为内部动机和外部动机。内部动机是指当我们追求个人兴趣和能力提升时所产生的一种寻求挑战并克服困难的本能倾向。当我们激发内部动机时，我们不需要依靠外部诱因或惩罚，因为活动本身就能带来满足感和回报。相反，如果我们做一件事情，是因为我们希望得到高分、避免惩罚、取悦老师或出于其他与这件事情本身无关的原因，驱动我们的就是外部动机，我们并不是对这件事情本身有兴趣，我们只是为了得到某种东西才去做它。

当我们反思自己的动机时，常常发现内外动机的二分法过于绝对和简单。有两种理论对这种二分法进行了调整。其中一种观点认为，我们的行为处于从完全的"自我决定"（内部动机）到完全的"外部决定"（外部动机）的连续体上。例如，有些学生之所以愿意从事那些他们不怎么感兴趣的学习活动，是因为他们知道这些活动很重要，将有助于他们达到有价值的目标。这样的动机是内部的还是外部的？事实上，介于二者之间——人们自愿选择接受某些外因的影响（如取得资格证等），并尽量获得益处，这就是内化了的外部原因。另一种解释则认为，内部和外部不是一个连续体的两极，而是两个独立的维度。任何情况下，我们的动机都或多或少的同时包含了二者。

（二）大学生学习动机的激发

学习动机可以定义为"学生寻找学习活动的意义和价值，并努力从中获得预期的学业收益的倾向。”拥有学习动机不仅指学生希望或愿意采取一项学习行为，还包含了心理上的努力（表3–1）。

表3–1　学习动机概念的建构

（以下五个要素共同作用时，可激发学习动机）

动机来源	学习动机的最佳特征	降低学习动机的特性
目标设定类型	内部的：个人因素，例如需要、兴趣、好奇心和愉悦感	外部的：环境因素，例如奖励、社会压力、惩罚等
学业卷入类型	学习目标：对迎接挑战和取得进步的个人满足感；倾向于选择中等难度和挑战性的目标 任务卷入：关注对学习内容的掌握	表现目标：渴望提升自己在别人心目中的印象；倾向于选择难度过高或过低的目标 自我卷入：关注别人如何看自己
成就动机	追求成功动机：掌握定向	避免失败动机：容易焦虑
归因倾向	成败归因于可控的努力和能力	成败归因于不可控因素
能力信念	增长观：相信能力可以通过努力学习、增长知识和技能而得到提高	实体观：相信能力是固定不变的、无法控制的特质

1. 建立挑战性合理的学习任务

动机的强度由我们对成功的预期和对成功的价值评估共同决定。学生对学习任务的价值理解能预测他们做出什么样的选择。美国著名教育心理学家安妮塔·伍尔福克将学习任务的价值分成四个成分：重要性、趣味性、实用性和代价（表3–2）。

表3–2　学习任务的价值

任务价值	概念	举例
重要性或达成价值	指完成好这个学习任务的意义，与个体需要密切相关	如果某个人很想表现得聪明一点，而且相信高分就代表聪明，那么对他而言考试就具有很高的达成价值
兴趣或内在价值	指个体能从活动本身获得的愉悦感	有些人喜欢学习，有些人喜欢高强度的体育锻炼，有些人喜欢具有挑战性的字谜
实用性价值	指它能帮助我们实现其他短期或长期目标	如获得学位
付出代价	执行任务的过程中可能带来一些消极后果	如没有时间做其他事情，或者让自己看起来很笨拙

显然，对任务价值的理解，是与个人的内部需要、信念和目标密不可分的，对学习任务价值的不同评估会影响大学生专业学习的效果和对实践活动的选择。大学生在看到实用性和

兴趣的同时，应看到知识本身的力量，认识到学习的价值。经常处理在课堂外的现实生活中遇到的问题有关联的学习任务，更容易使大学生发现学习的真正实用价值，也更容易发现学习任务的重要性和趣味性。

2. 恰当的时间安排

大学生除了完成专业知识的学习，还要完成个人能力的提升、人格的完善。除了学会做学问，还要学会做事、学会做人。这就需要大学生恰当安排自己的时间，正确认识自我，利用一切时间塑造自我、发展自我。树立积极向上的学习态度，根据自身的独特性进行生涯规划，让自己变得足够优秀。不断追问：今天我为什么上大学？大学能给我带来什么？通过大学我能成为怎样的人？坚定执着地朝人生的目标靠近。时间安排应遵循“统筹到学期，规划到星期，安排到每天，落实到小时”的原则，恰当的分配到上课、自习、体育锻炼、休息、社团活动、其他等事项上，事务执行时按照紧急程度和重要程度进行处理（图3–1）。

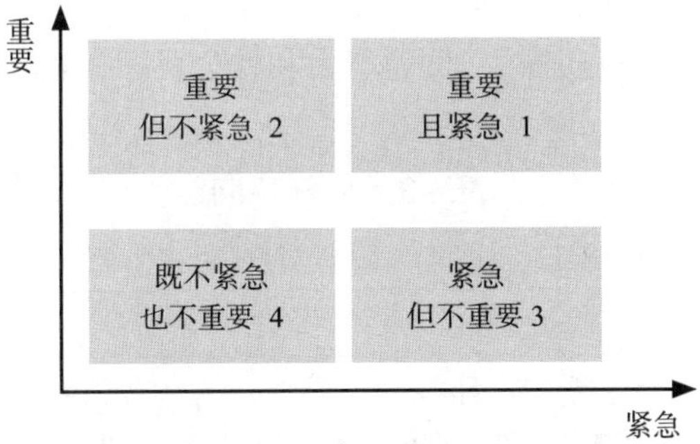

图3–1　按照紧急程度和重要程度划分事务

（1）重要且紧急——必须立刻做。

（2）重要但不紧急（比如学习、做计划、与人谈心、体检等）——只要没有前一类事的压力，应该当成紧急的事去做，而不是拖延。

（3）紧急但不重要——只有在优先考虑了重要的事情后，再来考虑这类事。人们常犯的错误是把“紧急”当成优先原则。其实，许多看似很紧急的事，拖一拖，甚至不办，也无关大局。

（4）既不紧急也不重要（比如娱乐、消遣等事情）——有闲工夫再说。

3. 适时的自我激励

自我激励是指个体具有不需要外界奖励和惩罚作为激励手段，能为设定的目标自我努力工作的一种心理特征。自我激励包括两方面的意思：第一，通过自我鞭策保持对学习和工作的高度热忱，这是一切成就的动力；第二，通过自我约束以克制冲动和延迟满足，这是获得任何成就的保证。它是利用某种诱因使自己的潜力处于激活状态，调动起自己的积极性和创造性，使自己处于一种有活力的自觉行动的良好状态之中。大学生应充分发挥自我激励的积极作用，通过自我观察、自我评估、自我反应来调整自身的行为，适时地激发和鼓励自己唤起积极情绪并保持振奋的工作行为，不断克服困难以及在经历困难中出现的消极情绪来达到最终目标。

二、明确学习目标

目标是个体在动机性活动中努力追求的结果。在这种行为中，个体一般意识到他当前的状况（如成绩属于中等）和将要实现的理想状态（成绩达到优等）以及这两种状态之间的差距。目标激励人们采取行动，从而减少“现在在哪儿”和“希望去哪儿”之间的差距。心理学家认为，目标设定之所以能够提高成绩，主要有四个理由：第一，目标能指引我们把注意力保持在手头的任务上，避免分心；第二，目标能激发人的努力，“鼓足干劲，力争上游”；第三，目标能增加坚持性，“不达目的誓不罢休”；第四，当旧的策略失效时，目标能促进新的知识和策略形成。目标定向是指与学业成就相关的不同类型的目标信念，包含了我们追求目标的理由和我们用以评估目标实现的进展情况的标准。目标定向的类型主要有四种：掌握目标（学习）、表现目标（表现好）、回避努力和社会目标（表3–3）。

表3–3　目标定向

（对于掌握目标和表现目标定向，学生都可能表现出趋近或回避的倾向）

目标定向	趋近型	回避型
掌握目标	关注点：掌握任务，学习，理解 标准：自我提高，进步，深入理解（任务卷入）	关注点：避免无知或无法掌握任务 标准：只求不出错，不犯错就是完美
表现目标	关注点：表现出众，胜利者，冠军 标准：常模比较——得到高分，在竞争中获胜（自我卷入目标）	关注点：避免看起来很傻，避免失败 标准：常模比较——不要成为最差的、最低的或最慢的（自我卷入目标）

1. 超越表现心理，发展社会目标

表现目标的学生关注把自己的能力展现给别人看。那些希望自己的表现比别人强的个体，会选择做一些使自己看起来聪明的事情，对他们而言，重要的是别人如何评价他们的表现，而不是他们学习了什么。他们的一些表现的行为，实际上可能会妨碍学习。例如，为了完成任务他们可能作弊或偷工减料，他们只对需要考试的内容下功夫。当然，追求表现目标也有积极的一面，这会促进个体使用积极的学习策略，并提高他们的自我效能感。大学生应超越表现目标，开阔视野，发展类似于“为家族带来荣耀”“共同奋斗的团结精神”“成为学习团体中的一员”等社会目标，促进学习进程，实现个人成长。

2. 克服回避心理，建立掌握目标

以回避为目标的学生不要学习，他们只求避免辛苦的工作。这类学生力图不花多少精力尽快完成作业和学习活动。大学生应克服回避心理，形成掌握目标。掌握目标的核心是提高能力，为了学习知识，而不在乎表现如何。如果选择掌握目标，个体的参与积极性会更高，

更愿意投入。持有掌握目标的个体倾向于寻求挑战，遇到困难时能够坚持，也更喜欢学习。他们将注意力放在手头的学习任务上，而不会去担心自己在他人心中的表现。他们往往是"沉迷于学习的人"，愿意使用各种有效的学习策略，面对学习任务时也更自信。大学生必须对自己的目标进行整合，从而决定究竟做什么、如何去做。

三、培养创新学习

法国政治家埃德加·富尔在《学会生存》一书中说，未来的文盲不再是不识字的人，而是没有学会学习的人。让学生学会学习，培养学生的创新学习能力，这是世界性基础教育改革的潮流，也是终身学习理论的具体实践。当代大学生正面临着日益复杂的人类问题，必须改变传统的、面向过去的或现在的"维持性学习"，推行面向未来的创新性学习。

大学生的创新性学习指的是在学习过程中，不拘泥于书本，不迷信于权威，不依循于常规，以已有的知识为基础，结合当前的实践独立思考、大胆探索、标新立异、别出心裁地提出自己的新思想、新观点、新思路、新设计、新途径、新方法、新点子的学习活动。这里的"新"，不仅指新发现，也指新发展，因为不可能每个人都能揭示新的原理、发现新的方法，把他人已揭示的原理和发现的方法应用于不同的问题也是一种创新性学习。突出强调的是大学生在学习中的主体地位和作用，强调大学生的创新精神和实践能力。

（一）做学习的主人，相信我能创新

科学家研究发现，创造力不是天生的，可以毫不夸张地说：人脑的潜能几乎是无穷无尽的！大脑为创新提供了强大基础。大学生要彻底改变以往所形成的"被动学习"的习惯。要善于思考、提出质疑，善于与他人进行沟通与合作，在获得信息后，能够进行整合、梳理、筛选和加工，创新建构整体的知识体系，对学习进行反思和评价，变"被动学习"为"主动学习"，提高创新学习的能力。相信自己能够创新，激励自己积极主动地观察、发现问题，提出问题，寻找解决问题的方法。大胆发言，敢于说出真实想法，敢于提出与众不同的问题或设想，敢于对别人的意见进行批评，敢于坚持自己的意见，对新问题敢于去尝试解决，而不是发言谨慎、畏缩，唯恐老师批评或同学讥笑。

（二）勤于记录、观察和思考

大学生要重视自身的动手和观察能力。注重具体的实践实验活动，用实验、观察、调查和访问等方法获取事实材料，并对实际数据进行科学的抽象、概括和推理分析。人们对客观世界的认识总是建立在反复观察实验的基础上的，通过反复实验找出产生某种现象的原因。对开展的实践活动不能走马观花，学会收集调查资料，要用心去感受和体会，善于从这些资料中进行深度挖掘，寻找有价值的内容。在实践中会遇到新情况和新问题，要勤于学习新知识，在研究工作中才能够游刃有余。没有丰富的知识作基础，就谈不上思考的深度和广度。思考是学习的继续，是对实践活动中观察到的现象进行分析、综合和比较的过程，是探索

事物本质和规律的重要环节，是学习后的觉悟过程。个人思考的同时，还要与参与研究的老师、同学展开讨论，互相启发、集思广益。只学不思就不能消化吸收，光思不学就不能进步。

（三）目标导向，培养积极人格

意志、情操等人格特质是创造活动中所表现出来的创造素质。优良的人格特质对创造极为重要，是构成创造力的又一重要部分。优良的个性品质如永不满足的进取心、强烈的求知欲、坚忍顽强的意志、积极主动的独立思考精神等是发挥创造力的重要条件和保证。大学生要以目标来激发求知欲和好奇心，培养积极的人格特质，树立团结协作的精神，为完成共同任务而明确分工、互助学习、通力合作，才能促使事业成功。

思考题

1. 你曾经有哪些学习困惑？你是怎样解决学习困惑的？
2. 你是如何管理和利用宅在家里的学习时间的？请与同学们分享。
3. 面对未来，大学新生需要有哪些学习上的转变？

阅读书目

1. 岳晓东. 通向心灵旺盛的十堂课[M]. 北京：世界图书出版公司，2010.
2. 安妮塔・伍尔福克. 伍尔福克教育心理学[M]. 北京：中国人民大学出版社，2015.
3. 龚春燕. 创新学习理论与实践研究[J]. 创新人才教育. 2014（3）：55-62.
4. 畅肇沁. 大学生学习特点探究[J]. 山西师大学报（社会科学版），2010.

第四章　大学生的情绪

任务目标

- ★ 了解情绪的概念、功能和特点
- ★ 知道正常情绪和正性情绪的区别
- ★ 了解大学生常见的几种情绪反应
- ★ 学会识别、接纳、表达和调节自己的情绪

当你在凝视深渊的时候，深渊也在凝视着你。

——尼采《善恶的彼岸》

你必须像履行一种道德义务那样欢迎愉悦的心情。

——安德烈·纪德《人间食粮》

【案例 4-1】

小晴是一名聪明、漂亮、外向的大一女生，家庭条件比较优越，父母都有体面的工作，但因为工作忙，她从小就被寄养在爷爷奶奶家。从小学到高中，她都是班级里面的“尖子生”，学习很优秀，很被老师看重。自从上了大学，学习和生活都发生了很大变化，她发现自己不再像高中那样是别人关注的焦点，她开始变得不开心、烦躁，动不动就跟室友发脾气，遇到一些小事情就大哭大闹，总是喜欢责怪别人，慢慢地室友们都疏远了她，班级同学也不太主动与她交往，人际关系变得很糟，好像大家都不喜欢她。

问题：案例中的小晴为什么没能处理好人际关系？她应该怎么做来改变自己的状态呢？

第一节　大学生的情绪概述

一、什么是情绪?

情绪是人的心理活动的组成部分，是人对客观事物是否满足自己的需要而引起的一种主观体验。一般而言，当我们的需要得到满足时，会产生积极正向的情绪，例如喜悦、幸福、快乐等；反之，则会产生消极负向的情绪，例如悲伤、愤怒、嫉妒等。

一个完整的情绪产生包括三个层面：生理唤醒、主观体验、外部表现。

1. 生理唤醒

情绪的产生伴有相应的生理反应，当我们在情绪状态时，心律、血压、呼吸、内分泌系统、消化系统等往往也会随之变化。紧张时，手心出汗、心跳加速；愤怒时，脉搏加快、肌肉紧张、血压升高、面红耳赤；害怕时，浑身发抖、呼吸急促等。

2. 主观体验

主观体验是大脑的一种体验和感受状态，如遇到喜事时，内心会有愉悦的主观感受；与人发生冲突时，会感受到“我很气愤”，遭遇危险时，会有恐惧、害怕的感受；失去亲人时，会感到悲伤难过。

3. 外部表现

情绪会通过某种外部形式表达出来，例如，悲伤时会痛哭流涕，激动时会手舞足蹈，高兴时会开怀大笑等，伴随情绪所出现的这些信号，就是情绪的外部表现。这些情绪信号主要有三种形式：面部表情、姿态表情、言语表情。

（1）面部表情是我们判断情绪最常用的信号，是由眉毛、眼睛、嘴巴以及面部肌肉群的不同变化组合所构成。美国心理学家保罗·艾克曼对新几内亚原始部落居民的面部表情进行研究，他要求受访者辨认各种面部表情的图片，并且要用面部表情来传达自己所认定的情绪状态，结果发现某些基本情绪（快乐、悲伤、愤怒、厌恶、惊讶和恐惧）具有跨文化的一致性。

（2）姿态表情通过除面部以外的身体姿势来表达，主要包括身体表情和手势表情两种。人在欢乐时会手舞足蹈，悔恨时会捶胸顿足，紧张时会手足无措，羞怯时会扭扭捏捏。环抱双臂表示拒绝，身体前倾表示关注，左顾右盼表示烦躁。

（3）言语表情是通过声音来传达情绪信号的，音调高低、节奏快慢、音色、流畅度的不同所表达出来的情绪也会不同。愤怒时音调变高，恐惧时惊声尖叫，悲哀时音调低缓，紧张时声音发抖卡壳，爱慕时语调轻柔。

二、情绪的类型

关于情绪的种类，不同的心理学家提出了不同的分类观点，常见的分类有三种，具体如下。

（一）积极情绪与消极情绪

从情绪的体验性质来划分：情绪可被划分为积极情绪和消极情绪两类。积极情绪，诸如愉悦、幸福、快乐等，是由于某种需要得到满足时所伴随的一种愉悦的主观体验；而消极情绪，诸如恐惧、悲伤、委屈、懊恼等，是由于某种需要未能得到满足时所伴随的一种不愉悦的主观体验。

（二）基本情绪与复合情绪

在我国古时候，就有将情绪分为“喜、怒、哀、惧、爱、恶、欲”七种的说法。在西方，关于情绪分类的心理学家很多，普拉切克根据情绪的强度、相似性和两极性制成了一个情绪的三维模型，将基本情绪分为八类：悲痛、恐惧、惊奇、接受、狂喜、狂怒、警惕、憎恨。20世纪70年代初，美国心理学家伊扎德提出一个“情绪分类表”，其中包括九种基本情绪，即兴奋，喜悦、惊骇、悲痛、憎恶、愤怒，羞耻，恐惧、傲慢。

一般认为人的基本情绪有四类：喜、怒、哀、惧。

（1）喜。即快乐，指人的内心需要得到满足时的情绪体验。需要的重要性不同，满足的程度不同，快乐的强度也会不同，从愉悦、兴奋到狂喜。

（2）怒。即愤怒，指需求在实现过程中遇到阻碍，无法满足时产生的情绪体验。愤怒情绪出现时，会出现自控力降低，甚至出现攻击行为。

（3）哀。即悲伤，当需要或愿望破灭时所产生的情绪体验。

（4）惧。即恐惧，遇到危险的情境而自感无力应对时产生的情绪体验。恐惧与否不仅与危险情境相关，更重要的是取决于个体对危险程度的评价以及对自我应对能力的评估。

复合情绪是在基本情绪的基础之上所衍生的，随着人类心理越来越成熟，复杂情绪也越来越多，例如同情、喜欢、嫉妒、悔恨等。

（三）心境、激情、应激

根据情绪的强度、持续时间、紧张度不同，将情绪分为心境、激情和应激。

（1）心境是指比较微弱、持久地影响人整个精神活动的情绪状态，具有弥散性，也就是我们常说的心情。弥散性是指当一个人遇上喜事时，不仅对引起他高兴的事物感到喜悦，而且在一段时间内，会以同样的心情对待周围的其他事物，即使这些事物平时并不能引起他任何情绪体验，所谓的“人逢喜事精神爽”就是这个道理。同样，当一个人心情不佳时，也会对周围的其他事物产生一种厌恶、恼怒的情绪，看周围的世界都是灰色的。

（2）激情是一种强烈的、短暂的、有爆发性的情绪状态，它来得快，去得也快。例如狂喜、愤怒等都属于这种情绪状态。在激情状态下，人的理解力、自制力等都有可能降低。当你和别人发生冲突时，产生愤怒的激情状态，你的自制力会下降，会控制不住做出一些冲动的不理智行为，思维也会陷入局限性，不能客观、全面地分析整个事情，而一味认为是对方错，自己对。

（3）应激是在出乎意料的紧迫情况下引起的高度紧张的情绪状态，在人们遇到突如其来的紧急事故时就会出现应激状态，如地震、火灾面前所出现的适应性反应，会有一系列生理反应，如呼吸加速、心率加快、肌肉紧张等。

三、情绪对大学生身心健康的影响

（一）情绪对大学生生理健康的影响

早在古代，《黄帝内经》就提出：“人有五脏，化五气，以生喜怒悲忧恐”，揭示了情绪与内脏器官的关系。现代生理学、医学和心理学的研究成果表明，情绪会引起呼吸系统、循环系统、消化系统、外部腺体和内分泌系统等方面一系列生理变化。一般而言，若能保持积极的情绪，为人开朗乐观，则有助于人体免疫功能，可以减少患病的概率。

用一句古语总结情绪对身心健康的作用：“怒则气上，喜则气缓，悲则气消，恐则气下，惊则气乱，劳则气耗，思则气结。”由此可见，情绪对健康的影响很大。

英国著名化学家法拉第，在他年轻的时候由于工作紧张，压力很大，造成了神经失调、身体虚弱，经常找医生治疗，但效果不佳。后来，一位医生在给法拉第做了详细检查，了解过他的情况后，没有开药方，而是留下一句话：“一个小丑进城，胜过一打医生”。法拉第开始没弄懂什么意思，决定去试一试，抽空就去看滑稽戏、马戏或者戏剧，一段时间以后，身体状况果然好转了很多，他也渐渐明白了医生那句话的意味。从此以后，他经常去野外或者海边度假，调剂生活情趣，以保持愉快的心情，结果活到了76岁，为科学事业做出了巨大的贡献。

心理学家巴甫洛夫为了研究情绪与健康的关系，做过这样一个实验，先是预备实验：他给狗看两种图形——圆形和椭圆形，在给狗看圆形时给它一份食物；给它看椭圆形时，实施电击，反复多次以后，狗就形成了条件反射：见到圆形，就会流口水，而见到椭圆形则会紧张害怕。预备实验完成后，开始正式实验，巴甫洛夫将圆形一点一点向椭圆形变，将椭圆形一点一点变圆，刚开始狗还能分辨清楚，并做出相应的反应。然而，随着这两个图形越来越相近，以致难以区分时，狗就开始惶恐不安，不知道该怎么办，在笼子里四处乱转、乱吠，并出现厌食、肌肉痉挛、呕吐等症状。实验一段时间以后，狗出现皮肤干燥、脱屑、脱毛、溃疡等症状，甚至身体上长出各种肿瘤，比如甲状腺瘤、膀胱癌、肺癌等。

实验结果表明，长期处于焦虑、恐惧、无助的情绪状态中，会对身体造成严重影响。

（二）情绪对大学生人际交往的影响

人际交往和情绪是相互影响的，经常处于消极情绪不利于人际交往，而不良的人际关系反过来又会影响情绪状态。在大学生的人际交往中，自卑、嫉妒、冷漠、愤怒等情绪会阻碍人际交往；乐观、热情、自尊、自信则会缩短心理距离，增进人际关系。由于情绪具有人际转移的特性，无论什么样的情绪都很影响身边的人。所以，有积极、适度情绪的大学生，在人群中更受欢迎。而经常处于消极情绪中的大学生，则会破坏氛围，与他相处，压力会很大，因此，大家多会选择逃避，尽量少与他交往。

【案例 4-2】

大四女生小A因无法处理好室友关系心烦意乱，前来咨询。在大一军训时，小A因为表现优秀，得到了教官和辅导员的表扬，此后她总是感觉到室友不喜欢她，对她有意见，再加上她性格敏感，有神经衰弱、睡眠不好等症状，经常因为睡觉时室友发出响动而发脾气，与室友争吵。想换寝室，但换不了，想努力改善关系，但因为总是控制不住自己的情绪，容易生气闹脾气，而导致效果不好。后来干脆放弃，与室友形同陌路，在寝室不说一句话，态度冷漠，只希望快点毕业。

分析：在案例中小A因为情绪易激惹，容易生气，情绪反应激烈，对室友不够包容，所以导致寝室关系紧张。

（三）情绪对大学生学习的影响

积极的、适度的情绪状态可以对学习起到助力作用，有助于大学生注意力集中，开阔思路。反之，消极的情绪反应会影响人的认知水平，降低学习效率。

美国心理学家耶基斯和多德森在研究动机和学习效果的关系时发现：将达到最高任务水平的动机强度称为动机的最佳水平，当动机强度低于最佳水平时，随其强度的增加，任务水平不断提高；而当动机强度超过最佳水平时，随其强度的增加，作业的水平不断下降。这一研究结果被称为耶基斯—多德森定律。这个定律告诉我们：在工作和学习过程中，压力或者焦虑程度与我们的工作学习效率呈倒U形关系。适度的压力或焦虑能够让我们发挥出最佳的工作学习水平，如果压力过小或者过大都不利于我们发挥出最佳水平。

【案例 4-3】

小何是某大学的大三学生，准备考研，于是报了考研辅导班，周末两天上课，由于平时还有很多专业课要上，因此学习负担很重，经常看书到深夜。一段时间后，他感到身心俱疲、心烦意乱，注意力越来越无法集中，学习效率也大打折扣，复习进度严重滞后。最近，在上辅导班的时候，高数开始跟不上了，这又加重了他的焦虑感，一想到复习就特别烦躁，感觉自己快坚持不下去了。

分析：案例中小何的学习方式让他陷入了疲劳状态，这种疲劳不仅是身体上的疲惫，更多的是情绪上的疲劳，情绪烦躁、焦虑反过来又影响了他的学习效率，学习效率的降低进一步增强了焦虑感，使情绪更加消极恶化，形成了恶性循环。

四、大学生情绪发展的特点

（一）丰富性与深刻性

学生进入大学以后，随着生活环境的变化、生活范围的扩展，兴趣越来越多，生活体验也越来越丰富，在学习、生活和社会实践中面临的需求也逐渐增多，再加上互联网的迅猛发展，大学生获取信息的渠道更加便利，内容更加丰富多元，情绪体验的丰富性正源于他们需求的多样性。与高中相比，大学生的人际交往更加广泛，恋爱情感问题也随之出现，这些都对情绪的丰富性起着重要作用。就整体水平而言，在情绪特点上表现为乐观、活泼、开放、热情、精力旺盛、充满朝气和激情。

随着大学生抽象思维能力的成熟以及自我意识的发展，大学生对自我的评价和认知也趋于深刻，更加注重内心体验，因此，情绪体验更加深刻、细腻。这种深刻性一方面表现为情绪心境化，即由某一件事情引起的情绪反应，可以较长时间在内心停留，使个体的言行都染上特定的情绪色彩；另一方面表现为大学生对情绪的体验更加细致，不仅是对喜、怒、哀、惧这四种基本情绪的体验，还包括更为复杂的情绪体验。

（二）稳定性与波动性

与高中时的情绪化相比，大学生情绪的主基调是稳定，随着自我意识的发展，大学生对自己的认识越来越清晰，自我控制能力也逐渐增强，人生观、价值观逐渐形成，对社会世事有了较为深刻的认识，因而，情绪稳定性也在增强。

同时，大学生的情绪也容易波动。由于人生观、价值观还未定型，认知能力、社会阅历有待提高，情绪容易随着认知的变化而波动。大学生的抗挫折、抗压能力仍不够强，当面对挫折、失败和困境时很容易出现情绪波动的现象，再加上大学生群体富有激情，容易受到环境氛围的影响，面对一些事件时往往表现出冲动和感情用事，在学习、生活和交往中的一些小事件，较易引起情绪波动，使情绪时好时坏，不够稳定。

（三）内隐性与掩饰性

随着心理的发展成熟，大学生自我控制和调节能力增强，在情绪的外显表现上已经不再是任何情况下都喜怒形于色，而是能够加以掩饰和隐藏，表现得更加含蓄。“95后”大学生更喜欢用戏谑、调侃的方式表达自己的情绪、情感。德国著名心理学家斯普兰格指出：“青年期最显著的特征是隐蔽性。青年人已经失去昔日做儿童时的袒露，有时即使对最亲近的人也很少吐露真情等。”情绪的内隐性和稳定性是有很大关系的，大学生能够将各种各样的情绪隐藏在内心，而不直接表现出来，在外表上给人一种淡定从容的感觉。情绪的掩饰性是指大学生会根据场合的不同，采取不同的情绪表达方式，在某些情境下，会把自己真实的情绪隐藏起来，用一种与内心情绪不一致的方式来表达。例如，明明对某人很厌恶，却表现出友好、主动的态度，隐藏起自己厌恶、愤怒的情绪；因某件事引发了强烈的愤怒感，但认为在某种场合下不适合直接表露出来，便会努力压抑自己的愤怒情绪，表现出无动于衷的态度。

（四）矛盾性与复杂性

大学阶段正是大学生面临许多重大选择的时期，常常会呈现出一种矛盾和复杂的情绪状态。例如，渴望自己独立和希望依赖他人的需要同时存在；既希望得到他人的理解，又不愿意接受他人的关心等复杂、矛盾的心态。

大学四年，在不同的阶段，大学生的情绪呈现出阶段性特征：刚入学时，面对新的环境、新的生活和新的人际关系，情绪上以兴奋、好奇、幻想和热情为主。但也有一部分学生因适应不良，遇到学习和人际关系等问题，会伴有失望、焦虑和苦闷等情绪，情绪波动较大，会怀念高中生活，出现孤独感、失落感。进入大二、大三后，已经基本适应大学生活，各种新奇感消退，情绪逐渐变得稳定。大四临近毕业，实习、论文和就业各种各样的压力会出现，情绪呈现出矛盾性和复杂性，丰富性和含蓄性明显增强。

五、大学生常见的情绪问题

（一）因理想与现实的差距而引发的悲伤、失落

大学生在上大学前对大学生活有所期望，进入大学后，可能会发现现实中的大学与期望中存在着差距，这种差距越大，所引起的悲伤、失落的情绪体验也就越强烈。在这样的情绪体验下，若不能得到合理调节，一些大学生会出现情绪低落、不满、悔恨，甚至愤怒，最后趋于自暴自弃。

【案例 4-4】

崔某是某大学的大一新生，家境良好，父母都是工薪阶层，从小在家备受宠爱。高中就读于本地最好的学校，由于高考没有发挥好，与理想的大学失之交臂，才进入了这所普通大学。最开始不愿意来，父母告诉她只要在大学里努力，一样可以成功。当她满怀信心来到大学校园时，发现跟她想象的完全不一样，没有大气的图书馆、教学楼、宽阔的道路，漂亮的校园、可敬的老师和亲切的同学……她发现班里很多同学并没有那么喜欢学习，老师上课也没有那么吸引人，她后悔来到这里，开始变得闷闷不乐，吃不下饭、睡不着觉，她怨恨这个地方，想早点离开这个地方，多次跟父母沟通，父母都是劝她要慢慢适应，她感到很无助、悔恨。

分析：该案例属于适应不良，该生对大学期望过高，当发现实际情况与期望差距较大时，引发了失望、沮丧、悔恨的情绪。

（二）因人际关系不良而引发的紧张、愤怒和孤独

与高中相比，大学生的人际交往范围扩大，人际关系复杂，若无法建立良好的人际关系，则会诱发一系列情绪问题。寝室作为大学生主要的生活场所，寝室关系处理的好坏直接影响着大学生活的质量，部分大学生因寝室关系处理不好，寝室关系紧张、室友关系淡漠，往往容易发生冲突事件，或因一言不合而大打出手；或寝室搞冷战，互不理睬。如果这样的人际关系问题得不到解决，就会引发紧张情绪、产生孤独感、情绪低落、烦闷、无缘无故发脾气、易激惹、易怒等。

（三）因学习、考试、就业、竞争而引发的焦虑、恐惧

大学并非高中班主任口中所说的“天堂”，在大学里，专业学习、考证、实习、就业等都需要付出较多的时间和努力，也存在着很多竞争。大学的学习生活不是一帆风顺的，会遭遇各种挫折和失败，如果大学生不能很好地去应对，就可能引发焦虑、恐惧的情绪。例如，有的大学生对学习很重视，但自感无法顺利通过，则会产生考试焦虑，一提到考试就恐惧害怕，复习不进去；有的大学生多次求职失败后，会对面试产生恐惧，面临面试就焦虑，影响正常发挥。

【案例 4-5】

A是一名大四学生，性格内向、学习成绩中等，没什么特长。父母希望他能够留在大城市工作，因此，几个月来，但凡有招聘会，他都赶去参加，简历虽然投出去很多，但都杳无音信，眼看着其他同学一个个落实了工作单位，他更加焦躁不安。后来虽然有企业通知他去面试，但都以失败告终。临近毕业，他反而不愿意出去找工作、面试，而是待在寝室里睡觉，但也是辗转反侧，心烦意乱。

分析：该同学在几个月之内求职屡屡碰壁，面对一次次的失败产生了“就业焦虑”，表现为害怕找工作、恐惧面试，整天焦虑不安、心烦意乱。

第二节　大学生的情绪管理

任何人都会生气，这没什么难的。但要能适时适所，以适当的方式对适当的对象恰如其分地生气，可就难上加难。

——亚里士多德

从前有个小男孩经常发脾气，于是他父亲就给了他一袋钉子，告诉他，当他想发脾气的时候就把一颗钉子钉在后院的篱笆上。第一天，男孩钉下了40颗钉子，慢慢地，男孩可以控制他的情绪，每天钉在篱笆上的钉子数也在减少，直到后来，他发现控制自己的脾气比钉钉子要容易很多。这时，他父亲告诉他，从现在开始，每当他能够控制好自己脾气的时候，就拔出一颗钉子，一天天过去了，直到男孩拔出了所有的钉子，他高兴地告诉父亲，父亲领着他来到后院，告诉他：你做得很好，但你看看篱笆上面的坑坑洞洞，它们是没有办法复原的，你发脾气时所说的话，就像这些钉子一样，会留下难以弥补的疤痕。

一、情绪管理的概念

随着心理学家对情绪内部机制的研究越来越成熟，心理学界对情绪管理的研究也逐渐深入。情绪不仅影响我们自身的身心健康，也对人际关系有着重要的影响，因此管理好自己的情绪，显得尤为必要。情绪管理主要涉及两个方面的内容：一是认知自我的情绪，认知是情绪管理的基础，因为认知和分析情绪的来源是情绪管理的基础所在，如果不能正确辨识和认知自身的情绪，情绪管理也就变成了空谈；二是管理自己的情绪，这是情绪管理的最终目标。情绪管理并不是压制情绪、消灭情绪，而是转化情绪、调动情绪、利用情绪。我们可以把情绪管理界定为当个体遇到对其心理健康发展不利的情绪时，能够积极寻找调节策略，以有效的方式解决情绪不适，增强心理健康水平。

二、情绪管理理论

（一）情绪A—B—C理论

A—B—C理论是艾利斯提出的理性情绪疗法的核心理论，他认为影响人情绪的并非刺激本身，而是个体对刺激的评价和看法，正是由于个体存在着一些非理性认知，才导致了消极情绪的发生。因此，根据艾利斯的观点，认知是刺激事件和情绪反应之间的重要中介变量。

1. 理论观点

艾利斯用英文字母A表示外部刺激事件（activating event），B表示个体对刺激事件A的认知、评价、信念（belief），C表示产生的情绪及行为后果（consequence）。传统观点认为，由A直接导致了C，即A→C，但艾利斯认为C并非由A直接引发，中间还有一个B在起作用，即A→B→C。刺激事件（A）经过个体的认知、评价（B）后才引发情绪行为（C），同样的刺激事件，个体对它的认知和评价不同，所引发的情绪及行为后果也是不同的。因此，管理情绪，重点不在于A，因为A是不可控制或很难控制的，而在与个体的认知和评价（B），改变个体的认知和评价，就能改变情绪。

2. 非理性认知

艾利斯认为，由于个体存在着一些非理性认知，正是这些非理性认知影响了个体对刺激事件的评价，最终导致了情绪困扰的产生。非理性认知是指人们对客观现实所持有的不正确的想法与信念，主要有三类非理性认知：绝对化、过分概括化、糟糕至极。

绝对化：通常与“必须”“一定”“应该”这些表达绝对化的词汇联系在一起。例如，“我一定要考第一”“别人必须要对我好”“所有人都应该喜欢我”等。

过分概括化：以偏概全的思维方式，它常常把“有时”“某些”过分概括化为“总是”“所有”等，将某一方面的结果泛化到所有方面，具有非此即彼、非黑即白的思维模式。例如，“我这次演讲没有得奖，我这个人真是一无是处”“我这次考试挂科了，我真的很失败”。

糟糕至极，也称为灾难化，认为如果一件不好的事情发生，那将是非常可怕和糟糕的。例如，“我没考上大学，那么就一切都完了”“我这次面试失败了，不会再有前途了”。对任何一件事情来说，都会有比之更坏的情况发生，对个人而言，一次失败也不可能造成人生的失败。但如果一个人总是坚持这种“糟糕至极”的观念，那么他的人生就经不起任何失败，经不起任何挫折，自然也不敢去挑战，也不会拥有精彩的人生。

3. A—B—C理论的应用方法

A—B—C理论告诉我们，想要管理情绪，重要的是改变不合理的认知，用合理的认知代替不合理的认知，因此，具体步骤如下：

第一步：将引发不良情绪的刺激事件和认识一一列出。

第二步：找出引发不良情绪的非理性观念，并进行归类。

第三步：通过与非理性信念进行辩论，找出合理的观念。

例1：“别人必须都要喜欢我”（绝对化）。

辩论：每个人都有自己的喜好标准，我不可能迎合所有人的标准，不可能做到让所有人都喜欢我。

例2：“别人的看法是非常重要的，我一旦失败，外界一定会议论纷纷”（绝对化）。

辩论：别人真的会那么关注我吗？别人也有他们的事情，有他们的关注点，不可能会盯着我看的，他们真的没有自己想象中那么关注自己。

例3：“我这一次一定要考第一，考不到的话，我这个人就太失败了，就一点价值都没有了”（过分概括化）。

辩论：一次考试的失败并不能决定一个人价值的大小，个人的价值可以体现在很多方面，而学习成绩仅是一个很小的方面。我们固然应该积极努力追求成功，但是要求自己必须成功只会使自己焦虑不安。

例4："一旦这种事情发生在我身上，那我一切都完了"（糟糕至极）。

辩论：在这个世界上，只有一件事情会让我们一切都完了，那就是死亡。人生有很多的可能性，不会因为一次事件、一次失败就导致整个人生都完蛋。

第四步：通过建立合理的信念，最后达到情绪感受的改变。

经过与不合理的认知辩论，用正确的认知取代不合理的认知。例如，可以将上例中的认知转化为：我不可能让所有人都喜欢我，有些人不喜欢我也是正常的，我只要努力让自己变得更好，相信会有更多人喜欢我。经过这样一个认知转变后，个体的不良情绪会极大减少。

（二）归因理论

归因，从本质上说是一个社会判断过程，是指根据所获得的各种信息对他人的外在行为表现进行分析，从而推论其原因的过程。简单说，归因就是对自己或他人的外在行为表现的因果关系进行解释和推论的过程。归因，在我们的生活中随处可见，它所涵盖的内容也是非常丰富的。例如，出现事故要进行责任归因，出了差错、犯了错误要进行错误归因，对自己或他人为什么要做出这样的行为进行动机归因等。归因不仅影响着个人的活动成果，也影响着人际知觉和人际交往。能否对他人的行为进行正确的归因，对一个人能否适应社会生活是十分重要的。同样，归因也对我们的情绪有着很大影响。

1. 海德的控制点归因理论

海德是最早研究归因理论的学者，他把人的行为原因分成内因和外因两种类型。内因也称为个人的原因，包括人格、品质、动机、态度、心境、能力以及其他个体所具备的特点。外因也称为情境或环境的原因，如奖励、运气、工作难度、他人的影响等。而且他认为，人们在进行归因时遵循"恒常原则"，即认为在行为结果中反复起作用的那些因素就是该行为的原因。

2. 维纳的归因理论

维纳在海德内外因的基础之上增加另外一个维度，即稳定和不稳定维度。稳定是指导致行为表现相对稳定的各种因素和条件，例如个人的能力、人格、品质、活动的难易程度等。不稳定是指容易发生变化的因素，如个体的情绪、心境、努力、运气等。1974年，维纳在研究了人们对成功和失败的归因的基础上提出了归因模型（表4–1）。

表4–1　维纳的早期归因模型

是否稳定	行为原因	
	内在	外在
稳定	能力、人格	工作难度、环境
不稳定	情绪、努力程度	机遇、运气

后来，维纳又加入了可控性这个维度，将影响因素分为可控的与不可控的，可控性是指原因能否受行动者主观意志的控制，如努力的可控性较高，能力、运气的可控性较低。最终

形成了归因的三维结构模型：原因源×可控性×稳定性（表4-2）。

表4-2 归因的三维结构模型

原因源	可控		不可控	
	稳定	不稳定	稳定	不稳定
内部	持久的努力	一时的努力	能力	心境、疲劳技能发挥
外部	他人的持久努力 他人的偏见	他人的一时努力 他人的帮助	他人的能力 任务难度	他人的心境 运气、机遇

依据维纳的归因理论，人的情绪反应不仅取决于行为的结果，还取决于对行为结果的归因。内部归因和外部归因对情绪反应有不同影响，其中内部归因会引发与自我价值有关的情绪体验，而外部归因则相反。除了归因的内外部维度，归因的稳定性维度也影响着情绪，如果人们将失败归因于稳定的、不可改变的原因时，就会产生悲观、失望、焦虑甚至自暴自弃等消极情绪体验；如果将失败归因为不稳定的、可以改变的原因时，则会减少焦虑、自责、愤恨的情绪体验，对未来抱有信心和希望。另外，归因的控制性维度也对人们的情绪产生影响。在失败或者消极情境中，如果人们将之归因于自己可控的原因，就会产生内疚、自卑的情绪体验；如果归因于自己不可控的原因，则通常会产生羞愧感。

3. 运用归因理论进行情绪管理

在现实生活中，同样的结果我们可以从不同的角度进行归因，而不同的归因又直接影响了我们的情绪反应。并非每一种归因都是健康正确的，不正确的归因会诱发消极的情绪体验，反之，正确健康的归因则可以让我们保持良好的情绪、积极的生活态度。因此，归因理论告诉我们，要从认知上、从归因方式上进行改变，进而来管理我们的情绪。

策略一：宽以待人，采用外部归因。如果将他人的不合理行为解释为外部不可控的因素，那么我们更容易理解他人。

你和同伴约好9点见面，你准时到达了见面地点，可已经过去快半个小时了，同伴还是没来。

如果你把同伴迟到的原因归结为“他这个人太不守时，不守信用了，一点也不尊重我”，则会产生愤怒、不满的情绪体验。

如果你把原因归结为“他可能路上堵车吧，现在是出行高峰期，他一定也很着急，我还是耐心等他好了”，则不会那么愤怒和不满。

策略二：合理选择归因方式。

根据维纳的归因理论：将成功归因于内在、稳定、可控的因素时，例如能力、努力，人们就会感到自豪和满意；把成功归因于外在、不稳定、不可控的因素，例如任务难度、运气，人会感到幸运和惊喜；把失败归因于内在、稳定、可控因素时，人会感到内疚、无助、痛苦；把失败归于外在、不稳定、不可控因素时，人会感到气愤和敌意。由此可见，无论对于成功还是失败，不同的归因方式会产生不同的情绪反应，因此，当我们产生情绪困扰时，要对自己的归因方式进行检查，反省自己的归因方式是不是出了问题，是否可以进行改变，来改善情绪，管理好情绪。

【案例 4-6】

A报名参加了学校的新生演讲比赛，因为是第一次参加比赛，没有任何经验，所以他主动到图书馆搜集了很多关于演讲的资料，并且向高年级的学长进行了请教，经过一周的辛苦准备，终于顺利通过初赛，进入了复赛。因为前期的积累，他在复赛中脱颖而出，以不错的成绩进入了决赛。两次成功让A很是兴奋，他自觉自己在演讲方面很有天赋，在决赛也一定能够成功。因此，当其他选手在认真为决赛做准备时，他却在放松。一周后，终于迎来了决赛，没想到在决赛现场，他突然忘词了，站在台上一句话说不出来，最后满脸羞愧，逃出了决赛现场。回到寝室后，他越想越生气，越想越伤心，甚至觉得自己怎么那么差劲，一点用都没有。

案例分析：在这个案例中，初赛和复赛的成功让主人公自信心倍增，他在进行成功归因时，归为了天赋，而没有归因于自己的努力；当他决赛失败时，又把失败的原因归到了能力上，而没有归因于自己的不努力，因此产生了内疚、愤恨，对自己失望、不满的情绪。

（三）詹姆斯—兰格的情绪外周理论

情绪的产生包括生理唤醒、主观体验、外部表现三个组成部分，按照人们的常识，人是先产生情绪，才会有相应的机体变化，哭是因为伤心，笑是因为快乐，颤抖是因为恐惧。而詹姆斯—兰格的情绪理论则完全相反，其认为，人伤心是因为哭泣，人快乐是因为笑，人恐惧是因为人颤抖。詹姆斯认为，情绪是由身体的变化而产生的，是对身体变化的觉知。情绪的产生过程是这样的：首先遭遇刺激事件（例如遇到危险），然后体验到身体的变化（心跳加速、出汗），随后大脑觉察到身体变化，进而产生某种情绪（恐惧、害怕）。

美国心理学家艾克曼曾做过实验，当人在做出惊讶、厌恶、忧伤、愤怒、恐惧和快乐的表情时，他们的身心也会跟着变化。装出害怕时，会心跳加速；装出快乐时，会全身放松、心情愉悦，也就是说，生理反应会影响情绪反应。根据詹姆斯—兰格的情绪理论，我们可以通过装出相应的表情来达到情绪的转变，这也是积极心理学的主要内容。

三、情绪管理的方法

大学生心理问题的产生大多与情绪问题相关，因此引导大学生进行有效的情绪管理对于解决心理问题具有非常重要的意义。情绪管理并不是压制情绪，而是当情绪出现时可以恰当表达，合理控制，不影响身心健康。

（一）情绪管理的原则

1. 正视自己的情绪

任何情绪的产生都是有原因的，正性情绪也好，负性情绪也罢，都是在我们的生活中会经常出现的。当情绪出现时，我们只有先正视自己的情绪，接受自己的情绪，承认这是我们的情绪，继而才能进行情绪管理。如果一味否认、逃避、掩藏自己的真实情绪，认为自己没有负性情绪，那么也不会去管理自己的情绪了。

2. 情绪管理不是压抑负性情绪，不是禁止任何负性情绪的表达

作为真实存在的人，是有血有肉有情感的，不可能永远不表现出任何负性情绪。若我们一味压制自己的负性情绪，我们将会失去适当表达真实情绪的能力，情绪管理的本质并不在情绪本身，不在于不能产生负性情绪，而在于情绪的表达方式，在于以适当的方式，以不伤害自身健康，也不影响他人的方式，表达、处理好自己的情绪。

（二）情绪管理的具体方法

现代情绪管理的研究表明，情绪管理取决于两个方面：一是对主观体验的依赖，即个体所体验到的情绪感受；二是对认知评价的依赖，即个体对情绪产生的认知和看法。因此，我们进行情绪管理，可以从这两个方面入手。

1. 合理宣泄

情绪是具有能量的，负性情绪具有负面能量，若这些能量不能被及时疏导，长时间在内心积聚，就会对身心健康产生破坏。中医里面素有“怒伤肝、喜伤心、忧伤肺、思伤脾、恐伤肾”的说法，表明消极情绪对身体健康的危害，因此，我们要学会用正确的方式来宣泄情绪。

（1）倾诉。俄亥俄州州立大学的一项最新研究指出，孤独感与大量异常免疫反应之间存在着某种联系，这意味着孤独感会对人的整体健康状况造成潜在伤害。当我们情绪低落时，能够找一些朋友倾诉内心的想法是一种很好的宣泄方式。很多时候，我们并不是需要别人能够帮助我们解决问题，仅仅是需要有个人可以陪在身边，听我们倾诉，这种陪伴和倾听有助于情绪的宣泄。在心理咨询中，也肯定了非指导性倾听技术的重要价值，认为心理咨询师的倾听本身就具有治疗价值。因此，能够让我们倾诉的重要他人就显得尤为重要，朋友、家人、师长都可以成为我们寻求倾诉的社会支持。

当我们情绪不佳时，思考问题也往往具有局限性，容易当局者迷，陷入死胡同中走不出来。而当我们把自己内心的想法告诉身边的人，他们的意见可以引导我们认清问题、化解心结，走出情绪的泥淖。

除了对人倾诉外，我们还可以诉诸文字，通过文字的表达让自己平静下来，远离浮躁与愤懑，在表达的过程中，宣泄情绪，厘清混乱的思维，重新对人、对事进行审视。

美国杨百翰大学的研究表明：朋友少或者几乎没有朋友的人比其他人早亡的风险更高。他对自1980—2014年的1000多项研究进行筛选后分析显示：交际广泛的人相比其他人死亡风险可降低22%。英国牛津大学的人类学家罗宾·邓巴认为，人类稳定的内部交际圈子应当至

少包含150人，而亲密的朋友应不少于20个。

（2）运动。研究表明，运动疗法在心理咨询中对于消除消极情绪有显著作用。强烈的情绪可以通过运动来进行宣泄，在运动场上奔跑有利于释放体内的负面能量。现在很多心理治疗机构设置了宣泄室，就是利用把心理上的负性能量转化成生理上的能量释放出去，达到宣泄情绪的目的。

（3）哭泣。通常情况下，哭泣被认为是软弱无能的表现，但事实上，偶尔哭泣是有利于身心健康的。医学家调查发现，约有80%的女性和73%的男性表示哭过之后心情能有所好转。哭泣也是人与人传递情感的重要方式，它可以帮助人们相互理解对方的心理感受。哭泣作为宣泄情绪的一种方式，必须要合理适当，不能影响他人，在宣泄之后，要积极去面对生活。

2. 转变认知

> 如果我们能左右自己的思想，就能够控制我们的情感。
>
> ——W. 克莱门特・斯通

认知取向的情绪管理理论告诉我们，引发情绪的并非刺激本身，而是个体对刺激的评价和看法，因此要管理情绪，重要的是转变认知。

情绪ABC理论和归因理论表明，认知是否合理、归因方式是否恰当，在很大程度上决定着情绪是否正当、适宜，负性情绪往往产生于不合理的认知。我们可以通过改变不合理的认知、不恰当的归因方式来改变我们的情绪。大学生要学会找出自己认知中的不合理信念，并与不合理信念进行辩论，树立合理的信念，从而实现消极情绪的转变。依据维纳的归因理论，大学生要培养积极的心态，对自己的成功和失败进行合理的归因，继而实现情绪的转变。

常见的不合理认知：

第一，人应该得到自己生活中的每一位重要人物的喜爱和赞许。

第二，一个有价值的人应该在各个方面都比别人强。

第三，对于有错误的人应该给予严厉的惩罚和制裁。

第四，如果事情非己所愿，那将是一件可怕的事情。

第五，不愉快的事是由外在因素所引起的，不是自己所能控制和支配的。

第六，面对现实中的困难和自我所承担的责任是件不容易的事情，倒不如逃避它们。

第七，对危险和可怕的事物随时警惕，非常关心并不断注意其发生的可能性。

第八，人必须依赖别人，特别是比自己强的人，只有这样才能生活得好些。

第九，以往的经历和事件常对现在有决定性的影响，这种影响是永远难以改变的。

第十，一个人应该关心他人的问题，并为他人的问题而悲伤、难过。

第十一，任何问题都应有一个唯一正确的答案。如果找不到正确的答案，那就会很痛苦。

3. 放松训练法

生理和心理是相互影响的，当情绪处于消极状态时，可以通过调节我们的身体状态来使情绪达到舒缓。找到一个舒适的环境，以自己喜欢的放松的姿势，使自己处于轻松、不紧张的状态，可以靠在沙发上，也可以躺在床上。环境要保持安静，光线不要太亮，尽量减少其他无关刺激的干扰。

4. 转移调节法

（1）转移环境法。情绪的产生是刺激所引发的，因此，当不良刺激引发消极情绪时，可以选择离开刺激源，转换环境来调节情绪。例如，当跟别人发生冲突，引发愤怒、冲动的情绪时，如果能够立刻被人拉开，离开发生冲突的环境，对愤怒情绪的缓解是有帮助的。当心情低落、情绪不佳时，可以走进大自然，美丽的景色、清新的空气可以让人神清气爽、心平气和，以更加淡然的心态看待世事，这些有助于情绪的调节。

（2）转移注意法。当出现负面情绪时，也可以通过转移注意力，不去关注那些容易令自己产生消极情绪的事物，而将注意力转移到让自己开心快乐的活动中去，例如散步、打球、读书、看电影和电视、下棋、找朋友聊天等。在感兴趣的活动中寻找新的快乐，有助于调节情绪。例如，当考试挂科后，不要总把注意力放在已经发生的既定事实上，而要集中精力去思考如何补考通过，如何提高学习成绩。

5. 心理暗示法

暗示是指通过人体的语言、行为、心理或是环境的特殊语言，对人们的心理和行为产生影响的过程。心理暗示的强大作用已经被心理学界所证实，心理学家普拉诺夫认为，暗示的结果使人的心境、兴趣、情绪、爱好、心愿等方面发生变化。因此，在情绪管理中，我们可以借用心理暗示的积极作用。积极的心理暗示，并非“自我欺骗”，而是通过不断强化一些积极的思想和观念来替代消极的、否定性的思维模式，这是一种能在短时间内改变我们对生活态度和期望的技巧。例如，当我们在准备演讲前产生焦虑、紧张的情绪时，可以不断暗示自己要放松，要自信，并伴有深呼吸，来缓解紧张不安的情绪。反之，如果一直在心里默念“气死我了”“这个人真讨厌”，那么你会发现自己会越来越生气，还会不断在脑海里搜索相关的回忆来证明这个事情或这个人真的让人很气愤。

6. 自我安慰法

自我安慰法也是通过改变对事情的认知和态度来达到心境的转变、情绪的调节的。所谓“想开点”就是自我安慰法，为自己找一种“合理”的解释来“自圆其说”。例如“吃不着葡萄说葡萄酸”，虽是一种精神胜利法，但总比懊恼、沮丧强。有很多事情，换一个角度看，不难发现其中的积极因素。

第三节　情商

一、情商的概念及内容

情商又叫情绪智力，简称EQ，最先是由耶鲁大学心理学博士彼得·沙洛维和新罕布什尔大学的约翰·梅耶博士在1991年提出的，但并没有在全球范围内引起广泛关注。直到1995年，哈佛大学心理学博士，时任《纽约时报》的科学记者丹尼尔·戈尔曼出版了《情商：为什么情商比智商更重要》一书，情商的概念开始广泛传播，他被誉为“情商之父”。

情商是指情绪的自我管理能力，包括一个人感受、理解、运用、表达、控制和调节自己情感的能力，以及处理自己与他人之间的情感关系的能力。丹尼尔·戈尔曼认为情商包括五个方面的能力：

（1）自我觉知。即对自己情绪的认知能力，这也是情商的基础。当某种情绪出现时，个体能够正确觉察和识别，并可以监控情绪变化的一种能力，它是情商的核心。具有情绪自我觉知能力的个体能够根据内心体验以及外显表现（身体变化、呼吸、心跳、出汗等）来准确判断自己出现了什么样的情绪，是高兴还是愤怒？是焦虑还是恐惧？为什么会出现这样的情绪，这样的情绪对我有什么样的影响？并且可以进行内在的自我监控，看自己的情绪发生了怎样的变化。只有先觉察到了自己的情绪，才能恰当表达情绪，进而对其进行控制，以合理的方式处理情绪。

（2）管理情绪。指能够根据需要，有目的地调控自己的情绪，使之能够适时、适地、适度表达出来。积极情绪也好，消极情绪也罢，如果放任情绪不管，那么很有可能会造成严重的消极影响。例如，有的大学生因学习压力、人际关系紧张，或者遭受挫折等原因而产生低落、抑郁、紧张、焦虑、痛苦或愤怒等负面情绪，若对这些负面情绪不加调控，会影响大学生的身心健康。只有积极的对情绪进行管理，才能有效摆脱负面情绪的干扰，走出消极情绪的低谷，走向健康阳光的心理状态。

当然，情绪管理并不是简单的压抑消极情绪，而是引导情绪进行合理的宣泄和表达，从负面情绪中获取成长的能量。

（3）认知他人情绪。包括两个层次：第一，正确识别他人情绪的能力。第二，理解他人情绪的能力。识别他人的情绪是指能够通过他人发出的细微信号，敏锐地觉察出别人处于什么样的情绪状态。情绪有很多外部表现，例如，表情、姿势、声音等，这些表现为我们提供了识别他人情绪的外部线索，我们要学会通过察言观色来提升识别情绪的能力。在正确识别别人情绪的基础之上，能够做到理解、分析他人的情绪，培养共情能力，能够设身处地去理解和感受别人的情绪，理解他人产生某种情绪的原因，敏锐地感受他人的需要与欲求，从而做出适当回应，这也是与他人沟通并建立良好人际关系的前提。

（4）自我激励。通过自我调控，调动、发挥情绪的能量来实现某一目标。例如，想要高考成功，就要控制爱玩偷懒的冲动，保持情绪稳定，集中注意力，增强自信心，不断暗示、激励自己。在遇到挫折失败时，能够调控消极的情绪，化悲痛、失望、愤怒为力量，延迟满足，自我激励、自我开导，保持积极的态度。

（5）处理人际关系。情绪在人际互动中起着重要的调节作用，在与人交往的过程中，如何正确表达情绪？如何用自己的情绪去感染他人的情绪？使他人的情绪向我们希望的方向转化，进而增进人际关系的和谐度。

二、情商的作用

虽然说在当今社会，广泛流传着类似“情商比智商更重要”的论调，事实上，情商和智商代表着两种不同性质的心理品质，情商并不是智商的反义词，相反，二者无论在概念上还是在现实中都是相辅相成的。杜克大学的巴勃教授说过：“如果一个人在智力和社会情感两方面都很出色，那么他想不成功都很难。”

1. 良好的情商有利于身心健康的发展

世界卫生组织对健康的定义中曾指出：健康不仅仅是没有疾病，不仅仅是身体不虚弱，而必须是身体、心理、社会适应的良好状态。这其中后两部分就是情商的范畴。可见，世界卫生组织已经把拥有良好的情商作为健康的一个重要标志，良好的情商贯穿于一个人的生活、学习和工作的整个发展过程，影响到整个人生。

2. 良好的情商有助于使人正确认识自我，逐渐完善人格

一部分大学生在自我认知和自我评价方面容易出现两个极端：或过度自信、狂妄自大；或过度自卑、自责、自怨。提高情商可以使大学生正确了解自己、评价自己、定位自己。并据此订立出合乎自身特点的发展目标，学会生存，适应发展，始终保持积极乐观的生活态度，努力去实现自己的目标，一步步走向成功。

3. 良好的情商可以促进人际关系的和谐度

情绪在人际交往中起着重要的调节作用，情商高的人能够在人际互动中充分发挥情绪的力量，调控好自己的情绪，让别人感觉到舒服。能够理解和接收别人的情绪，懂得换位思考，与人沟通、交流，更能加顺畅，进而促进人际关系的和谐度。

三、如何提高情商

虽然情商这个词传播很广，使用也很广，但不可否认，在现实中对情商的认识存在着一些偏见。情商高的人应该是有能力和这个世界达成双赢的人，而不是为了达到自己的目的去控制别人、欺骗别人，对情商的误解主要表现在以下三个方面：

（1）圆滑就是高情商？在我们的生活中不乏这样的一些人，他们八面玲珑，做事精明，在人际交往中游刃有余，深得“到什么山上唱什么歌、对什么人说什么话”的精髓，擅于揣摩人心，圆滑世故。对于这样一些人，通常我们会给予他们情商高的评价。但事实上，真正的高情商应该是真诚的，是具有辐射正能量的能力，而这些人的存在反而让我们觉得这个世界充满虚伪、人心叵测，善良和真诚反而成为被鄙夷的品质。

（2）高情商就是擅长隐藏情绪？我们经常遇到这样一种类型的人，他们喜怒不形于色，非常擅长隐藏自己的情绪，在他们脸上看不出任何表情变化，给人一种“世外高人”的感觉。但这样的表现也并非是高情商的体现，情商的内容不仅包括能够管理自己的情绪，也包括合理的表达情绪，只是一味控制、压抑、隐藏情绪的人只能表明他具备部分掌控情绪的能力。

情商高的人能够根据情境选择适当的方式表达出适当的情绪，对于负性情绪，他们更有能力去掌控。而情商低的人，更倾向于隐藏自己的情绪，不能合理表达情绪。

那么，哪些途径可以真正提高情商呢？

（一）提升识别情绪的能力

提升情商首先必须了解情绪、识别情绪，包括识别自己的情绪和他人的情绪。

1. 识别自己的情绪

情绪包括生理唤醒、主观体验、外部表现三个部分，因此我们可以根据自己的身体和心理状态来识别自己的情绪状况。

我们可以通过3W方法来认识自己的情绪：What：我的情绪是什么？Why：我为什么会产生这样的情绪？How：如何处理这种情绪？

通过撰写个人心情来记录自己每天的情绪状态，以便更好地了解自己的情绪状况。情绪日记不是一般的日记，它所记录的是每天自我情绪变化的轨迹。即每天发生了什么事，有什么感受，甚至一些微小的感觉也要记录下来。比如，有天早上起床后，发现天空晴朗，令你心情十分愉快。但一到餐厅，发现每个窗口都排满了人，顿时有点烦躁，刷卡的时候被阿姨不小心多刷了，开始有点愤怒和不满。在课堂上，老师对作业好的学生进行了表扬，你也在其中……此时，可以通过写情绪日记，了解自己的情绪变化轨迹、思考情绪变化的原因。在连续记录数周后，对情绪变化的原因进行分析，就可以发现情绪低落的根源所在，再找出疏解低落情绪的办法。

《情绪日记》：

______月______日，星期____，情绪“天气”________今天我印象最深的事是______。

情绪表达的DESC法：D：描述，客观陈述事实；E：表达，事件给你的感受；S：指明，明确指出你希望对方做什么？C：结果，若对方不这么做，我会怎么办？

建议：①养成整理情绪的习惯。定期清理自己的情绪，在遭遇大的事件后，更要注意及时清理。②掌握自己的情绪活动规律，摸索出情绪低潮和高潮期的规律，并找出有针对性的对策，增强情绪调节的预见性。③按情绪的强度、持续时间、影响力把不良情绪进行归类，为化解不良情绪奠定基础。

2. 识别他人的情绪

识别他人的情绪即通常所说的察言观色，我们可以通过捕捉对方的面孔、动作、声音所传达出来的微小信号来了解一个人微妙的情绪变化。想要了解别人的情绪，我们需要具备较敏锐的观察能力，掌握一些鉴别表情的基本知识，通过不断练习来增强我们的情绪识别能力。多与人进行交流，把握他人的心理特点与生活习惯；关注他人的表情习惯与表达方式，从而判断其情绪内涵；除此之外，较强的共情能力也是必不可少的，共情能力可以帮助我们做到“感同身受”，更真切、深入的理解别人的情绪感受。

几种基本情绪的面部表情：

（1）高兴。嘴角上扬，面颊上抬，眼睑收缩，眼睛尾部会形成“鱼尾纹”。

（2）伤心。眯眼，眉毛收紧，嘴角下拉，下巴抬起或收紧。

（3）害怕。嘴巴和眼睛张开，眉毛上扬，鼻孔张大。

（4）愤怒。眉毛下垂，前额紧皱，眼睑和嘴唇紧张。

（5）厌恶。嗤鼻，上嘴唇上抬，眉毛下垂，眯眼。

（6）惊讶。下颚下垂，嘴唇和嘴巴放松，眼睛张大，眼睑和眉毛微抬。

（7）轻蔑。嘴角一侧抬起，作讥笑或得意笑状。

练习：我演你猜

（1）随机抽取一张情绪形容词卡片，表现出相应的情绪，由其他同学来猜测这种情绪是什么？

（2）用面部表情和肢体语言表演事先准备的情绪场景：

①有人弄坏了你的自行车。

②有同学告诉你，下课后他要找几个人揍你一顿。

③当你在看喜欢的电视节目时，有人调到了别的节目。

④你把自己的生活费弄丢了。

⑤在公交车上被人踩了一脚。

⑥在某次竞赛中你获得了第一名。

……

（二）提升管理情绪的能力

有人将情绪形容为一条河流，“一个小念头接着一个小念头，在持续往前走”，因此，消极情绪在疏而不在堵，管理情绪的目的是让情绪得到恰当的表达，保持健康的情绪状态。情绪管理的方法有很多，我们可以通过改变认知（情绪ABC理论、归因方法）、合理宣泄、转移注意、放松训练等方式来对情绪进行有效的疏导和管理。

（三）学会自己激励

自我激励是一种利用内在力量去帮助自己朝着所期望的目标前进的心理过程。情绪会影响学习生活的诸多方面，大学生通过自我激励，可以激发自身的热情、干劲和自信，摆脱消极影响，以达成自己的人生目标。一个善于自我激励的人往往是一个乐观的人，以宽容、接纳、愉悦和积极的心态去看待周边的现实世界，它能很好地促进人的身心健康。它可以促成大学生学会从容地应对人生的挑战，坦然地面对失败；在受打击、挫折时仍能振奋精神，自我激励、积极热情地投入到工作或学习中去，从而实现自己的计划和理想。因此，大学生应学会自我激励，保持乐观自信的心态，树立明确的人生目标，保持健康自信的生活态度，提高学习效率，激励自己取得成就，将自己带入崭新的人生境界。

（四）学会人际交往

情商的培养受先天素质的影响，但更是在一次次的人际交往、人际互动过程中培养起来的，学会与人交往、提升人际交往能力，也是培养情商的重要途径。2001年3月，北京师范大学发展心理研究所面向研究生开设了“生存技能”课，与学生共同讨论怎样处理生活、工作中的“小事”，其目的就是要教会学生如何做人，做什么样的人，其初衷就是要教会学生掌握基本的人际交往知识和技巧，做到理解人、尊重人、帮助人。

首先，养成良好的个性。人际吸引是人际交往的重要前提，性格乐观、包容性强、擅于倾听性格的人际吸引力更强。反之，那些性格悲观、喜欢抱怨、爱嫉妒、以自我为中心的人则往往缺乏人际吸引能力，不会有较好的人际关系。

其次，善于体察别人的真正需要，真诚关心别人。在人际交往中，我们不但要考虑对方的个性品质，也要考虑对方的需求，因为人际交往的基础是互补，只索取而不奉献，或者只奉献而不索取都是很难维持的。在交往中，最受大家欢迎的是能够对别人的需求做出准确回应的人。

最后，心理换位。学会站在他人的立场，设身处地为他人着想，以他人的视角来观察与理解这个世界，换位思考“我遇到这样的事情会怎么样”，这样才能真正地理解他人的行为，化解矛盾和冲突。

思考题

1. 大学生应该如何管理自己的情绪?
2. 案例分析：周日下午你跟同学们约好一起去植物园放风筝，你在风筝摊上挑了很久才选到自己喜欢的，你非常开心。由于其他同学还没来，所以你找个石椅坐下等他们，把风筝放在了椅子的另外一边，然后低头玩手机。突然，你听到响动，转头一看，有一个人坐在了你的风筝上，这个时候你会是什么情绪?
   请写出本案例中的ABC? 并试着对非理性信念进行分析和纠正，写出合理的观念。

阅读书目

1. 王路. 我的情绪，我做主[M]. 北京：海潮出版社，2005.
2. 沃尔夫，默克勒. 自我情绪调控ABC[M]. 滕奕丹，译. 广州：广东教育出版社，2007.

第五章 大学生的人际交往

任务目标

- ★ 认识人际交往的基本特征
- ★ 了解人际交往的心理误区
- ★ 掌握人际交往的基本技巧

人类的心理适应，最主要的就是对人际关系的适应，所以人类的心理病态，主要是由于人际关系的失调而来的。

——丁瓒

人际交往也称为人际往来，是人与人之间利用各种语言符号和非语言符号，进行交换意见、传达思想、表达情感和需要，在各自的心理和行为上发生相互影响的过程。人际关系是人际交往的结果，反映了人与人之间相互影响的作用的具体状态，由人际交往形成的人际关系对进一步的交往产生促进或阻碍作用，成为人际交往的起点与依据。人际关系好比心理上的桥梁和纽带，显示着人与人之间心理上的距离，它是一种复杂的社会现象。主要由三种心理因素构成：认知、情感和行为。认知是人际关系的前提条件，表现为人与人之间是相互肯定还是否定；情感是人际关系的主要调节因素，表现为人与人之间是相互喜欢还是厌恶。行为是人际关系的交往手段，表现为人与人之间是相互接近还是疏远。

人本质上是不安全的，是孤独寂寞的，所以，人是群居的动物。人们希望高兴时有人分享自己的喜悦，伤心时有人陪伴安慰，危难时有人帮助，有了成绩渴望得到赞赏，希望得到社会的肯定与保护。这些安全与归属的动机促使人们交朋友、投身于群体，因为只有与朋友交往，在群体中才能使人的安全感与归属感获得满足。人的这些交往动机，蕴含在行为之中，激励人们与他人交往，以满足自身生理、心理和社会需要。人际交往的时间越久、空间越大，人的精神生活越丰富，得到支持与帮助的机会越多，越能保持心理平衡。而交往需要得不到满足，人的情绪就会低落，你此时低迷的情绪说明了你的交往需要没有得到满足。心理学家曾做过一个实验：让自愿参加实验的人，一个人待在一间房里，这间房子没有窗户，只有一盏油灯、一张床、一把椅子、一张桌子，以及洗漱设备，没有钟表、电话、收音机、电视、书报、笔纸，传送带按时送饭，被试者看不到一个人，测试他能待多久。这是一个“剥夺”实验，剥夺被试者与人交往的权利。短时间他还可以睡觉、思考问题，时间长了，则受不了。最初会使人感到恐怖、焦躁，如不停止实验，则可能使一个人心理变态，精神崩溃。

第一节　大学生人际交往的特点

从大学生交往心理来看，他们渴望结交朋友，交流更多的信息，满足自身的情感需求。在这种心理作用下，加之大学生的文化层次较高，生理和心理日趋成熟，比较重感情，因此大学生的人际交往具有与其他社会交往不同的特点。

一、迫切性

人天生是孤独的，是害怕的，是不安全的，克服这种不安全感的手段就是寻找安全感，安全感从哪里来？从归属感中得到满足，归属感是从友谊与爱情中得来的，当人类自身内心力量弱小的时候很需要外在的力量转换为自身的力量。和谐的人际交往满足了这点。

德国心理学家斯普兰格曾说：“在人的一生中，没有任何人会像青年那样深陷于孤独之中，渴望着被人接近与理解；没有任何人会像青年那样站在遥远的地方呼唤。”处于青年期的大学生，思想活跃、精力充沛、兴趣广泛，人际交往的愿望极为强烈。他们力图通过人际交往去认识世界，获得友谊，满足自己物质上和精神上的各种需要，他们已经体会到良好的人际关系对自身发展的重要性。所以大学生对人际交往抱有极大的期望，希望能通过正常的人际交往建立和谐、友好、真诚的人际关系。对于新入学的大学生来说，希望被人接纳、融入集体的心情尤为迫切。他们远离了父母，远离了昔日的师长同学，来到一个完全陌生的生活环境，这使他们既怀念昔日的亲情、友情，又急切地渴望新的友谊。

二、个别性

个别性是与归属感相对立的，是大学生交往的一个显著特点。

大学生需要友谊、爱情，以满足自身的情感需求与不安全感，但是，大学生的人际交往还需要保有自己独特的个性，保留自享的不对外人开放的空间，与人交往有合适的距离。

（一）保有自我鲜明的个性

个性是能力之所在，是魅力之所在。社会文明程度越高，越给人个性的发挥提供了广阔的空间。当代大学生，对自我个性的张扬与发展有着强烈的需求。鲜明的个性可以吸引情投意合的同类和谐相处。在人际交往中，“老好人”是最吃力不讨好的，因为“老好人”委曲求全，会丧失自我最本真的个性，不会真正赢得友谊。

（二）保留自我独享的空间

当代大学生面临着自我发展的巨大压力，需要向人倾诉，但是也需要一个自己的空间来存放隐私，这个空间是不对外开放的，他们需要一个空间来卸下在社会上戴着的面具。

（三）保持彼此适当的距离

与人交往不是越近越好，进退自如最好。适当的交往距离是促进友谊的法宝。

我们都喜欢用“亲密无间”来形容很要好的朋友，但是你知道吗？朋友之间最好能保持一定的距离，真的“亲密无间”往往会适得其反。心理学家通过观察和实验发现，每个人都有一个把自己圈住的心理上的空间，一旦这个空间被人触犯，就会感到不舒服或不安全，甚至恼怒起来。与人交往并不是距离越近越好，人际交往中与归属感相对立的一个特性是个别性、距离感。也就是说，人与人的交往要保持适度的距离，每个人都希望有自己独立的空间。

心理学研究表明：人们最喜欢对自己的喜欢程度逐渐增加的人，最讨厌对自己的喜欢程度逐渐减少的人。如果你一下子把与他人的关系推向顶峰，那以后的发展就会曲线下降，还可能走向淡化或分裂。常言说：仆人眼里无伟人，妻子眼里没英雄。这是因为仆人与主人、妻子与丈夫朝夕相处，太了解了，因而伟人和英雄也变得平淡无奇了。这就告诉我们，大学生与人交往的频率和程度要适度，要留有发展的余地。在人际交往中，只有保持一定的距离，才能产生朦胧甚至神秘的美感；只有保持一定的距离，才能使关系有渐进发展的余地，这就是距离美。有人说得好：交友之道，宛如观荷。亭亭如盖，盈盈欲开，最宜远观。而香随风送，无语沁人，至臻妙境。每个人都有自己的空间，都有一方荷塘。

三、失望感

大学生的人际交往具有浓厚的理想色彩。无论是对朋友，还是对师长，大学生不希望掺杂任何杂质，不仅以理想的标准要求交往的对方，对交往模式与交往结果也充满理想色彩。从当代大学生对人际交往的评价和期望中，明显地表现出了一种“理想化”的心理倾向。在心理健康教育与心理咨询实践中，我们了解到大学生心目中最理想的人际交往状况是：与班里大多数同学保持协调的交往关系，同时能拥有几个知心朋友。一些大学生认为：大学生与中学生相比，文化和修养提高了，大家来自五湖四海，应该都会珍惜在一起的四年大学时光，彼此之间的关系应该是良好、和谐的。但许多大学生表示，人际交往的结果却出乎自己的意料，很多大学生认为自己现实中的人际交往情况是：室友难处、同学冷漠、关系紧张、知音难觅、知心难交。一些同学感到大学期间最令人烦恼的是大学人际交往的困难，有同学甚至发出了“茫茫人海，知我者几何”的感慨。大学生在人际交往中的这些感受源于理想化的人际关系模式以及较高的期望值与现实产生了距离。

【案例 5-1】

一位同学向老师倾诉：我最近感觉很烦躁，我很不爽我们寝室的一个女生，懒得理她，超级不喜欢她。感觉她就是在炫耀，感觉她好虚伪。无非就是拿了一个奖学金，男朋友带她去吃了一次哈根达斯，老是拿这些东西在寝室里说。有什么好炫耀的，拿我们当“土包子”。真的很不想理睬同寝室的那个人，看见她就烦。

主要原因：

一是许多同学往往在中学时将大学的人际交往描绘成一幅完美的画卷，当真正进入大学，才发现大学的人际交往与自己理想中的人际交往相去甚远，于是产生失望感。

二是现在的大学生相比以往的大学生而言更加难以融洽相处。当代大学生独生子女居多，在这种环境下成长起来的大学生大多个性鲜明，独立感强，不愿意服从别人，自小就形成了“以自我为中心”的行为模式。所以，许多大学生总是期望别人理解自己，但自己又不愿意、不善于理解他人。

三是与其他人群相比，大学生人际交往的挫折感较强。大学生对人际交往的期望值过高、过于理想化后，会产生对别人要求或期望太高的倾向，一旦期望值难以达到，发现对方某些不好的品质就深感失望，就容易造成对人际关系状况的不满，而对人际交往采取消极冷漠的态度。

四是当今社会的宣传舆论在一定程度上误导大学生。社会过分强调和渲染了竞争的激烈性与残酷性，使一部分大学生只知与人盲目竞争，缺乏基本的共处与合作精神。

正因为很多大学生感到在大学里有陌生感，有人际交往的烦恼，所以有的同学总是沉浸在过去，怀念过去的师生关系、过去的同学，以至于忽视了对新的人际交往的追求与创造。这种现象在新同学中比较普遍。新入学的大学生来自不同地区，从不相识到相识需要一个过程，彼此理解更是需要较长时间。中学时代人际关系好坏好像不是太重要，而现在却是朝夕相处，没有人际交往的经验，致使一些同学出现了不敢交往、不愿交往、不善交往的现象。

四、单纯性

大学生的人际交往比较注重情感需求，比较单纯、纯洁，交往动机中功利性色彩较少，情感色彩较浓。

大学生一直生活在校园中，社会经验较少，思想比较单纯，对未来充满着憧憬和向往。同学之间的人际交往比较注重情感的沟通和交流，精神上的需求比较强烈，崇尚的是高雅、真诚和纯洁的友谊。对大学生来说，与人交往能够交流信息、传达情感、增长知识和才干、寻找友谊和理解等，是精神上的一种享受。所以，大学生在人际交往中讲究情趣，注重生活质量和心理感受。交往的主要目的是获得情感需要的满足和友谊，不是或者主要不是从交往对象的家庭背景、经济条件、学习成绩等方面考虑，较少带有功利色彩。大学生普遍希望通过交往获得友谊。对友谊的珍惜与渴求，以及青年人情感丰富的心理特点，使大学生在人际交往中十分注重感情交流，讲求情投意合和心灵深处的共鸣。

大学生过着远离父母的集体生活，活动基本上都在校园内进行。大学生交往的对象比较单一，接触的对象主要是老师、同学、老乡等，彼此之间没有尊卑长幼的差异。交往的内容也主要是理想、爱好、学习、文体活动等，彼此之间通过交流思想、沟通感情，从而增加了解、增进友谊。所以，总的说来，大学生的交往动机比较单纯。

五、平等性

大学生人际交往崇尚自由和平等，希望彼此之间平等相处，追求志趣相投。

随着大学生自我意识的逐渐形成和发展，对自我的独立性和自尊心的要求越来越多，于是产生了强烈的“成人感”，这使得他们对人际交往过程中的平等性要求较高。平等是建立良好人际关系的前提。大学校园是一群思想开放、交往平等自由的青年学生交往的空间平台。尽管大学生来自不同的地方，但并无高低贵贱之分，每个人都渴望得到别人的尊重与理解。

他们既对他人平等相待，又希望他人对自己一视同仁。所以大学生更多的选择与同辈交往而远离父母，经常回避居高临下的教训，渴望平等交往。平等性交往的需求使得那些谦和、真诚、善解人意、通情达理、热情乐观的人容易成为学生们乐意交往的对象。而那些高高在上、傲慢无礼、盛气凌人、不尊敬他人、操纵欲、支配欲、嫉妒、报复心强的人，因缺乏起码的对别人的尊重，常常不受欢迎，最终成为交往中脱离群体的孤家寡人。同样，那些盲目自卑，处处觉得低人一等，缺乏交往勇气和信心的人，也难以获得别人的同情与尊重，更加离群索居。

大学生交往的平等性特点是由他们彼此关系的非利益冲突和较强烈的平等交往意识决定的。大学生之间是同学关系，谁也不依赖谁，不存在较大的利益冲突，而且具有共同的学习任务和比较一致的学习目的，加之学校和老师对他们提出的要求，给予的机会都是平等的，这就使得每一个大学生在学校或班级中都是平等的一员。因而，他们的人际关系是比较稳定的，友谊是比较长久的，遇到的问题和矛盾也比较容易解决，不会出现较大波动。

第二节　大学生人际交往的心理误区

人与人的交往，是思想、能力与知识及心理的整体作用，哪一方面的欠缺都会影响人际关系的质量。有的大学生在人际交往中存在社交恐惧、自卑、猜疑、嫉妒等不良心理，这不易建立良好的人际关系。

一、自卑心理

【案例 5-2】

自诉：我比较自卑，觉得别人都比自己优秀，看自己没有一个地方满意的。因为自卑导致寝室关系紧张，每天心情灰色。我该如何改善我的人际关系？

自卑是一种心理现象，是指个体在与别人进行比较过程中，过低地估计自己的能力而产生的一种消极的情绪体验。自卑的人表现为缺乏自信，自惭形秽，行动退缩不前，难以主动与人交往，想象成功的体验少，想象失败的体验多，觉得自己处处不如人，总感觉别人瞧不起自己。通俗来说，自卑就是自己看不起自己，以为也被别人看不起的一种心理状态。

自卑的浅层感受是别人看不起自己，其实，在他们深层的心理体验里则是自己看不起自己，他们害怕挫折、失败，特别是在权威、强势或一些强词夺理的人面前，总是感到手足无措，有时则表现出一种戒备和敌对情绪。往往先在自己的思想里，设想别人对自己的不满，然后在生活中寻找真实的证据。在生活中，有些人缺乏对自己的正确评价，往往对自己过于苛求，自我估计太低。如有些人感到自己的身体、相貌缺乏魅力，或感到自己能力欠缺，产生自卑心理，然而事实上，他们并不一定是没有魅力、能力差，或事业成就低下，反而是自己期望过高，不切实际，在交往中总想使自己的形象理想完美；惧怕丢丑、受挫或遭到他人的拒绝与嘲笑而无地自容，所以对别人的评价过于敏感，总是认为别人看不起自己。长此下去，他们就人为地把自己的社交圈子限制在狭小的范围内。

作为一种后天形成的消极情绪，自卑在很多人身上都有不同程度的体现，尤其是在大学生这一群体中表现得尤为明显。自卑是个体感受到自我价值被贬低或否定的内心体验。这种贬低或否定可能来自当事人自己，也可能来自外界的评价，但更多是二者皆而有之。

自卑心理是一种消极的心理状态，对于个体健康发展极为不利，自卑是影响大学生人际交往的严重心理障碍。在自卑心理的驱使下，往往使人过低地评价自己的形象、能力和品质，总是拿自己的弱点与别人的长处比较，觉得自己事事处处不如人，常常自惭形秽，总感到别人瞧不起自己；他们事事回避，处处退缩，不敢抛头露面，不敢与人竞争，不敢实践，害怕当众出丑，因而泯灭了自己的才华，失去进取的时机，成为失败的俘虏和被人轻视的对象。不仅如此，自卑心理还使人丧失意志，造成个体情绪压抑和心理不稳定。对于有自卑心理的大学生，必须对自己有一个清醒的认知，接受自己，无论与任何人交往都要做到不卑不亢，既不取悦别人，以博得好评来满足自己的虚荣心，更不需要在别人面前显示自己、炫耀自己，以提高自己的身价，价值正是在于自身，并不随别人的评价而改变。这样，就能渐渐消除多疑心理，从而获得多数人的尊敬。

二、嫉妒心理

【案例 5-3】

自诉：我为自己的人际交往烦恼。我经常会嫉妒别人，尤其是同寝室的同学。比如最近，同寝室的一个同学交了男朋友，整天在那里跟她男友通电话发嗲，我听了很烦很气，好像欺负我们没有男朋友似的。有时候会嫉妒得抓狂。我该怎么办？

嫉妒是指在意识到自己对某人、某事、某物的占有，或占有意识受到现实或潜在的威胁时产生的情感。在我国的辞典中，“嫉”是指憎恨比自己好的人，“妒”是指埋没贤良的人。从心理学上来看，嫉妒感是由于嫉贤妒能，生怕别人超过自己而产生的一种情绪体验，是一种狭隘心理。

从本质上讲，嫉妒是人类竞争的孪生姐妹，嫉妒之心人人有之，它是人类的一种十分普遍的情绪体验，具有一定的生物学意义。嫉妒有时也起积极作用，比如，对于嫉妒，有的人能克制自己不采取攻击性言行，控制它、适应它，使之逐渐淡化，甚至能够利用它转化为积极的竞争行为。但更为常见的还是它的消极作用，如有的人不能把握这种情感，使之向消极一面转化，产生痛苦、忧伤、攻击性言论和行为。周瑜与诸葛亮才能相当，但因周瑜心胸狭窄，嫉妒诸葛亮，千方百计想置其于死地，结果被诸葛亮三气而亡，临死留下“既生瑜，何生亮”的遗憾。战国时期名医扁鹊，就因为医术高明遭到秦太医令的嫉妒而把他借故杀害了。历史上诸如孙膑致残、韩非致死、屈原放逐、柳宗元被贬，除了社会政治原因外，都是受嫉妒者的迫害所致。

心理学的研究表明：能力相近、地位相近、年龄相近、空间相近、专业相近、性别相近、兴趣爱好相近的人之间容易产生嫉妒现象。而且在大学阶段，充满着各种各样的竞争，比如，学习成绩、评优、结交异性朋友、个人形象、家庭实力等。一些大学生发现自己在才能、地位或境遇等方面不如别人而产生一种不悦、怨恨、恼怒的复杂情感，看到别人冒尖，会心怀不满。

就大学生人际交往来说，有嫉妒心理的大学生在交往中会表现出强烈的排他性，对他人的成绩和进步心怀不满、不服气，总希望别人比自己差。而且，在嫉妒心理的驱使下，对别人的失败和不幸会表现出幸灾乐祸，不会给对方以同情和安慰。在人际交往中产生的嫉妒行为的表现形式各不一样，有的学生以退缩、抱怨或幻想对方失败或遭遇不测的方式表现出来；而有的学生则采用伤害、攻击、造谣中伤等形式表现。但不管以哪种形式表现，嫉妒心理发展到一定程度，不仅会引起情绪上的变化，产生怨恨、诋毁、报复等心理，而且嫉妒会吞噬人的理智，影响正常思维，造成人格扭曲。对他人的怨恨、诋毁、攻击、报复等行为都有强烈的嫉妒心理作怪，嫉妒感的膨胀会导致人际冲突和交往障碍。

三、社交恐惧心理

【案例 5-4】

自诉：我没有朋友，我不想与人交往，我害怕与别人交往，最怕和异性交往，甚至害怕和他们目光接触。我是不是有“社恐”啊？

社交恐惧是一种同时具有不安和恐惧色彩的情绪反应，属于非常严重的交往心理障碍。有些人在特定事物、特殊境遇或者某种特殊的人际交往场合，难以控制自己的心理状态，进而产生强烈的恐惧心理体验。一般情况下，人们在接触一个比较陌生的环境时，往往会或多或少地感到一种难以名状的紧张情绪，这是十分正常的现象。而患有社交恐惧的人们，他们的反应异常强烈，有的人在大众场合会紧张得说不出话来。这些人害怕与别人交往，遇事退缩，经常以沉默或不参与作为对自己的保护。社交恐惧对个人的身心健康、生活质量，乃至未来前途与人生态度都会产生重大危害。表现为：害羞、脸红、说话紧张等。有的属于气质性恐惧，有的属于挫折恐惧。也有的人害怕别人发现自己的弱点，不愿意与比自己优秀的人交往。

社交恐惧有这样一些类型：一是赤面恐惧：在他人面前会脸红，感到脸红是十分羞耻的事，于是越掩饰越脸红；二是视线恐惧：不敢和他人目光相对，更不敢正视对方，要么低头走路，要么干脆躲在家里不出去；三是相貌恐惧：担心自己的相貌会引起别人的反感，或被别人看不起，对此惶恐不安；五是异性恐惧：害怕看见异性。

形成社交恐惧的原因很多，最主要的有三个因素：

首先，来自家庭背景方面的：从小性格压抑；父母没有教会他们社交的技能；自尊心太强，害怕被别人拒绝；对自己的外貌没有信心，过于肥胖等。

其次，来自后天形成的条件反射，是经过学习过程建立起来的。这个学习过程大多分为两种情况：一种是自己的亲身体验，如在与他人交往过程中遇到挫折或打击，或产生了痛苦的、不愉快的体验，久而久之，就会形成紧张、不安、焦虑、忧虑、恐惧等情绪状态。这种状态一旦定型，形成固定的心理结构，那么他在以后遇到新的类似刺激情境时，便会“旧病复发”，产生恐惧感。另一种是看到身边人曾经在某种交往中遭受了挫折、讥笑、拒绝，自己也感到痛苦或害怕，也有可能通过某些传媒了解到各种挫折体验，并不自觉地把这些体验转接到自己身上，预测自己会在特定的社交场合遭受令人难堪的对待，于是紧张不安、焦虑恐惧。这种情绪状态的泛化，导致了社交恐惧。

最后，认知原因。大学生渴望交朋友，但是他们又常常希望自己很完美，希望自己在朋友面前能够很有面子，这种追求完美的心理比较容易使大学生自我意识强烈，非常在意自己的形象。同时，在与人交往的时候，他们又难以客观地认识自己，往往感觉自己不如他人，因此而害怕与别人进行交往。也有的人抗挫折心理不够强，害怕在与人交往的时候丢丑，所以才渐渐形成了恐惧心理。

四、猜疑心理

【案例 5-5】

自诉：我总觉得我们寝室的人在排挤我，我与她们格格不入，因为她们都是城里人，只有我一个人是从西北小地方来的，我总觉得她们看不起我。有好几次，我从外面回来，很热闹的寝室一下子变得鸦雀无声。我就会忍不住想，她们是不是在说我的坏话。我也不知自己哪里做错了，我经常会反省自己，弄得小心翼翼，人也变得不快活了。现在的局面是，她们在一起有说有笑，只有我一个人孤零零的。我该怎么办?

所谓猜疑，是指对他人进行毫无根据的猜测与怀疑，是一种完全凭借主观推测而产生的不信任他人的心理状态。一般个性懦弱、缺乏自信的个体容易产生猜疑，这样的个体对己对人都没有信心，缺少基本的安全感。在人际交往中，猜疑心重的人，往往对别人不信任，会猜测、揣度、估摸、疑惑、疑心他人。持有这种心理的人，往往性格多疑、心胸狭窄、气量小、性格古怪，整天疑心重重，怀疑一切，甚至捕风捉影，无中生有，对人充满敌意，喜欢斤斤计较，容易体验消极的情感。

猜疑心重的人容易偏激，对人际关系过分敏感，对他人他事往往会主观臆断，这种性格往往容易使人际关系陷于僵局。好猜疑的人生活得毫无自由快乐，因为她们整天处在敏感焦虑中，对人对事不放心，一有风吹草动就会忍不住瞎想，比如，总以为别人在议论自己、瞧不起自己、算计自己，在背后说自己的坏话。在严重的猜疑心理的支配下，往往会把别人的好意曲解为恶意，而且容易听信流言，以致造成“越看越像，越看越真”的假象，造成与他人的对立情绪，恶化人际关系，也使自己陷入整天提心吊胆、是非重重的痛苦之中。所以，现实生活中，有许多人往往因为猜疑而影响同学之间的和谐交往，而且人际交往的不顺利又会使人加重怀疑心理，于是陷入恶性循环的怪圈。因此，走出猜疑的魔障，需要重树自信心及建立对人的基本信任。

现代身心医学认为：一个经常无端猜疑他人的人，其心理往往处于紧张状态，大脑和神经经常处于过度兴奋状态，心情焦虑不安，严重的会影响正常的人际交往。大家一定还记得《三国演义》中的曹操吧。曹操知人善任很有军事才能，但他又有一个致命的弱点，即猜疑。因为猜疑，他错杀了其父的朋友吕伯奢一家。唯恐有人谋害，他就故意杀害了夜间为他盖被的侍卫。多疑猜疑使曹操丧失理智，感情用事，以友为敌。

英国思想家培根在《论猜疑》中说："心思中的猜疑有如鸟中的蝙蝠，它们永远是在黄昏里飞的。"他认为，这种心理使人精神迷惘，疏远朋友，而且也扰乱事物，使人不能顺利有恒。猜疑在人际交往中有两种极端的表现：一种表现是隐蔽的，好猜疑的人被猜疑困扰在一个极小的范围内，以缺乏信任的痛苦折磨自己；另一种表现是外显的，好猜疑的人常常寻找各种借口，发动攻击，试图促使矛盾激化，从中寻找对那些"不义小人"实施报复的机会。

猜疑心理的产生原因主要有这些：一是个性懦弱，缺乏自信，缺乏"自我安全感"，因而敏感多疑，多愁善感，是个体缺乏自信心的综合体现；二是思维方式产生了偏差，缺乏事实根据，一切从假想、联想出发，存在着作茧自缚的思维模式。

好猜疑的人整天无中生有起疑心，对人对事不放心，总以为别人在议论自己、瞧不起自己、算计自己，在背后说自己的坏话。在严重的猜疑心理的支配下，往往会把别人的好意曲解为恶意，而且容易听信流言，以致造成"越看越像，越看越真"的假象，造成与交往对象的对立情绪，恶化人际关系，也使自己陷入整天提心吊胆、是非重重的痛苦之中。所以，猜疑心理严重妨碍了与他人的正常交往，而且人际交往的不顺利又会使人加重怀疑心理，于是陷入恶性循环的怪圈。猜疑心理是一种十分有害的心理，它不但在不同程度上危害着人们的社会交往，同时也给人的身心健康造成严重伤害。

五、苛求心理

【案例 5-6】

自诉：我们寝室有6个同学，4个是大一的，我真的不想跟他们待在一起，他们是大一的同学，思维和观念与我不同，再加上他们还是文学专业的，因此我跟他们根本没什么话题。那个跟我同班的同学性格有点怪癖，我有时候也很怕他，因此，寝室里，我基本上是不跟他们讲话的，我平时一回到寝室，就感到很压抑。我不知道自己该怎么办。我想搬回原来的寝室，原来寝室的人是很好的，以前也对我很好，但他们是游戏迷，整天想的只有游戏。我也想过搬到外面去住，也许我这样的性格真的不适合集体生活，可我怕开销太大，况且还没到大四，也不想搬。一方面，我不想跟原来整天玩游戏的人住一起，我怕自己堕落；另一方面我在现在这个寝室里，那几个大一的同学都不跟我说话的。有时候我在路上碰见他们，他们竟然连招呼也不打，让我感觉很不爽。但我又能怎么办？我也曾试着与他们沟通，但沟通完之后，毕竟我与他们不同届，又不同专业，可以聊的话题相当少，渐渐地又不说话了。我自我感觉，我为人处事还可以，班里的同学对我的印象都还是可以的，可我与寝室里大一的那些人的关系为什么会这么差呢？我感觉自己越来越不适应这个环境和社会了。我该换回原来的寝室吗？

大学生生活在一个个性迥异、生活习惯不同的现代社会，与人交往要想和谐，最重要的是要包容与理解，试着去理解、接纳别人的生活方式。与人交往也需要宽容与接纳，就如你宽容与接纳自己一样，尽量不要设定条条框框。宽容是一种美德，自古有“退一步海阔天空。”宽容要求宽以待人、与人为善。同学之间，彼此间的思想、情感、态度、观念、性格、爱好、行为方式不尽相同，常常会因此产生分歧、误解。如果彼此间不能宽容，可能分歧会越来越大，误解会越来越深，乃至造成人际摩擦与冲突。人们常说“金无足赤，人无完人。”人人都会有缺点与过失，对于小过失与缺点，需要宽容、谅解。朋友之间要求大同，存小异，讲求彼此之间的包容。相互包容得越多，越有助于情感的相容。只要是大学的寝室就有不同的人存在，无法两全其美，不苛求周围的人！你要让你身旁的人轻松自在。去发现他们的好，多想他们的长处，多记他们的好处，去接纳他们，他们没做错什么。“水至清则无鱼，人至察则无徒”。吸引人的三大秘诀：一是容纳；二是承认；三是重视。

第三节　人际交往能力的培养

现代社会中，人们越来越意识到，人际交往已成为人自身不可忽视的能力。它既是人们生存、发展的重要手段，也成为现代人才必备的素质之一。大学生人际交往能力的培养与提高是现代化人生的必修课。我们中不少大学生已亲身体会到，由于没有处理好人际关系，自我发展受到限制，甚至由于人际关系影响工作与学习。他们希望改善自己人际关系的现状，却苦于没有良策；想提高自己交际的能力，但不知怎么做才好。“世事洞明皆学问，人情练达即文章”，这句古语提醒我们：人际交往是一门“人和”的艺术。

人是有感情的动物，一个人与别人接触，总对后者抱有这样或那样的态度，或者喜欢，或者厌恶，或者漠然。在你所认识的人中，你总会喜欢某些人，而不喜欢另一些人。对于你喜欢的人，你通常愿意更多地与之交往；对于你不喜欢的人，你不愿花精力与之相处。人海茫茫，有人彼此一见如故，从此心心相印；有人天天见面，却不屑一顾。原因很多，但能否招人喜欢是人际吸引的重要因素之一。

一、确立良好的第一印象

第一印象也称作首因效应，是指一定条件下最先映入认知者视野的信息在形成印象时占优势。第一印象包括谈吐、相貌、服饰、举止、神态等。人际交往是通过第一印象进行的。第一印象具有先入为主的特征，决定了个体最初的吸引力，往往是非常强烈、鲜明的，并且成为正式交往的重要背景，对交往产生不可忽视的影响。有研究显示，我们跟别人见面时，在7秒钟内就开始对这个人做出评估。这种评估无须通过语言，人们会自觉或不自觉地用眼睛、面孔、身体和态度来表达自己的真正感觉，同时互相触发一连串的由放心以至恐惧的情绪反应。

在我们的学习生活中，第一印象的作用是十分突出的，别人对你，或你对别人都是如此。两个素不相识的人初次接触，彼此会根据对方的外貌、表情、姿态、谈吐、衣着等，做出一个初步的判断与评价，形成某种印象。第一印象好，意味着心理相容性大，容易沟通，亲近感较强，同时对对方的缺点不易注意。反之，第一印象不好，则易于注意对方的缺点，有时甚至将其优点当作缺点，在心理上产生一种排斥感，阻碍双方继续深入交往。而且，第一印象不好的话，如果要挽回，就要做很大的努力，因此，在与别人初次接触时必须注重这一点。

我们都想给别人留下最好的印象，以便发展好的人际关系，但有时常常事与愿违。试回想一些你最难忘的跟人第一次见面的经过，尽量想想头7秒钟的情形。你有什么感受？想着些什么？你觉得对方怎么样？你以为对方怎么样？

给人以良好的第一印象，首先要注意自己的仪表。一个人的仪表是给对方留下良好的第一印象的基本要素之一。在公共场合，人总是趋近衣着整洁、仪表大方的形象。人在无意中把对方的服饰、仪表、相貌，同一个人的地位、身份、修养连在一起。故在初次交往场合应打扮得有个性魅力。一个人的仪表主要由容貌、衣着、发型等因素构成。一个人的相貌多半是天生的，自己无法谋求，但仪表却是可以改变的。人的仪态、表情和风度全面反映了一个人的素质、受教育的程度及能够被人信任的程度。一个人举止端庄文雅、落落大方，就能给人以深刻良好的印象。培根有句名言“相貌的美高于色泽的美，而秀雅合适的动作美又高于相貌的美。这是美的精华。”仪表是展示自己才华和修养的重要外在形态。优雅的仪表，能够帮助一个人得到良好的社会声誉。我们应该随时随地注意自己的仪表，给人留下良好的第一印象。

其次，注意谈吐。一个人有没有才气最容易从讲话中表现出来。准确的语义，丰富有趣的内容可以先声夺人，使人心中敬意油然而生。吐字模糊、夸夸其谈、内容平庸使人产生厌倦心理。风趣、幽默的言谈给人以听觉和心灵的美感。另外，在交往谈吐时，还要注意环境气氛和场合，决不要喧宾夺主，或随便打断别人的讲话。

最后，注意行为举止。行为动作是一个人内在气质、修养的表现。男子的举止要讲究潇洒、刚强；女子的举止要注意优美、含蓄。而且一个人的举止也表现临场的情绪状态和对人的态度。

建立良好的第一印象的方法是善于表现自己，给别人留下良好、深刻的印象。

一般情况下，大方、随和、乐观、热情的人总会受人欢迎；炫耀、粗鲁、拘束的人则让人讨厌。卡耐基在其著作《如何赢得朋友及影响他人》一书中，曾提出确立良好的第一印象的六条途径：①真诚地对别人感兴趣。②微笑。③多提别人的名字。④做一个耐心的听者，鼓励别人谈他自己。⑤谈符合别人兴趣的话题。⑥以真诚的方式让别人感到他很重要。

尽管第一印象具有表面性，可能是一种相对比较肤浅的印象，但是第一印象是长期交往的基础，是取信于人的临场手续，大学生注意应给人留下美好的第一印象。

二、改善交往措施

良好的人际关系有赖于相互的了解，有赖于彼此思想上的沟通；还要注意与人交谈，交换看法，讨论感兴趣的事情；沟通时，语言表达要清楚、准确、简练、生动；要学会有效聆听，做到耐心、虚心、会心，把握交谈的技巧，吸引和抓住对方。

（一）真诚及时的沟通

相互间的了解与沟通，对于大学生建立良好的人际关系很重要。对一个风华正茂的大学生来说，需要有丰富的人际关系世界，并在这个世界上帮助与被帮助、爱与被爱、共享欢乐与承受痛苦。在社会交往中，那些主动与人交谈，主动去接纳别人的大学生，在人际关系上往往较为自信。经常与人交谈，交换看法使交往对方感到被理解和被认同，有助于缩短双方的心理距离。

大学生在交往中经常与人交谈，交换看法很重要，特别是当面临人际关系危机时，主动解释，消除误解，重新建立良好的人际关系非常重要。而不愿意或不主动交谈的同学在大学生人群中占相当大的比例，源于两方面的原因：一是缺乏自信，担心遭到拒绝，担心别人不会像自己期望的那样理解、应答，从而使自己处于窘迫的局面，伤害了自己的自尊。事实上，问题远没有我们想象的那么严重，因为人际关系中，双方都需要适应，需要人际关系支持陌生情境。二是大学生在人际关系方面有许多误解，如“先同别人打招呼，在别人看来低人一等”“那些善于交往的人左右逢源，都有些世故，有些圆滑”“我如此麻烦别人，别人会认为我无能，会讨厌我”等。

（二）给人以真诚的赞美

人际交往中，每一个人都偏好正性刺激，即每一个人都喜欢听好话，不喜欢听批评的话。在人际交往中要学会欣赏别人的长处，真诚地欣赏对方。要积极地赞美别人的长处，看到别人好的一面，接纳好的一面，尝试改变人际氛围。有报道，一位欧洲妇女出门旅行前，先学会了用数国语言讲“谢谢你!”“你真好!”“你真是太棒了!”，其所到之处，都受到热情接待。

大学生要学会适时、适度的赞扬。心理学家认为，赞扬能释放一个人身上的能量，调动一个人的积极性。有位学者讲得好：“赞扬能使羸弱的身体变得强壮，能给恐怖的内心以平静与依赖，能让受伤的神经得到休息和力量，能给身处逆境的人以务求成功的决心。”如果同学被你赞扬，他会觉得自己是很优秀的，自己被肯定，他也一定会对你产生好的印象。适时的赞扬可以增进彼此的吸引力。

赞美别人是一种能力。怎样才算是赞美别人呢？

赞美时要注意三个原则：

第一，赞美的一定是对方的真实所在。要注意，无中生有、夸大其词、言不由衷的赞美只会让人生厌，也就是说，赞美的一定是对方真实所在的长处和优点，为了讨好别人、为了改善人际关系而故意说些好话是起不到任何作用的，相反只能让别人怀疑你的人品以及你的用意。赞美时要选准角度、恰如其分。假如你要向一位女同学表示赞美，而这位女同学相貌平平，这时你一定不能说她美如西施，不然她肯定会认为你在讽刺她。你应该从另外的角度去赞美她，比如肯定她善良的心地、温柔的性情、高雅的气质和不一般的才干。高水平的赞美是不落俗套的赞美。

第二，赞美的一定是对方所在意的。赞美别人要达到比较好的效果，那就要正中别人的下怀。比如说一位二十多岁的女孩，她所在意的是她的相貌和身材，她希望听到别人用赞美的语气肯定她漂亮、身材好、充满魅力。而一位五十左右的中年妇女，她所在意的与二十多岁的女孩又不一样了，尽管她也在意她的相貌和身材，但她更在意的是她的年龄，她希望别人用毋庸置疑的语气告诉她；“看起来你比你的实际年龄要小好多!”“你真的有五十岁啦?真看不出来!”

第三，要讲究艺术。有时好朋友之间一不小心讲错话也会伤害到别人，赞美人也一样。有位男生去一位女生宿舍拜访，要找的那位不在，只好坐下来等。那位男生想与正在宿舍的两位女生套近乎，就同时赞美这两位女孩子。他对其中一位说：“你虽然没有她漂亮（这样已经得罪了这位女同学），但你的亲和力比她高（又得罪一位）。”不会说话嘛！那么应该怎么讲呢?“你们两位都很漂亮，一位是古典美，一位是现代美。”或者“一位亲和力很高，一位很热心。”这样就皆大欢喜了。

要善于说“谢谢!”人与人的交往不是一次性的买卖，而且交一个真诚的朋友也绝非易事，要珍惜彼此间的友谊，就要学会说“感谢”。不懂得感谢的人是对人冷漠的人，是不懂人情世故的人，无论他的处世技巧多么高明，人们也会渐渐疏远他。而懂得感谢的人能够给人以善良美好的印象，他们对人有更多的爱，他们会关注别人，当然也会得到别人的喜欢。

如果能够落落大方地说谢谢，也会使对方铭记于心的。我们通常认为亲近的人不需要说谢谢，我们在生活中不太愿意直接表达我们的感谢，愿意记在心中。但事实上如果说出谢谢，会更令人舒服，真诚的发自内心的感谢闪烁着人性的光辉。

一般人都不喜欢被批评。批评是负性刺激，通常只有当用意善良、符合事实、方法得当时，才会产生效果，才能促进对方的进步。而且批评时要注意场合和环境，还应对事不对人，否则会挫伤对方的积极性与自尊心，措辞应该是友好的、真诚的。当然最好还是不批评。

（三）心理互换

心理互换对建立良好的人际关系很重要。心理互换要求我们能设身处地，站在对方的地位或处境想象事件。例如，我们经常问，如果我在他的位置上，我会怎样处理?因此，大学生要经常站在对方的角度去理解和处理问题，一切就简单多了。懂得别人是别人而不是自己，因而不能强求，与朋友相处应求大同、存小异，这样做可以得到很多真心相处的人。

一般而言，善于交往的人，往往善于发现他人的价值，懂得尊重他人，愿意信任他人，对人宽容，能容忍他人有不同的观点和行为，不斤斤计较他人的过失，在可能的范围内帮助他人而不是指责他人。美国广告界的传奇人物曼宁先生曾说过："要想赢得竞赛，你还需要具备更多的条件。你必须懂得成功的诀窍，并把它贯穿到你整个人生之中。那么，什么是成功的诀窍呢？那就是：你希望别人怎样对待你，你就怎样对待别人。"懂得"己所不欲，勿施于人"；懂得"得到朋友的最好办法是使自己成为别人的朋友"；懂得别人是别人而不是自己，因而不能强求，与朋友相处时应求大同、存小异，要懂得"君子和而不同"。

心理互换要求大学生培养和提高同感的能力。人是情感动物，人际交往不可能不包括人际关系的情感或情绪方面，人对人的知觉和理解因此也不能不包括对他人情绪和情感的知觉和理解。知觉和理解他人的情绪，不能单靠理性的思维，还必须进行感受和体验。个体感受他人的感受，并以适当的方式表达出来的过程，就是同感。人际交往中的个体，若善于在别人发生正性情绪（如喜悦等）或负性情绪（如悲哀、苦闷、彷徨、恼怒等）时真诚地做到不仅知人之所感，而且感人之所感，就有利于缩短人际距离，疏通沟通渠道，增进相互间的关系。相反，一个遇事只想到自己，只顾按自己的感情用事，不懂得关心、体恤别人，对别人的喜怒哀乐漠然处之的人，是难以同人发展和维持顺遂、密切的关系的。为了做到同感，当事人首先必须控制自己的情绪。同感要求感受他人的感受，却又不能令自己也沉溺到对方的感受中去。无论对方的情绪如何激烈，当事人也要保持自己的清醒。

（四）注意语言的运用

语言是思维的载体，是人类最重要的交往工具，它在交往中起传递信息、交流思想和沟通情感的作用，是构成人际交往的基本要素。讲究语言艺术，是培养人际交流能力的重要内容。

不善答问者是笨拙的，但没有原则的诡辩是轻浮的。讲话绕弯子太多令人厌烦，但过于直截了当又会显得唐突。能掌握其中分寸的人，可谓精通了谈话的艺术。善于言谈者的共同特点是：词汇丰富，措辞恰当；能抓住听众的兴趣；能够适应不同场合；能分清谈话对象。

人际交往时，应正确运用语言，学会用简练、清晰、生动的语言准确表达自己的思想，养成礼貌用语的习惯。人际交流中的话题内容和语言表达形式应适合对方的知识范围及经验，合乎对方的兴趣、需要，善于运用赞扬、批评的技巧，使交往的氛围和谐、友善。注意语言委婉、含蓄，具有幽默感等。

语言沟通需要讲究语言表达的技巧。语言技巧是一种十分复杂的技能。俗话说"一样话，十样说"。"一句话让人笑，一句话让人跳"。言语表达方式也是多种多样的，任何一句话都可以有多种说法，所谓"话有三说，巧说为妙"。说法不同，效果便截然不同。

（五）善于聆听别人的发言

善于聆听别人的发言对搞好人际关系具有重要的作用。谈话是双向的，有说有听，相互交流，彼此沟通。在谈话中，不仅要说些对方感兴趣的话题，重要的是还要认真聆听对方的发言，不时表示肯定、赞许，这样才会使对方有信心、有勇气说下去。对方说得越多，你沟通的切入点越多，贴近面就越大。倾听，给别人带来被尊重和被欣赏的感觉。卡耐基曾说过："专心听别人讲话的态度是我们所能给予别人最大的赞美。"你能耐心地倾听对方的谈话，等于告诉对方"你是一个值得我倾听你讲话的人"，这在无形中能提高对方的自尊心，加深彼此之间的感情。反之，对方还没把话讲完，你就听不下去了，就容易使对方的自尊心受挫。事实证明，越是善于倾听他人谈话的人，人际关系就越融洽。

倾听是如此重要，那应该掌握哪些方法呢？

一是要耐心听。即使有些普通的话题，对你来讲已相当熟悉，可是对方却眉飞色舞、滔滔不绝、谈兴正浓，此时，你应保持耐心，不能流露出不耐烦的神色。

二是要感受性地听，不要评判。听人说话时，不要随便解释某种现象，尤其不能妄下结论，更不能不懂装懂，乱充内行。

三是要积极反馈，适当提问，帮助别人说下去。听人谈话，不只是在被动地接受，还应该主动地反馈，这就需要做出会心的呼应。在交谈时，要注意与对方经常交流目光，可时而赞许性地点头，时而用"哦""是这样的"等来表示你在注意倾听，以鼓励对方继续讲下去。

四是不要随便打断别人的话，更不要中间插进来大讲特讲。

五是要专心去听。在听人说话时，应精神集中、表情专注，不要东张西望，心不在焉。

六是要听出别人的言外之意。

思考题

1. 哪些因素阻碍了大学生的人际交往?
2. 如何提高大学生人际交往的能力?

阅读书目

1. 戴尔·卡耐基. 沟通的艺术与处世智慧[M]. 北京：中国华侨出版社，2012.
2. 罗纳德·B. 阿德勒. 沟通的艺术：看入人里，看出人外[M]. 北京：世界图书出版公司，2015.
3. 科里·帕特森. 关键对话：如何高效能沟通[M]. 北京：机械工业出版社，2012.
4. 威尔·鲍温. 不抱怨的世界2：关系决定命运[M]. 西安：陕西师范大学出版社，2010.

第六章 大学生的爱情

任务目标

- ★ 认识大学生爱情的特点
- ★ 了解大学生失恋的心理
- ★ 掌握大学生爱情的发展

爱情，你的话是我的食粮，你的气息是我的醇酒。

——歌德

爱情，一个十分古老、新鲜而又永恒的话题。说它古老，是因为千百年来有无数的人们去追求它，有无数的思想家和名人在论述它，有无数的文人墨客在描绘它；说它新鲜，是因为“食色，性也。”对每一个人来说，它都是人生不可缺少的一部分，我们每个人可能都会去接触尝试、实践驾驭。说它永恒，是因为从古至今，爱情是不变的话题。爱情之于人类，既能给人带来甜蜜愉悦的精神享受，也会给人造成痛苦和忧伤；既有幸福和快乐，也有悲戚和伤怀；既能使人扬起人生远航的风帆而勇往直前，又能使人丧失生活的勇气和信心而萎靡不振。

我们的大学校园每天都有爱情在发生，爱情变得司空见惯。大学校园不是被爱情遗忘的角落，而是每个角落都充满了爱情。有人说：高中时代爱情是奢侈品，少数人拥有得起，大学时代，爱情是日用品，没有很寒酸。甚至有人开玩笑说：十几年前大学生谈恋爱时学生躲着老师，现在倒过来了，是老师躲着学生。说实在的，大学校园的确是恋爱的好场所，大学时代的确是恋爱的好时节。大学生活是人生最美好的生活，大学生处于青年中期，生理发育已经基本成熟，大学校园美丽安宁的有利环境为大学生提供了密切接触的条件。但是，爱情又显得那么神秘莫测，让我们的男孩女孩沉醉其中，忧心费神却欲罢不能。

爱情如此神奇，那么它到底是什么呢？爱情的真义在哪里呢？爱情的世界里有没有奥秘呢？

第一节　大学生爱情的特点

【案例 6-1】

一位女同学问老师：我们班上一位男生在追求我，我有甜蜜与喜悦的感觉，但是没有心动的感觉。我对他的追求不确定，我不清楚他是不是真的喜欢我，我也不知道什么是爱情。请问什么是真正的爱情呢？或者怎么才能知道他是不是真心爱一个人？

一、爱情的含义

爱情是指一对男女之间，基于一定的社会关系和共同的生活理想，在各自内心中形成对对方最真挚的倾慕，并渴望对方成为其终身伴侣的最强烈的感情。

爱情是人际吸引的最强烈的形式，是心身成熟到一定程度的个体对异性个体产生的浪漫色彩的高级情感。

鲁宾发现了爱情的三个主要成分：

（1）依恋。例如，“当我孤独的时候，我第一个想找的人是……”

（2）关怀。例如，“我愿意为……做任何事。”

（3）亲密。例如，“我觉得我能够向……吐露心底的秘密。”

二、爱情三因论

现实生活中我们常常看到，沉浸在爱河中的人们表现各异，有的缠绵悱恻，有的稍纵即逝，有的波澜不惊，有的亲密无间，有的若即若离。爱情为什么会如此的不同，我们一起来看看斯滕伯格的“爱情三因论”。

在对爱情进行众多研究之后，美国耶鲁大学的斯滕伯格教授提出了爱情成分理论，认为爱情是由三种成分组成的。按照爱情三因论，人类的爱情虽复杂多变，但基本上由三种成分组成，分别是：①动机成分：动机有内发的性驱力，也包括异性之间身体、容貌等特征彼此吸引的原因。②情绪成分：由刺激引起的身心激动状态，如喜、怒、哀、惧等。③认知成分：对情绪和动机是一种控制因素，是爱情中的理智层面。

从斯滕伯格的爱情三因论看来，两性间的爱情形式因人而异，很可能所有情侣间的亲密关系和热烈程度，彼此各不相同，但基本上都是这三种元素彼此不等量的配合演化出来的。如果将爱情三因论的主张与色觉理论的三色论相比，二者极为相似。色觉三色论将红、绿、蓝视为三原色，按照三者不同比例的配合，即可产生所有不同的颜色。爱情是人类心理上的色彩世界，每对情侣自己所调出的色泽如何，要看他们如何处理自己的动机、情绪和认知。

斯滕伯格进一步将动机、情绪、认知三者各自单独在两性间发生的爱情关系，分别称为亲密、激情和承诺。他认为，以动机为主的两性关系是亲密的，以情绪为主的两性关系是激情的，以认知为主的两性关系是承诺的、守约的。如果将三种不同的爱情关系，与它们在两性间维持时间的长短，分别用曲线表示，如图6–1所示：

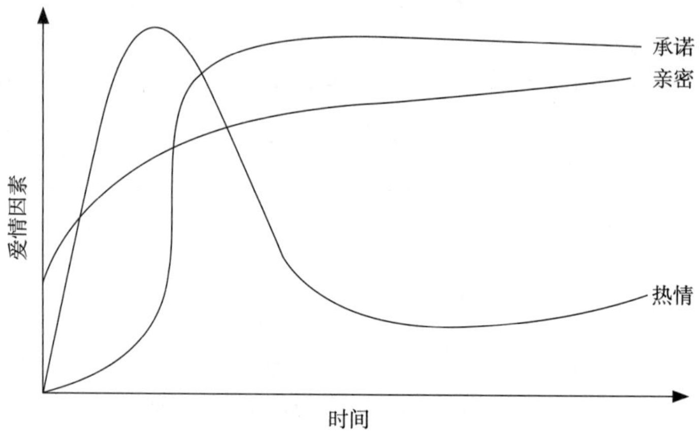

图6–1　爱情因素

爱情三因论对爱情本质的理解给我们一些启示。

一是爱情的动机成分表明爱情有生理的基础，由性驱力驱动。性生理的发育成熟，必然伴随性的冲动。爱情是以生理成熟为基础的。

二是爱情会使人有强烈的情绪体验，比如快乐、幸福、痛苦、惆怅、悲伤等。情绪体验会变化，有时会激情澎湃，有时痛苦不已，有时惆怅旧欢如梦。

三是爱情有理性的一面，不仅是情感体验，还包含了承诺、责任。每个个体的爱情三种成分所占的比例不一样，于是呈现出多姿多彩的爱情世界，这是爱情的美妙之处。

三、大学生爱情的特点

（一）急迫性

【案例 6–2】

自述：原来好几个男生追我，我拒绝了，可他们很快又追另外的女生，这使我对男生产生了不信任感，觉得现在的男生不可靠，只是为找女朋友而随便找一个。我不理解现在的大学男生到底是怎么了？不断追逐女孩子，老想着把友谊上升为爱情，我觉得他们根本不懂真正的爱情。我现在对他们极度不信任，我觉得这种思想对我以后的交往有害啊，怎么办？

大学里的不少女生常常会发出这样的疑问，这些女生的疑惑点出了大学爱情的特点：急迫性。现在大学里的很多男生就是这样追女孩子的。“追”，《说文》中是如此解释“追”的：追，逐也，本义是追赶。追赶、追逐，意味着比较匆忙，不慎重。很多男同学就是这么匆匆忙忙追逐着女孩子。毛头小伙大多在感情问题上会很着急，很毛糙。他们也许认为大学是恋爱的黄金时期，机不可失，失不再来，如果不及早下手，好女孩会被别人抢光了，免得将来“花落人亡两不知”。出于这样的心态，往往对所追求的女孩子还没了解清楚，就贸然发动攻势。这当然很不理智，我们一再跟男同学说，求爱前你要仔细考虑清楚，比如你对那个女孩子的了解程度，合不合适，别一股脑儿扎进去。但是，无论怎样引导都阻挡不了男孩子的一股热情，这个年龄阶段的男生荷尔蒙分泌很旺盛，热血使然，他们就是这样追逐爱情的。他们当然也不会在一棵树上吊死，追不到就会去追别人。

（二）不成熟性

【案例 6–3】

自述：我觉得，大学校园里的恋爱蛮幼稚的，现在的大学校园很难寻觅到“正儿八经”的爱情，很多人的恋爱好像纯粹就是玩玩。我看周围的男女同学有些是为驱散寂寞，有些是为了虚荣。所以，他们或许只有一点点感觉就走到了一起，或许仅因为某一点小小的看不惯就分手了。好像人人都在追求刺激，追求新鲜感。为什么会这样呢？

有些同学的恋爱动机不是出于爱情本身，而是为了弥补内心的空虚，把恋爱作为解脱精神苦闷的途径。比如，有的同学仅是觉得寂寞，只想找一个异性朋友解解闷；有的同学虚荣心十足，谈恋爱只是为了显示自己的魅力，认为不谈恋爱就是表明自己没有魅力；有的同学担心毕业后谈恋爱没经验，不如先在学校“见习见习”；有的同学是看到别人有了对象，唯恐自己落后；有的同学则是遵照父母意见，想在大学读书期间找个乘龙快婿等。由于目的不是很明确，少数人在择偶标准上不正确的思想往往占有主导地位，导致双方在认识上的极大差距，出现“一厢情愿的多，灰溜溜的多”。所以，不要只是为了要交一个帅哥或是身边带一个美女出去炫耀。爱不等于虚荣心，如果两人的观念、个性等相去甚远，还不如早点分手，勉强对方接受你的感情，那只能勉强一时，无法勉强一辈子。

大学阶段，人生观、世界观等都还没有完全建立或还没有完全成熟，相应的附着于人生观的恋爱观也还没有完全建立。这时候的爱是盲目的、冲动的，是富有激情而少理智的。因为盲目而冲动，因为富有激情而少理智，所以这样的爱相应缺少了向心力，其坚固程度不高。因此我们说，大学生缺少的不是爱的激情，而是爱的能力。情爱是需要能力的，情爱不仅是花前月下、卿卿我我，情爱之中也会电闪雷鸣，爱情之舟也会触礁搁浅。所以，要建立坚固的爱，爱的双方必然是要建立相对稳定的择偶标准，有健全的人格和稳定的情绪。这些是很重要的，是必不可少的，有了这些条件，我们才能合力去对抗爱情中的干扰因素。但我们也不能否认大学生的爱，大学生的爱情也是爱，只不过是爱的初始阶段或爱的方式不同罢了。如果没有了大学阶段青涩而又跌跌撞撞的爱，就不会有长大成熟后对爱的理性与尊重，就没有对爱深刻的领悟与体验。李子勋先生把爱情比作一座深幽、峻拔的山，他说：“一个人的爱情成长类似于爬山，婚姻可能坐落在山的某个地段，你需要去寻觅。在爬的过程中，会很累，很痛苦，可能摔跤、迷路、孤独和害怕，但内心体验很深刻，刻骨铭心。这样的过程，你能浏览沿途的风景，你也不会错过真正属于你和适合你的好婚姻。遇到好的姻缘，你不能止步不前，还要和他继续攀登，继续体验。”

（三）不稳定性

【案例 6-4】

有位女同学问老师：为什么大学恋爱的成功率不高，很多大学恋情很短命，前一刻还山盟海誓，过不多久就分道扬镳了？恋情分分合合，太随意了。是什么原因呢？

在爱的世界里，会出现各种问题。为什么要讲爱人是一种能力呢？很多人认为爱是一种与生俱来的东西，我们每一个人都会爱上别人，别人也会爱上自己，这是稀松平常的事情。爱上别人或被别人爱上是很容易，但是如何处理情爱中的问题就不容易了。大学生在处理爱的过程中遇到矛盾和问题的时候，必须要有解决问题的能力，这种能力就需要去学习。大学校园的爱情固然纯真，双方有爱的激情，但可能缺乏维持或经营爱情的能力。

因为大学生谈恋爱的动机是各不相同的，所以，大学恋情可以归纳为这么几种类型：一是理智型，这一类型的恋爱双方生理、心理发展都比较成熟，人生观、爱情观都已经初步确立，双方的相恋是在彼此充分了解的前提下开展的。这样的爱恋双方都能用理智引导爱情，正确处理恋爱与学习、爱情与友情的关系，把幸福的爱恋转化为学习和奋斗的动力。这类学生不仅学习努力，社会活动也很积极，双方表现都很好，往往成为一些学生羡慕的对象。大学毕业后，结为夫妻的比例也非常高。二是冲动型，在没有充分了解对方的喜怒哀乐的情况下，一有感觉就投入感情。往往把爱情理解为激情与迷恋，表现为感情胜于理智，比较冲动，也容易陶醉于爱情之中而忘却一切，常常会感情用事，以至于谈了恋爱就可能会出现脱离集体、脱离同学的倾向。三是需要型，有一类大学生为了填补空虚的大学生活，为了摆脱寂寞的围绕，于是就想起了谈恋爱。把谈恋爱作为精神苦闷的解脱，用于弥补心理上的不平衡和思想上的空虚。正是后两种恋爱动机决定了恋情的短暂，所以，在大学阶段，谈恋爱的人很多，但是恋爱成功者却不多。

第二节　大学生的失恋心理

许多人在失恋后，无法面对失恋带来的痛苦，渴望着将过去那段感情忘掉，渴望着这种丧失的痛苦不再发生。其实，恋爱的结果必定有可能是分手。

一、我们该如何对待爱情挫折

【案例 6–5】

小芳的男朋友上个星期提出了分手。小芳很难受、很颓废，都不知道干什么好。小芳说她很舍不得，知道不应该回去找他，理智告诉她不能。朋友们都这么劝她，但有时候她很想回去找他，对他还心存希望。她觉得女生有时候真的很傻，永远学不会潇洒，她怕哪一天真的一冲动就回去找他，她说她真的好怕，如果真的这样，怕最终受伤的还是自己。她问老师该怎么办？分手到现在一直没哭，朋友都很难理解她，她自己也很难理解自己。这几天她觉得真的很压抑，想让自己哭，可是真的哭不出来。好难受，她不能接受，为什么爱情到最后会分道扬镳而宣布结束，那么自己的付出还有什么意义？

“喜新厌旧”是人的劣根性，所以人类从古至今为了防止它、对抗它，煞费苦心创造了很多道德的、法律的规范，人类自身也在努力，但现在社会不管是爱情的分分合合还是婚姻的分分合合，何其多也。失恋的悲痛不是言语可以描述的。付出真情都想得到回报，每一个人都不例外。当爱情不在的时候，不仅会产生伤心、愤怒与怨恨的情绪，而且会对自己产生极度的自卑和否定。过去所信赖的一切都变成了空，设想的美好生活、未来的奋斗目标都变得毫无意义。甚至会觉得别的人都比你优秀、比你幸福、比你更懂生活，而自己是个彻头彻尾的失败者，是最差劲的一个人。爱情会使我们对另一个人产生情感以及肉体上的依赖，而那种依赖一时半刻是不会脱瘾的。我们经常会祝福别人“有情人终成眷属。”爱情的最高境界是白头到老，这是对世上有情人的最好祝愿。但事实上，并非所有人都能如愿。有时，我们所爱的人会离我们而去，会被别的人夺走，会被意外事故掠走。更多时候，我们所嫁的人并非是自己最爱的人。所以，我们要正确理解爱情与所爱的人。我们要明白，你所爱的那个人并不真正属于你。爱情也好，婚姻也罢，虽然是彼此的一种承诺，但你所爱之人并不是专为你而生的。

碰到诸如此类的爱请挫折我们该怎么办呢？悲伤是肯定的。那我们该如何走出悲伤呢？我们可能需要告诉自己：爱情不是生活的全部。爱情虽然是人生的重要部分，但却远没有生活本身重要。所以，无论爱情是否存在，我们都需要维持自己良好的生活状态。良好的生活状态可以帮你缓冲分离的悲伤与痛苦。照旧维持自己的日常计划，保留独立的生活空间与生活时间给自己，并照顾好自己。保持良好的社交关系，朋友与家人在关键时刻会是最好的情绪缓冲系统。拥有自己的朋友和社交生活，可以让自己不至于陷入孤立无援的窘态。保持日常的兴趣爱好，兴趣爱好会引导你有积极的生活态度。我们要相信美丽的爱情不止一次。

我们该如何呵护我们的爱情呢？首先，对爱情与人生要有理性的认识。我们要始终提醒自己，哪怕是在有爱情的日子里，爱情也只是你所有自我生活中的一部分，不是全部。我们不能为爱情失去自我，尤其是女性。无论有没有爱情都要保持身心的完整性。你要有洒脱的人格与心理控制能力，知道自身的价值，愿意为自己的生命负责。你不仅是谁的恋人，你还有很多，还有比婚姻更大的心灵追求与社会责任。“学会爱自己，爱自己永远大于爱你的恋人。爱自己的人有良好的自我修复能力，因为她会讨好自己、善待自己，对自己不好的事她不肯重复去做。”人格与精神的独立之于人是首要任务。唯有如此，你所爱之人才会欣赏你，才会以你为傲。其次，要想让爱情之树常青，还要时常保持恋人之间的对话，彼此的精神融通会使情感不断升华。彼此之间要共同成长，女性不要恃宠而骄。爱情是双方的付出，不是单方的享受，是互爱的。彼此的尊重和理智是让爱情之花常开不败的良策。成熟而坚固的情爱一定是建立在彼此尊重与发自内心的责任感的基础上的。

在失去爱情的打击下，要保持正常的生活，可以做以前觉得奢侈而没做的事，好好对待自己，这才是最重要的。怎么才算是好好对待自己呢？比如，快乐起来，活得洒脱一点；从挫折中吸取经验教训；相信前方还有更美好的爱情在等着自己……觉得难受了就哭吧。不要因为情感上遭遇过背叛就失去了寻找“真爱”的勇气，千万别封闭自己的内心。收拾好心情，轻装上阵。不要把自己的幸福系于某一个人身上。

二、失恋后的情绪反应和行为方式

【案例 6-6】

一位女生求助：老师您好！我失恋了，相恋五年的男朋友有了新欢提出分手。我深深地爱着他呀，我们在一起五年了，从高二一直到现在，我什么都给了他。我们曾经憧憬过我们俩结婚，我们俩要小孩，甚至是几个小孩，老大是女孩、老二是男孩。现在他为了另外一个女人跟我提出分手。我哭过、闹过、哀求过，都没有用。他只是说，他对不起我，我对我已经没有感觉了，他现在爱的是她。我欲哭无泪。我弄不明白，为什么他会移情别恋？那个女生没有我漂亮，家庭条件没有我好，他到底看中她什么？这些天我都不知道是怎么过来的。我整夜睡不着觉，我看到他以前送给我的那些东西就会流泪。我不能回想我们的过去，一想到就心痛得不行。我恨他恨得要死，我甚至想过自杀，但一想到我的父母就没有了勇气。我不知道我的未来在哪里，因为我们的未来是连在一起的，被他生生折断了……我不想这样过下去，我们马上要期末考试了。老师，请给我力量。

几乎所有的人在意识到或感觉到一段感情将要结束的时候，意识到自己所爱的人将要远离时都会伤心、难受，几乎所有人都难以释怀。关心你、爱护你的人远去了，朝夕相处、耳鬓厮磨的人不再出现了，往日甜蜜的生活不再重现了，给你生活信心与希望的力量猛然间被抽离了，任谁都会受不了。我们因为失恋而哭泣，不见得是为了失去爱而难过，多半是因为自尊心受伤而懊恼。爱情是个怪胎，柏杨先生曾经讲过："爱情旺盛时炽热如火，低潮时若隐若现，消失时像幽灵一样无影无踪。"

失去一段刻骨铭心的爱后往往会有疲劳、不甘、失落、懊恼、伤痛、无助、悔恨、愤怒、沮丧、怀旧、空虚、寂寞、绝望、郁闷，以及失去信心等一系列情绪反应，伴随着胸闷、无食欲、失眠、反胃、哭泣、发呆、行动迟缓、自虐、伤害他人等行为方式……通常来说，失恋的疗伤会有三个阶段：第一阶段是痛不欲生、悲痛欲绝、不甘心、悔恨愤怒，不能接受分手的事实。不能接受这个事实，所以会哭闹、哀求，希望能重新在一起。过一段时间后，努力没有结果，不得不接受分手的事实，第二阶段是心情慢慢会趋于平缓，那种仇恨、沮丧、无助、绝望感会慢慢减下来。但还是会耿耿于怀，会睹物思人，会触景伤情，那根刺还深深地埋在内心深处没有拔出。第三阶段是能平静得直面对方，就如同路人甲或乙，那就证明已经走出情伤了，疗伤到此结束。

三、失恋后，我们应该这样走出伤痛

【案例 6–7】

女生向老师求助：我们寝室一位女生失恋了。我们知道她很痛苦，因为她很爱很爱她的男朋友，他们在一起也已经有四年了。但是现在，他的男朋友因为别的女孩子而提出分手。从知道男友"劈腿"开始，她经历了很多，一开始她也不相信，后来就生气、愤怒、绝望与无助。她骂也骂过，求也求过，哭也哭过，却仍然无法挽回她男友。两个人闹得也很凶，他的男友决意要分开，就分手了。现在的她貌似很平静，但是我们知道她很痛苦。现在我们只是觉得她状态很不好，整个人好像已经变得没有什么喜怒哀乐了，茫然、空洞、了无生趣。我们让她哭出来，她说已经没有眼泪了。但是，我们知道她失眠，整夜整夜睡不着，也不好好吃饭，人迅速瘦下去。她这个样子，我们看了很担心。我们叫她有出息一点，不就是失恋吗？有什么大不了的！但是好像没什么作用。我们该怎么帮助她？

有人说：恋爱是一场高烧，失恋是一次感冒，思念是紧跟着的怎么也好不了的咳嗽，这些统称为爱情病。患了爱情病的人，常常以为不会治愈，其实，是病总有好的一天。有人说：心理学认为失恋是人们心理成长的专门课堂。一段感情就像一个生命，你不得不在一段较短的时间内，让自己急风暴雨地体验所有的情感发展、变化与分离。现在你需要做的是：

维持正常的生活轨迹，告诉自己没有做错，让时间来疗伤。你要从这段感情中得到成长。相信美丽的爱情不止这一次，前方会有美丽的爱情在等着你。

我们失去了一个不爱你的人，却有机会找到一个真爱你的人，这未必不是一件好事。如何摆脱失恋的痛苦？有些女孩子在男朋友移情别恋后会陷入极度痛苦之中，感情和自尊心都会受到极大伤害，有的还长久地陷入这种痛苦中难以自拔。失恋给自己的身心健康都带来了不利影响，因此，尽快从痛苦中走出来是很有必要的。第一，要转移注意力，转移目标，可以暂时把注意力集中在学业或者工作上。第二，重新认识这段感情。这位女孩可能把这段感情当成了幸福的归宿。但幸福是以互爱为前提的，既然他已经不爱你了，勉强在一起并不是一件好事，即使结了婚，也很难生活得幸福。与其这样，还不如轻松放弃。第三，可以建议她出去散心。不要把自己关在家里，多参加各种娱乐活动。有条件的话，可以出去旅游，让自己融入大自然的怀抱。大自然的秀丽风光可以抚慰、愉悦心灵，大自然的博大、壮观可以让人感觉到自身的渺小。

第三节　大学生爱情的发展

学会在爱情中成长，爱情是一所学校。提起爱情，同学们都充满了美好的憧憬与渴望。爱是一种本能。人活在世界上都需要爱与被爱。我们出生后得到的是父母给予我们的爱，到了青春期，渴望来自异性的爱，那就是爱情。爱与被爱是人人与生俱来的本能和需求。

心理学家弗洛姆认为：要求实现人与人的结合是人内心最强烈的追求。这是人类最基本的要求，是一股把人类、部落、家庭和社会集合在一起的力量。没有实现这一要求就意味着要疯狂或者毁灭——毁灭证据或毁灭他人。没有爱，人类不可能生存。

【案例 6-8】

一位女同学来到心理咨询中心向老师倾诉：对待爱情，我现在很渴望，但是我又害怕。可能因为家庭的因素，我来自单亲家庭。我三岁时，父母离婚，父亲抛弃了我们，我与母亲相依为命。母亲一直生活在郁郁寡欢中，也一直告诫我要擦亮眼睛，不要像她那样遇人不淑。我一直有点害怕感情，我不知道爱情的前途是悲观的，还是乐观的。现在，我对我们班上一位男生有好感，但是我害怕配不上他，我的室友一直叫嚷着让他给我过生日，我不知怎么做，我怕我不是真心喜欢他，或许只是一种好感罢了，我确定不下来他是不是真的喜欢我，我要不要开始谈恋爱。怎么办啊？老师，是不是真爱难寻呀？

这位女同学的求助反映出在同学中存在着害怕爱情的人。

在情爱问题上的价值观，主要取决于一个人的成长背景以及人生际遇。有的人，即使感情屡屡不顺，还是能够坚持追求心中的美好；有的人，因为疗伤的能力比较差，即使受到了一次挫折，就缩进自己的“壳”里，再也不愿尝试感情。有些大学生，在感情方面有点自卑。有的觉得自己长得不漂亮，有的觉得自己能力不够，有的觉得自己母亲婚姻不幸对自己造成了影响。这样的人往往怕受伤，怕付出没有回报。其实爱就爱了，没什么要害怕的。爱情是不害怕受伤、不计较付出的，哪怕将来被伤害了、被辜负了，都不会后悔，因为你们留下过一段美好的回忆。付出真心才会得到真心，也可能会受伤；保持距离就能保护自己，却可能注定永远寂寞。事事并不能完满无缺，我们只能活在当下。所以，要有爱的能力去承受真爱。

爱的能力是指和他人建立亲密关系的能力，它对人的一生发展有着重要的意义。具备了爱的能力会引导一个人去真正地爱他人，也真正地爱自己，能真正体验到爱给人带来的快乐和幸福。恋爱的过程也是培养爱的能力的过程。

在心理学家弗洛姆看来，“爱是人的一种主动的能力，一个突破把人和其他同伴分离之围墙的能力，一种使人和他人相联合的能力，爱使人克服了孤独和分离的感觉，但使他成为他自己，允许他保持他的完整性。”

爱是一种主动的活动，而不是被动的情感，它是分担而不是迷恋。弗洛姆所讲的爱的主动性，包括关心、责任、尊重、认识。爱包含着关心，爱是对我们所爱的生命成长的主动关注。缺乏这种主动关注就不是爱。爱是另外一个人的主动渗透，对对方的尊重及责任感。

一、迎接爱的能力

一个人心中有了爱，在理智分析之后，要敢于表达、善于表达，这是一种爱的能力。一个人面对别人的施爱，能及时准确地对爱进行判断，并做出接受、谢绝或再观察的选择，这也是一种爱的能力。缺乏这种能力的人，或是匆忙行事，或是无从把握。同学们要具有迎接爱的能力，就应懂得爱是什么，有健康的恋爱价值观，知道自己喜欢什么，需要什么，适合什么。当别人向你表达爱时，能及时准确地对爱的信息进行判断，坦然做出选择。能承受求爱拒绝或拒绝求爱所引起的心理扰乱。表白的结果有50%的成功概率，但是不表白的话那就是“零”。求爱有两种结果：或是被拒绝；或是成功。如果强烈爱一个人，那会毫不犹豫地说出来。有时候，不是我们不爱而是我们不够爱，如果够爱，就一定有勇气。如果说这世界上有能让人奋不顾身、飞蛾扑火的事情，那无疑就是“爱”了。

二、拒绝爱的能力

自己不愿或不值得接受的爱应有勇气拒绝。拒绝爱要注意两个方面：一是在并不希望得到的爱情到来时，要果断，勇敢地说“不”，因为爱情来不得半点勉强和将就。如果优柔寡断或屈服于对方的穷追不舍，发展下去对双方都是不利的。二是要掌握恰当的拒绝方式，虽然每个人都有拒绝爱的权力，但是珍重每一份真挚的感情是对他人的尊重，也是一种自珍，同时是对一个人道德情操的考验。处理方法简单轻率，甚至恶语相加，结果使对方的感情和自尊心受到伤害，这些做法是很不妥当的。所以，要温柔而坚定地说“不”。

三、经营爱的能力

上帝赋予人类的特质中，有“日久生厌”和“喜新厌旧”的因素。这是每个人都有的人性，怎么对抗这样的人性？需要人类有经营爱情的能力，那么怎么经营呢？

（一）有正确的爱情观

我们讲，爱情是排他的。我们怎么来看爱情中的占有欲与自私心？“爱情的排他性并不意味着你对你所爱的人拥有所有权。身体是他的，生命的权利是他的，生活方式的选择权也是他的，你们只是在彼此分享生命的情感与权利。”他只是他自己，除此之外，谁也不能限制他、强加他。如果我们处处、事事让他听从我们，那我们肯定是错把占有当爱情了。相恋的男女双方，最理想的状态是像舒婷所说，作为两棵树站在一起，独立又依恋。爱情不是生活的全部，你仍旧要维持你的日常计划，拥有自己的朋友和社交生活。不要把自己填满对方的整个生活圈，那会让感情透支。

（二）爱人但不迷失自我

我们不要为爱情失去自我，尤其是女性。不要为讨好对方而改变自己，真诚地做自己并表露真我，这比什么都重要。但是在现实生活中，女性常常会为爱而迷失，常常被情所困，好像是心理上摆脱不了，不知不觉会为爱迷失自我，为爱而改变自我，即使是一些经济能力良好，有较高学历地位的女性也会如此。女性不要在爱情中主动消失“自我”。“自我消失”的表现有：改变自己以取悦异性。最常见改变自己、取悦异性的方法，就是改变外貌，尤其是身材。在现实生活中，女性为何容易在恋爱中失去自我？因为我们的传统文化与遗俗，我们的文化不断教化着女性：女孩可以依赖别人，女孩要依赖男孩。男孩喜欢小鸟依人型的女孩。女孩要顺从，女孩天生就不如男人。女人得仰仗男人才能圆满。作为女性，要坚信，爱情只是你所有自我生活中的一部分，不是全部。无论有没有爱情，你都要保持身心的完整性。保持自我兴趣，兴趣会导向积极的生活态度，因为兴趣我们对这个世界充满好奇，我们乐于探索很多未知领域，在这个过程中我们享受着生命存在的快乐。保持独立的生活：维持你的日常计划；保留时间给自己，并照顾自己；拥有自己的朋友和社交生活；不要让自己孤立无援；经济自主；维持自己独立自主的空间，这比什么都重要。

（三）关于新的“门当户对”

具备爱的能力，爱的能力包括：我们对爱情的看法、我们需要的是怎样的爱人、我们怎么处理爱情中的突发事件。美满的爱情不仅需要双方有相似的价值观，而且需要相互匹配的文化环境、成长背景等。这就是我们今天所说的新的“门当户对”。

《纽约时报》认为相爱的双方要步入婚姻殿堂需要就以下问题达成一致：

（1）我们要不要孩子？如果要，主要由谁负责？

（2）我们的赚钱能力及目标是什么？消费观及储蓄观会不会发生冲突？

（3）我们的家庭如何维持？由谁来掌握可能出现的风险？

（4）我们有没有详尽地交换过双方的疾病史？包括精神上的。

（5）我们父母的态度有没有达到我们的预期？会不会给足够的祝福？

（6）我们有没有自然、坦诚地说出自己的性需求、性偏好及恐惧？

（7）卧室能放电视机吗？

（8）我们真的能倾听对方诉说，并公平对待对方的想法和抱怨吗？

（9）我们清晰地了解对方的精神需求及信仰吗？我们讨论过孩子将来的信仰问题吗？

（10）我们喜欢并尊重对方的朋友吗？

（11）我们能不能看重并尊敬对方的父母？我们有没有考虑到父母可能会干涉我们的关系？

（12）我的家族最让你心烦的事情是什么？

（13）我们永远不会因为婚姻放弃的东西是什么？

（14）如果我们中的一个人需要离开其家族所在地陪同另一个人到外地工作，做得到吗？

（15）我们是不是充满信心面对任何挑战使婚姻一直往前走？

这个是相同或相似的价值观。

四、承受不爱的能力

有同学问：“爱情到最后会分道扬镳而宣布结束，那么我的付出还有什么意义？”一段全情投入的爱即使没有结果，也会有意义，一是我们会从中学会很多东西，比如怎么爱人、知道什么样的人更适合自己等；二是让我们懂得爱一个人不一定会拥有他，在以往有爱的日子里是他在陪伴你，让你有美好的回忆。你要明白，生命属于他自己，他有自己的宿命，有自己的人生轨迹。他可能只能陪伴你一阵子，也许别的女孩、事故、疾病会把他从你的生活中带走。如果你因为他愿意相伴而心存感激，哪怕在一个很短暂的时期内，即使有一天他选择要离开你，也要明白这是他的权利，可以祝福他。当爱远去，最好的心理认知是：感谢他的相伴，让我学会成熟。我们在爱情的世界里寻寻觅觅，大多时候是失败的，我们在体验爱情的同时，有泪水与忧伤，也有甜蜜与温情。每份爱情都是不一样的，付出的和收到的也是不一样的，心情也是不一样的。

当所爱的人离去时，我们的建议是这样的：①维持正常的生活习惯，每天规律的生活，该干什么就干什么。②对这一段感情进行梳理，有时双方无所谓对错，错的也许仅仅是我们太年轻，不知怎么去呵护、经营感情，所以我有时会给同学说，我们现在很少有从初恋走向婚姻的了，我们总要经历几次恋爱。恋爱的能力是靠锻炼出来的。有时我们有爱的冲动，但并不说明我们有爱的能力。没有结果的初恋让人回味无穷，刻骨铭心。从心理学上解释，就是因为它是未完成的，不成功的，所以就会放不下。你知道初恋为什么叫初恋吗？据我研究，那就是表示绝不止恋这一回，它就是用来启蒙的，它的成就在于引出底下一串串的恋爱。如果你懂得这一心理学常识，也许就不会那么执着于没有结果的初恋。既然不想复合，那你需要时间去处理与她的感情，想忘记是因为还有怨恨与怀念，现在的你不可能轻易忘了她。当你想要去忘记一个人的时候，就已经无法忘记她了。忘记，不过是另外一种形式的提醒。爱情里的忘记，到头来都是念想。为什么要忘呢？心里有个小小的角落有她也无妨呀，毕竟她是你曾经爱过的人。这个小小的角落是你以后情感的土壤，在你的翻垦下，它会重新开出艳丽的鲜花、结出丰硕的果实。不用那么痛苦地忘记一个人，时间自然会使你忘记。张小娴说过："如果没法忘记他，就不要忘记好了。真正的忘记，是不需要努力的。"

思考题

1. 爱情的本质是什么？
2. 怎样提升爱的能力？

阅读书目

1. 渡边淳一. 男人这东西[M]. 北京：九州出版社，2014.
2. 渡边淳一. 丈夫这东西[M]. 北京：九州出版社，2015.
3. 渡边淳一. 女人这东西[M]. 北京：九州出版社，2014.
4. 约翰·格雷. 男人来自火星 女人来自金星[M]. 北京：中华工商联合出版社，2015.
5. 詹姆士·杜布森. 爱必须自尊[M]. 北京：中国妇女出版社，2006.
6. 连岳. 我爱问连岳（4册）[M]. 北京：作家出版社，2014.

第七章　大学生的性心理

任务目标

- ★ 认识大学生性心理
- ★ 树立正确的性观念
- ★ 化解性行为的困扰

一切无知都是令人遗憾的，但是对性这样的事无知，则是严重的危险。

——罗素《我们的性道德》

性欲是一股强大的力量，如果失去控制，它就可能成为社会的一种灾难。

——瓦西列夫《情爱论》

大学生正处于性生理基本发育成熟，性心理也渐趋成熟的时期。在这一时期，自身性生理反应的体验、大众媒介有关性爱方面内容的渲染，加之多种因素的影响和制约，使大学生中出现了较多与性有关的问题，产生了各种与之相关的心理困惑或心理障碍。它们对大学生的心理健康、对大学生的学习和生活带来了消极影响，甚至有个别大学生为此不能顺利完成学业。大学生应对此有正确的认识和了解，积极进行心理调适，使身心得以健康发展。

第一节　性心理健康概述

一、性心理健康

性心理健康是指个体具有正常的性欲望，能够正确认识性的有关问题，并且具有较强的性适应能力，能和异性进行恰当交往，在免受性问题困扰的同时，还能使之增进自身人格的完善，促进自身身心健康的发展。

二、性心理健康的标准

根据性心理健康的内涵，个体的性心理健康应该符合以下标准：

（1）能够正确认识自我，愉快地接纳自己的性别。一个性心理健康的人，能够正视自己性生理的发育、性心理的变化，会自觉地把自己融于社会这个大背景下认识自我，能客观评价自己和他人，并乐于承担相应的性别角色。

（2）具有正常的性欲望。性欲是能够获得性爱和性生活的前提条件。因此具有正常的性爱首先就得具有性欲望，一个人如果没有性欲望，就不会有性爱和和谐的性生活，性心理健康就无从谈起。同时，它又是正常的性欲望，性欲望的对象是指成熟的异性而不是同性或其他物品等替代物。

（3）性心理健康的个体，其性心理特点和性行为应符合相应的性心理发展年龄特征。在生命发展的不同年龄阶段，人的心理发展表现出不同的质的特征，性心理的发展也同样呈现出阶段性的特点。如果一个人的性心理与大多数同龄人格格不入，就绝不是健康的性心理。

（4）性心理健康的人具有较强的性适应能力。性适应是指个体在生长和发育过程中，性活动（包括性欲、性意识、性观念及相应的情感、品质和性行为）和所处的社会环境及文化形态之间形成的一种和谐关系，也就是性生理、性心理、性社会三要素在性生活过程中交互作用而显示出的一种协调状态，性适应就是个体的性活动与外界形成的一种和谐关系。性适应能力就是个体的性活动与外界形成和谐关系的能力。性适应能力的获得是一个漫长、复杂的过程，它是伴随着个体的性生理从不成熟到成熟的过程而逐渐建立的。它表现为个体性的自我同一性的建立；能够正确对待性生理成熟所带来的一系列身心变化；在出现性冲动后，能够正确释放、控制、调节性冲动，使之符合社会规范的要求等。

（5）性心理健康的人能和异性保持和谐的人际关系。随着性生理和性心理的发展与成熟，希望与异性交往，并能保持良好的关系，是个体自然而正常的性要求。性心理健康的个体，能够在日常的学习生活中，与异性进行自然的、符合社会规范要求的交往，在彼此的交往过程中，保持独立而完整的人格，有自知之明、不卑不亢，做到相互尊重、相互信任、自然有礼。

（6）性心理健康的人其性行为能增进社会风尚的文明。性心理健康的人具有一定的性知识和性道德修养，能自觉去分辨性文化的精华与糟粕、淫秽与纯洁、庸俗与高雅、谬误与真理，自觉抵制腐朽没落性文化的侵蚀，并以自己文明的性行为、性形象去为整个社会的性文明构筑一道亮丽的风景线。

所以，健康的性心理不仅表现为个体身心的健康，也表现为在健康性心理作用下的性行为的健康，从而构建整个社会的性心理健康。

三、性心理健康的意义

从上述性心理健康的标准，我们可以认识到性心理健康对个体的性活动起支配的作用，它具有以下几个方面的意义。

（1）健康的性心理有助于人们掌握科学的性知识，正确对待性信息。人们具备健康的性心理，就能坦然面对性知识，既不会把与性有关的语言、文学等视为下流，拒之于千里之外，也不会来者不拒，不分良莠，一味追求性刺激。掌握科学的性知识与建立健康的性心理二者是相互依存的。有健康的性心理，能正确接受有关性的知识与信息；具备了正确的性知识和理智的性认识，又有利于性心理的健康发展。

（2）健康的性心理有助于人们接纳自己的性身份，承担起相应的性别角色。性身份是从生理上讲的男性或女性的性别所属。性别角色则是指作为生理意义上的男性或女性所应承担的社会生活角色。性身份是客观存在的，性别角色是个体所处的社会文化环境所规定的，都是难以更改的事实。人们若不能正视它、接纳它，就会导致心理失调。比如，有些人不愿意接受自己的性身份，不能形成性的自我同一性，严重者会形成易性癖。

（3）健康的性心理有助于增进个人、家庭生活幸福和社会文明进步。健康的性心理使个体乐于接受自己的性别，乐于承担自己的性别角色，恋人间相处融洽，婚姻关系和谐等。而性别角色的偏差，会对家庭成员的心理造成不良影响。因此，健康的性心理对于每一个人、每一个家庭及其社会都具有十分重要的意义。

第二节　大学生性心理

"性"的本质问题是性学研究中最基本的问题，从哲学层面如何理解"性"这一人类现象，决定了人们对性的价值认识，影响着人们性行为的选择，同时也是性规范、性审美、性教育等各种与性有关的活动的基本依据。

一、性的含义

性，可以从广义和狭义两个层面来理解。

广义的性，是指与性欲的产生与满足相关的一切人类活动及相应的生理、心理和社会文化内容。主要包括性交往活动所依赖或伴随的生理、心理特征以及随之形成的各种性关系，性审美活动中的生理、心理特征以及随之形成的性文艺作品、性教育活动及其文化产品、性活动及相应的性规范等。

狭义的性则是指性交往活动及其相应的生理、心理和社会文化内容。性交往，就是涉性的人际交往，是指带有性动机的人际间的交流与来往。性交往是性活动的主要内容，它既包括直接以满足性欲为目的的性行为，也包括谈恋爱、求偶等其他与性有关的人际交往。如果以婚姻为标准，涉性的人际交往可以分为婚前性交往、婚内性交往和婚外性交往。如果以性交往的途径为标准，涉性的人际交往可以分为真实的性交往、网络性交往和性幻想。性交往必然形成与性相关的社会交往关系，人们需要制定各类制度、规定，来规制性行为及其他性交往活动，保证性交往关系的良好发展，这就形成了性交往规范。性审美活动主要是指性文学艺术品的生产与消费。性审美的对象有两种主要类别：一种是男女性征与气质；另一种是性交往所带来的生理、心理感受。性教育是指以正式或非正式的形式，对有关性的生理、心理、规范等各种知识的传授活动。

二、性行为的含义与分类

1. 性行为的含义

性行为（sex behavior），旨在满足性欲和获得性快感而出现的动作和活动。一般人们会狭隘地认为性行为仅是性器官的结合，但这决不能说是正确的观点。性行为并不只意味着性交，观看异性的容姿、裸体和电视与网络的色情节目，接吻、手淫和阅读色情小说等，都是地地道道的性行为。

2. 性行为的分类

性科学研究按照性欲满足程度的分类标准，将人类性行为划分为三种类型：一是核心性性行为，即两性性行为；二是边缘性性行为，如接吻、拥抱和爱抚等；三是类性行为。

性行为的含义要比性交广泛得多，一般来说包括以下几种。

（1）目的性性行为，这就是性交。性交是性行为的直接目的和最高体现。一般说来，人们在性交以后，就满足了性的要求。

（2）过程性性行为，这是性交前的准备行为。如接吻、爱抚等动作，这些动作的目的，是激发性欲，实行性交。性交后还要通过这样一些动作，使性欲逐渐消退，作为尾声，这也属于过程性性行为。

（3）边缘性性行为，这种性行为的范围就比较广泛了。它的目的是表示爱慕，或者仅是爱慕之心的自然流露，而不是为了性交。边缘性性行为有时很隐晦，例如表现为眉目传情，表现为一丝微笑，这眼神、这微笑有时只有两个人感觉得到，其他人是无从得知的。至于拥抱、亲吻，如果是作为性交前的准备，那么是过程性性行为；如果只是爱情的自然流露，不以性交为目的，那么就是边缘性性行为。

当然，如某些西方国家，把拥抱、亲吻作为一般见面的礼仪，那就同性行为完全无关了。

三、大学生的性心理

青年大学生的性生理已发展成熟，性心理的发展也基本上是积极、健康的，主要表现在以下方面。

首先，“性”已不再是禁区，大学生可以通过“生理卫生”教科书和“心理健康教育”课程及讲座，从学校正式渠道，并从媒体、文学作品等多种渠道获得性生理卫生和心理卫生知识，大部分同学已逐步了解、掌握科学的性知识。

其次，当代大学生对性别差异的认识已突破了传统的“男尊女卑”“男优女劣”“男智女愚”模式，大学女生的自尊心、自信心不断增强，其学业成绩、能力水平与男生不相上下，甚至比某些男生还略胜一筹，这也给大学增添了男女平等的文化氛围。

再次，大学生性别角色的态度也逐渐摆脱了走极端的幼稚状态。男生已经不再在“大男子主义”和“妻管严”这样两极间摇摆，女生也不再在“抗拒女性角色”或“向传统复归”两极间跳跃。同学们无论男性、女性的主体意识都在不断成长成熟，一般既能以批判继承的态度对待传统性别角色规范，又能以开放心态面对现代性别角色生活方式。

但是大学生的性心理困扰也不容忽视。大学生常见的性心理困扰主要表现在以下几个方面：

一是性生理成熟带来的心理困扰。男女大学生性生理发育已基本成熟。遗精和月经是人成长过程中必然出现的自然、正常的生理现象，但仍有相当部分大学生受其困扰。有调查显示，男大学生对遗精的情绪反应感到“羞愧”“厌恶”“不安”“困惑”的共占了16.7%；女大学生对月经的情绪反应感到“紧张”“厌恶”“不安”和“情绪低落”的共占了60.5%。

二是性体像带来的心理困扰。有调查发现大多数大学生对体像有或多或少的焦虑心理。对男大学生而言，最苦恼的是对自己的生殖器官不满意，他们错误地认为，阴茎小便意味着性功能差，有这样想法的人数超过一半。困扰男大学生的第二大问题是觉得自己个子矮，这种心理的产生与女性的审美要求有极大相关。对女大学生来说，顾虑自己乳房小的最多。

三是性意识带来的心理困扰。我国大学生的年龄多在18 ~ 22岁，就其生理和心理发展过程而言，大学生已经进入了性生理成熟和性心理趋于成熟的阶段。因此，在大学生活阶段会出现诸如仰慕异性、渴望与异性相处，有时会有意无意地想到性的问题，甚至产生性幻想、性梦等各种性心理活动。有的大学生由于频繁性幻想或性梦，而影响休息、睡眠和体力的恢复，严重的还会导致神经衰弱，给大学生的身心健康带来不利影响。

四是性行为带来的心理困扰。大学生的性行为主要是自慰性行为、边缘性行为和婚前性行为。在大学生中自慰性行为（手淫）是构成心理困扰的重要原因之一。手淫是青春期成熟的一种生理表现，是解除因性紧张而引起的躁动、不安的一种自慰方式，适当手淫对身体是无害的。但一些夸大手淫害处的宣传，使部分大学生感到紧张不安、自责、担忧、羞愧和焦虑。

五是性压抑带来的心理困扰。大学生性机能的成熟使性的生物性需求更加强烈，而性心理却未完全成熟，对各种性现象、性行为的认知评价还不完善，一些大学生对性冲动持否定、抵制的态度，采取压抑的方式。

大学生出现上述性心理困扰的原因是多方面的，主要是由于性无知、性压抑、性教育滞后及性观念混乱等所致，因此我们必须进行高质量的性心理教育与辅导。

【案例 7-1】

B，男，21岁，大学三年级学生，来自农村。

自我陈述：一年前，酒后与女友发生性关系。酒醒后认为自己的行为不可理喻，感到对不起女友，深深自责。希望女友提出分手，但女友对自己更好了。此后两人时有口角发生，令女友伤心落泪，便更觉对不起女友，一直有负罪感。当时临近期末考试，心绪极差，无心复习。自己学习一直很努力，成绩也较优秀，担心考不好，睡不着觉。后来发展到没到期末就睡不好觉了。现在是一开学就睡不着觉。曾服药，但效果不好，为此深感烦恼。前来咨询的目的是改善睡眠状况。睡前有冷水浴的习惯。

分析及诊断：

B的症状在情绪方面表现为紧张、焦虑、不安、苦恼；在自我意识方面表现为自责、有负罪感、不能接受自己；在行为方面表现为与女友拌嘴、睡不好觉，咨询时偶有口吃和反复诘问自己理智的现象。

造成B心理问题的原因是：第一，B来自农村，对自己要求较严格，受传统道德观念影响较深，其道德价值观对婚前性行为持否定态度。当其与女友发生性行为后，其性道德价值观与行为形成强烈的道德冲突，久久不能化解。第二，性知识缺乏。处于青春期后期的大学生，性生理已发育成熟，在一定条件下会有性的欲望。恋爱中的青年男女有些性的冲动也是正常的生理和心理反应。在意识清醒的情况下，人们按照社会规范要求自己，把自己的一些欲望压抑了，但并不说明这些欲望就不存在，一有机会它就表现出来。B由于性知识缺乏，不了解大学生的性生理和性心理，其道德价值观不认可这一正常的生理、心理现象，当自己在意识薄弱时（酒后）与女友发生性行为后，因性的困惑加剧了内心冲突。第三，不了解恋爱中的女性心理。女性将性与爱联系在一起的倾向很强，一旦发生了性关系，不想轻易分离，而是因性关系在感情上产生更大的依赖。B不了解女性性心理，企图以吵架的方式使对方对自己失望，使女友主动离开自己，以此向女友负责，减轻自己的负罪感。结果使得B更加自责，内心更加痛苦。所以B的问题表面上是睡眠障碍，其实深层次的问题是性生理和性心理与性道德的冲突。故诊断为道德焦虑。

第三节　大学生性健康

一、性取向

1. 性取向的定义

性取向是指对于某个性别（或两性）的爱情和性欲。所以判断性取向，两个因素都需要具备。很多人仅通过机械摩擦，就能性兴奋甚至达到性高潮。一个异性恋者可能会发生同性性行为，一个同性恋者也可能会发生异性性行为，这一切的前提是：特殊境遇。例如，一个异性恋者在长期缺乏异性的环境中，有一定概率会把性欲发泄到同性身上；一个同性恋者可能会因为各种外界压力而和异性结婚，并被迫和异性发生性行为。但这并不代表他（她）们的性取向发生了转变或对不符合性取向的对象产生了爱情，也不代表人们能在不符合性取向的对象身上获得性愉悦。相反，当人们和不符合自身性取向的对象发生性行为时，会异常痛苦、恶心或性愉悦不足。所以仅依靠性行为判断性取向，是完全不可靠的。

性取向的出现，并不需要有性行为或爱情经历。有些人错误地以为，如果没有尝试过，就无法判断性取向。性取向实际上是一种直觉，即使一个人在没有任何性经验的情况下，依然可以判断自己的性取向。有些人常用“喜欢”来表达亲密关系，但喜欢是一个非常模糊的概念，如果不具备性欲（除无性恋），那显然也与性取向无关。性取向是只有本人通过自己的直觉，感觉爱情和性欲，才能做出判断的。

2. 产生原因

性取向是一个复杂的问题，各种性取向并无优劣之分。关于性取向的产生有很多种理论，当今大多数科学家、心理学家、医学专家认为性取向是先天决定的，无法通过后天改变，不是一种选择，也不是自己可以控制的。总之，重要的是应当认识到性取向是因人而异的。

3. 人口比例

（1）异性恋。就算是不同的国家、地区、时期、性别、人口、文化、环境，每种性取向占据的真正人口比例都是大致相同的。但由于文化时期的差异，导致出具的人数比例有所不同，所以社会调查中异性恋的比例会有所差异。

至今为止，各国的调查报告中，异性恋占据的人口比例都是压倒性的超过同性恋、双性恋、泛性恋和无性恋的，大约占据总人口的90%～95%。

（2）同性恋。中国在2004年首次公布了同性恋的人数：根据卫生部统计，男同性恋的人数约为500万～1000万。同年，中国研究同性恋问题的著名专家张北川教授估计，女同性恋的人数也在1000万左右。2006年，中国疾病预防控制中心再次公布了男同性恋的人数统计，中国大约有2000万的男同性恋者。2014年，根据科学研究院的平均统计，中国的同性恋人数可达7000万，其中男同性恋者的人数在3000万以上，女同性恋者的人数在3500万左右。

在全球顶级智库兰德公司的最新同性恋人口比例调查报告中，美国有3.2%的男性和

4.2%的女性是同性恋，也就是说，美国有1028万左右的男同性恋者和1349万左右的女同性恋者。而英国有5%～7%的居民是同性恋者。

（3）双性恋。根据美国疾病预防与控制中心的国民健康访问调查报告显示（National Health Interview Survey，NHIS），女双性恋者的数量要多于男双性恋者，0.4%的男性和0.9%的女性是双性恋者。也就是说，美国有289万左右的女性是双性恋者，而男性则有128万左右为双性恋者。

就算是不同的国家、地区、时期、性别、人口、文化、环境，每种性取向占据的真正人口比例都是大致相同的。所以大致可以从美国的双性恋者人口比例估算出中国的双性恋者人数，如果按照美国的比例来计算，中国大约有600万的女性是双性恋者，而男性则有300万左右为双性恋者。不过，由于目前中国尚未有权威正规的双性恋者人口比例统计，所以此数据仅供参考。

（4）无性恋。根据加拿大安大略省的心理学教授安东尼·博格特的研究发现，目前全球有7000万左右的无性恋者，占世界总人口比例的1%。

二、性需求

我国大学生的年龄多在18～22岁，这一阶段正是个体的青春发育成熟期，性成熟是这一时期最大的生理变化。就其生理和心理发展过程而言，大学生已经进入了性生理成熟和性心理趋于成熟的阶段。因此，在大学生活阶段出现诸如仰慕异性，渴望与异性相处，有时会有意无意地想到性的问题，甚至性幻想、性梦等各种性心理活动，也就成为符合人的生理和心理发展自然规律的普遍而正常的现象。对这些性意识活动，多数大学生能够正确认识并积极应对，使自己的日常学习和生活不受它们的负面影响。但也有部分学生不能正确认识，将其视为异端，而厌恶、苦恼、焦虑，甚至有少部分大学生，在这些性意识活动常常出现、难以克制的情况下，影响了正常的学习和生活。这就是在大学生成长过程中比较突出的性意识困扰现象。

1. 性幻想

与性有关的虚构想象，又称性想象。是一种普遍存在的性心理现象。根据精神分析学观点，幻想的性质与梦相似，是人们内心愿望的反映，所以也被称为“白日梦”。幻想也是心理防御机制之一，人们借助幻想对内心某些被禁止的愿望获得部分代偿性满足，来减轻对自我的压力以消除焦虑。

在幻想中，人们总是把自己作为中心人物出现，在性幻想中也同样如此。性幻想中的对象可以是熟悉的人，或者是图画、小说中的人物，也可以是模糊易变的虚构人物。这种性幻想常无止境，并与个人过去的性经历有关。

性幻想可以成为一种性刺激，仿佛一种“心理春药”，因此常见于手淫与做爱时来激发性高潮的情况。假如做爱时对性伴侣不够满意（如勉强结合的夫妻），往往通过幻想（想象与另外倾心的情人做爱）才会达到性高潮。这在同性恋中相当多见，绝对型同性恋者只有将妻子或丈夫幻想成同性者，才会获得性满足。同性恋者手淫时的性幻想对象也是同性。

性幻想是个体性冲动发泄的形式之一，它多发生于个体入睡前及睡醒后卧床的那段时间，以及闲极无聊之时，其内容可以不受任何限制。“性幻想不仅是正常的生理上的反应，更可能是当代社会中包括对青少年影响极大的书刊、电影、艺术、音乐和广告中的几乎泛滥成灾的性内容的自然反映。”当个体在观看、想象异性形象，尤其是异性的第二性征时，会使性幻想更加频繁。

总之，性幻想是一种普遍的心理现象，通常是无害甚至有益的。它既可作为性兴奋的“心理春药”，也是一种心理防御机制，替代不能实现的性追求而获得部分代偿性心理满足。但是，如果过分沉溺于性幻想的白日梦中，影响了正常生活或社会功能，甚至因幻想过分离奇并坚信是真实的，就属于病理性幻想或妄想了，可能是精神分裂症或其他精神疾病的表现，这就应当寻求精神科医生的帮助了。

2. 性梦

性梦是指个体进入青春期后，在睡梦中出现的带有各种性内容色彩的景象、体征，一些性情景以及在已有性体验基础上，自行“编导”并融于其中，带有性爱色彩的故事。它可能导致生理上的性兴奋，也可能偶尔体验到性高潮。其情景通常具有虚幻、恍惚的特点，难以用普通语言形容。而且醒后往往也难以回忆出梦境的全部细节。一般来说，梦境越生动，色情的色彩也就越浓厚。

对于男性来说，性梦的活跃期多在18～30岁，女性在20～40岁。性生理和性心理逐渐成熟，对异性会产生一种爱慕或是性冲动，但由于社会规范、道德、环境等诸多因素的限制，没有排解的条件，这种性冲动被理智所抑制。而在睡梦中神经系统兴奋下降，抑制作用减弱，性行为便可进入梦境，会出现与异性拥抱、亲吻、性交的幻境，这是一种生理活动，同时又可获得性的满足。

性梦的出现尽管不受意识的支配，但它是一种自然宣泄，类似一种安全阀的作用，可以缓和积累的张力，有利于性功能器官的完善和成熟，且对他人无任何伤害，因此它也是一种自慰方式，并非病态。

在性梦的过程中，男性可能会有遗精，女性有性兴奋等身体反应伴随。导致性梦产生的原因主要有：涉猎具有性刺激特点的内容；劳累过度；性自慰过于频繁或过于强烈；内裤穿的过紧，阴部受到摩擦刺激；泌尿系统炎症、膀胱充盈以及心理兴奋、情绪激发等。甚至有学者认为，导致性梦发生的最主要因素还是精囊中精液的充积。

在一定意义上讲，性梦对正处青春期的男女大学生而言有着一定的积极意义。性梦的自然宣泄，类似一种安全阀的作用。可以使大学生过高的性张力得以缓和，并有利于大学生性器官的完善和成熟。这一点已经得到医学及心理学工作者的认同。所以。因为性梦或性幻想而认为自己卑鄙下流，进而感到羞耻、自卑，甚至焦虑不安，是完全没有必要的。

但是，频繁的性梦也会影响休息、睡眠和体力的恢复，严重的还会导致神经衰弱，给大学生的身心健康带来不利影响。另外，如果沉迷于性幻想或性梦之中，还可能带来不良的后果。大学生要有意识地培养自己保护性健康的克制力。

【案例 7-2】

小李是某高校大三学生，平时性格内向，不善于与人交往，没有谈过恋爱，也从没有和哪一个女孩子特别亲近。然而不久前他做了一个梦，梦中居然和班上的一个女同学发生了性关系。梦醒后他羞愧不已，感到无颜面对他人。他不相信自己道德如此败坏，竟这样下流无耻，但又担心自己真的伤害那位女同学，以至于不敢面对她，只要她在教室，他就看不进书，如果单独与她不期而遇，一天便会心神不宁，强烈的罪恶感使他不能安心学习。他担心自己要变成性犯罪分子，有时还怀疑自己是不是得了精神病，为什么会如此不正常。心理的负荷使他不敢入睡，生怕“旧梦重温”，讲又讲不出口，想也想不开，忘更是忘不掉，慢慢变得神思恍惚、压力痛苦。

小李是否性心理不正常？他应如何自我调节？

3. 自慰行为

自慰也称为手淫，是指自我抚弄性器官以达到性兴奋的行为。虽然，用自慰方式达到性高潮，作为性欲的表现常见于青春期，但在幼儿及孩童期间，自慰也是常见的现象。

差不多在所有的社会里，传统观念都认为自慰是堕落、邪恶的行为，对精神及身体都有害处。宗教的戒规强化了这些观念，甚至19世纪欧洲的医学理论也持这种观点。这些态度可能是源于某些信念及假设而形成的。第一，性行为被认为只与生育有关，其他方法的表现都是邪恶的。第二，精子是健康、强壮和智慧的精华，随便浪费精子是会导致身体虚弱、视力减退、神经错乱及丧失生育能力的。第三，自慰是一种卑下的性活动，只有比人类低等的动物或迟钝的人才会有这些行为。第四，自慰是不道德的行为，会招致心灵上的责备和惩罚。

现在大量资料和证据证明这些观念是错误的。弗洛伊德在他的心理分析论述中，首先提出“性”有其非生育的作用。他观察到幼儿的性本能的表现是伴随一个规律而发展的。这种发展涉及好几个身体部分。他将自慰分为三个阶段，第一阶段在婴儿初期；第二阶段在四岁左右；第三阶段则是青春期的自慰行为。《金赛性学报告》在20世纪后期的调查中指出，自慰乃是一种非常普遍的行为。这调查显示在美国，至少有92%的男性及70%～80%的女性都承认有自慰行为。在欧洲方面的研究结果也是差不多的，相信其他国家进行的研究将证明自慰是世界性行为。

长久以来，并未有足够的科学根据能够证明自慰对个人的生理及心理健康有影响。相反，自慰已被证实是一种健康、欢畅，有助于放松紧张的行为，比起那些由于恐惧而压抑自己不去自慰的人，更能有一个较平衡的性生活。

对自慰应从以下几方面来认识：

第一，从性心理的角度来看，自慰是人类自我调节性心理和性生理紧张的一种合理宣泄。它是人类处于特殊的状况而不能性交时，用以满足性要求的一种替代方式。

第二，从性社会学的角度看，有节制的自慰既满足了性需要，还恪守了自己性行为的道德规范，加上不会染上性病、绝对不会怀孕、容易达到性兴奋等，有助于维持健康的性需要和社会的稳定等优点。

第三，定期有节制的自慰使精液定期排放，可减少前列腺的充血和炎症。

第四，从性医学的角度看，适当的自慰不但不会影响婚后的性生活，在临床上还用于治疗性生活不适和不育。

但是，正如山珍海味再好，吃多了也会伤胃一样，毫无节制的自慰，使人经常处于兴奋状态，身体得不到充分的休息，就会感到疲劳，引起食欲下降，严重者还会出现神经衰弱现象。同时，过度的自慰会造成泌尿生殖系统的持续充血和其他病变，如前列腺炎、精囊炎、尿道炎、静索静脉曲张等。在女性则可引起慢性盆腔充血、白带增多等。所以，医生们建议自慰次数每月约有“2～4次为宜”。

三、性心理障碍

1. 恋物癖

恋物癖指在强烈的性欲望与性兴奋的驱使下，反复收集异性使用的物品。所恋物品均为直接与异性身体接触的东西，如乳罩、内裤等，抚摸、嗅闻这类物品伴以手淫，或在性交时由自己或要求性对象持此物品，可获得性满足（即所恋物体成为性刺激的重要来源或获得性满足的基本条件）。对刺激生殖器官的性器具的爱好不属恋物症。

恋物癖通常开始于青春期，多见于男性，由于这种行为会引发患者不惜用非法手段（如偷窃、抢劫等）去获取异性的物品。

恋物癖的对象有狭义和广义两种。

狭义的主要指通过接触异性穿戴和使用的服装、饰品来唤起性的兴奋，获得性的满足。

广义的恋物癖所恋的对象不仅包括异性穿戴的那些无生命的物品，还包括异性身体的某一部分。通过接触身体的某一部位获得性满足。他们对异性本身或异性的性器官没有兴趣，而把兴趣集中在女性的内衣、内裤、乳罩、头巾、衣服或异性的头发、手、足、臀部等部位来取代正常的性活动以激起性兴奋，获得性满足。

恋物癖往往会影响正常性爱的质量，甚至对正常性爱不感兴趣，同时可能造成不良的社会认知，所以需要治疗。恋物癖是性心理幼稚的表现，是一种可以纠正的性心理障碍。年龄越小，纠正的难度越小。

由于医学界还没有专门针对治疗恋物成瘾的特效药，目前国内一般采用单一的药物治疗或单纯的心理治疗，但这两种方法效果并不乐观。

国内成瘾医学专家何日辉明确提出，恋物癖等性偏好障碍是一种成瘾性心理疾病，属于冲动控制障碍的一种类型，与道德水平和意志力无关，因此建议改称为“恋物成瘾”，因为“恋物癖”中的“癖”带有贬义。

何日辉根据国内外研究和临床实践经验，提出恋物成瘾的治疗最佳方案是综合性治疗方法。即在临床上用药物（非抗精神病药）控制异常的性冲动并改善情绪，作为治疗的基础，并在控制异常性冲动之后采取心理治疗、家庭治疗、行为矫正等方式，必要时还要辅助以封闭式管理。

2. 露阴癖

露阴癖只指在不适当的环境下在异性面前公开暴露自己的生殖器，引起异性紧张性情绪反应，从而获得性快感的一种性偏离现象。这是一种比较常见的性变态行为，以男性患者居多，男女之间比例为14：1。

露阴癖是心理疾病的一种，患心理疾病的人与精神病人的不同在于，他们知道自己的症状是不正常的，但是却无法克服。露阴癖患者虽然能在当时获得心理满足，可过后会感到后悔。露阴癖与恋物癖往往被当成流氓看待，实质上他们只是精神上不正常，并不是流氓。除此之外，工作学习、待人接物都与常人无异。他也不会追着专门给你一个人看的。露阴癖患者的意识大多是清楚的，因此他们在事后往往很懊恼，特别是被人当作“流氓”抓起来后更是羞愧难当。但面对露阴冲动时，又难以控制自己，常常是冲动战胜理智，出现反复作案的现象。

露阴癖的发病原因，目前尚无定论。一般认为导致露阴癖的原因有以下几种：

（1）从种族和个性发育的角度来看，露阴癖是原始性行为的释放。

（2）与环境密切相关。

（3）幼年经历。许多露阴癖患者在幼年时都有与异性或同性小伙伴互摸外生殖器，裸体或在成人面前炫耀生殖器，看异性成人裸浴或大小便等经历。成年以后，这些幼年时取乐性的性经历依然存留在潜意识中，以至一旦遇到性压抑或重大精神创伤，且由于个性缺陷无力化解时，便不自觉地用幼年的方式来解除和宣泄成年的烦恼。这是露阴癖等性变态心理和行为产生的主要原因之一。

（4）性格缺陷。性格情绪常常与性变态心理和行为有着互为因果的关系。许多露阴癖患者的性格上都存在某种缺陷，特别是性心理发育不健全，表现为拘谨、孤僻、怕羞、少言寡语，见到女性就脸红或从不与女性开玩笑，加之性知识贫乏，常常用儿童式的幼稚性行为来解决成年人的性欲问题。

一般来说，露阴癖的治疗效果与患者发作的次数和病史有关，首次作案即被发现并进行治疗和处罚的，其效果明显；作案次数越多，越难治疗。从目前对露阴癖患者的治疗情况来看，以心理治疗效果最佳。主要有露阴癖厌恶疗法、露阴癖认知领悟疗法等。进行科学的性教育和努力培养健全的性格也是预防和治疗露阴行为的方法之一。

3. 窥阴癖

窥阴癖是一种千方百计要窥视妇女阴部来获得性满足的性心理变态行为。这种人可不顾肮脏，藏身于粪窟内，或在女厕所墙上挖洞，或用反光镜从男厕所一边进行窥视。有的则是在浴室或寝室窥视妇女脱衣、裸浴。窥视时伴性兴奋，如阴茎勃起，并常伴手淫。

一般人对异性的生殖器都会好奇，都感兴趣，这是正常的。如果对异性生殖器不感兴趣甚至厌恶，那么很可能又走上另一个极端，即性冷淡，或同性恋。

窥阴癖多发生于性发育成熟的男性，需要利用特殊场所（如厕所）、特殊手段（用镜子反射）。在青少年中发生的窥阴癖以性好奇为主，但比较懦弱的性格或某次意外无意看见女性阴部引起性兴奋往往是窥阴的重要原因。对于成年男子，动机主要是出于追求刺激。他们对性配偶的裸体或公开的、公众性的异性暴露没有兴趣；窥阴时的压力越大，越能得到性快感及性满足；患者的人格大多不健全，多是内向、孤僻、缺乏与异性交往能力，或是婚姻的失败者。

一般认为导致窥阴癖的原因有以下几种：

（1）幼年时受到不良视觉性诱惑影响或不良的性经历，使性心理发育过程受阻。

（2）偶然的窥阴行为与手淫相结合的不良影响，以后通过手淫的反复加强而固定下来。

（3）色情文化的影响。

（4）智力缺陷或者性方面的压抑也可能导致窥阴癖。

对窥阴癖的治疗一般可采用心理矫正、行为治疗及药物对症综合治疗方法。

（1）认知疗法。首先应使病人树立正确的人生观，培养其正确的性道德和性观念。同时，还要加强法制教育，加强自控能力，悬崖勒马，克服变态心理。

（2）行为治疗。使用厌恶条件反射治疗法，如电击、橡皮筋弹击手腕、注射催吐剂等方法。也可配合精神厌恶刺激，形成厌恶条件反射。

还可以进行“对抗思想疗法”，尽自己努力去遏止它。此法有效，贵在坚持，一般至少应坚持半年。

（3）药物疗法。由于性病人常有强迫冲动，应在医生指导下用药，药物不但可抗忧郁、焦虑，对强迫冲动也有明显效果。

（4）转移兴趣。积极参加文体活动和适当的劳动锻炼，诱导回忆个人幼年性心理发展的过程中所遇到的问题，进行现实的反省，从而纠正变态的心理。

（5）心理“升华”。鼓励性变态病人把变态的性兴趣转移到正常的活动中去，如把对女性性器官的特殊兴趣转向从事男性健美、造型和绘画上去。

四、大学生如何性保护

大学生性行为比例在逐年增加，但这其中有两成多的学生不懂性保护。据介绍，大学生婚前性行为发生比例逐年在增加，目前已高达10%～30%，而 23%的大学生在发生性行为时是不懂得采取保护措施的。

许多大学生的性知识还不如中学生，在心理咨询中，经常有人会问“和女朋友睡一晚会不会怀孕？套有大小号吗?”等问题。全世界艾滋病毒感染者70%以上由性接触传播，其中超过一半是14～25岁的青少年，可见过度开放的性观念有可能成为大学生群体相关疾病及艾滋病传播的高位因素。

（一）大学生婚前性行为的不良后果

青年男女在谈情说爱之时，当感情升华到一定程度时，就会发生接吻、拥抱等激情行为，此时，只要双方控制力不强，就会发生婚前性行为。

婚前性行为特指男女双方在恋爱期间发生的性交行为。其特点是双方自愿进行，不存在暴力逼迫；没有法律保障，不存在夫妻之间应有的义务和责任；容易产生感情纠葛和其他严重后果。

婚前性行为使男女大学生在性欲和其他动机方面都获得了一定满足，但“禁果”就像一个带刺的仙人球，匆匆忙忙采摘，也许会带给你满手的伤刺。婚前性行为给当事者，特别是直接给女大学生所带来的不良后果是毋庸置疑的。

1. 给女方心理带来极大压力

婚前性行为的发生，有时是女方主动提出的，而更多的是由于男方要求女方迎合或女方抵御不了，它给女方造成的心理压力如恐惧、自卑、冲突等接踵而来。调查发现，有60%的人性交后怕怀孕，21.3%的人很懊悔；在接受人流手术时，怕手术痛苦者占80%，不敢告诉家长者占17.3%；手术后怕产生后遗症者占62.3%，怕失恋后不易再找对象者占20.7%。

2. 给女方身体健康造成严重影响

在不想生育的前提下受孕，其补救措施是人工流产。对婚前性行为者来讲，人流的不良后果有三种：一是不能正常地恢复身体的健康状况，有的女大学生为了不让别人知道，做完手术后不休息，严重影响了健康状况，甚至导致大出血；二是容易损伤生殖器官，出现意外事故；三是引起许多并发症。医学研究和临床资料表明，人流对女性可造成月经量少、闭经、性冷淡、不孕、再次妊娠易流产、子宫内膜异位症、生殖器官炎症、前置胎盘、胎盘粘连植入、子宫穿孔、产后大出血，甚至引起宫颈癌。

3. 使恋爱关系出现不利于女方的发展趋势

在未发生婚前性行为时，恋爱双方是相互平等、自由选择的关系，可发生之后情况则有所不同。一是双方吸引力逐渐减弱。原以为两性关系很神秘，现在变得“不过如此”，过去的光彩、魅力显得不再夺目了。二是女方再选择机会减少。原来男方十分迁就女方，自女方委身于他之后，便以为“她再也离不开我了”“非我莫属了”，故对女方开始态度随便、任意支配。反之，女方则因把贞节交给他了，“已经是他的人了”，可又担心男方改变初衷，唯恐被抛弃，于是对男方一再迁就、容忍，即使发现他有较大缺点，可事已至此，只得将就成婚，贻误了终身大事。三是使男方对女方的猜疑开始萌生。男子总希望女友只信任自己，对自己开放，一旦与之发生关系，便又开始猜疑女方，“她对别人是否也这样?”若女方过去已谈过几个对象，这种疑心就会加重，或导致中止恋爱关系，或婚后生活不和谐。

4. 容易引起性功能障碍

由于婚前性行为通常都是在紧张、惊恐的情况下进行，因害怕被人发现，多采取速战速决的战术，加上没有经验，常常手忙脚乱，因此，这种性生活很难说得上愉快和谐。这样，不仅可能会导致今后在新婚之际的性生活乐趣减少，还会使一些女大学生产生对性生活的不正确看法，如认为性生活是痛苦、不洁、缺乏快乐的，因而对性生活产生厌烦、憎恶和恐惧，造成性冷淡一类的性心理障碍，影响婚后正常的性生活。由于紧张，还容易使男方形成早泄，或由于害怕被人意外发现而成为阳痿。

5. 容易导致分手后造成心理创伤

恋爱的男女，关系是不稳定的，万一感情破裂分手，那么之前的性行为会给双方心理造成难以医治的创伤。特别是女性，一旦失去处女的贞操，则更是哑巴吃黄连——有苦难言，害羞和痛苦将会深深埋入心底，给未来的生活增添无穷的烦恼。对男性来说，尽管发生性行为在身体上不留下痕迹，但良心上却会受到谴责。容易未婚先孕。对缺乏理性和性知识的未婚青年来说，受孕率往往是相当高的。女大学生怀孕后，只得偷偷去做人工流产术。有些女大学生把流产当作一种避孕手段，频频人流，结果可能导致不孕症的发生。

6. 导致草率结婚

恋爱中的男女通过不断深入了解和交往，可能会发现双方不合适，但由于发生了性关系，女大学生往往认为自己已失身，明知没有共同生活的基础，但为顾及名誉，也只好苟且凑合，男大学生也往往因生米已煮成熟饭，好汉做事好汉当，或迫于女方的压力，虽不理想，也只好将就结婚了事。而这样的婚姻是很容易解体的。

7. 给婚后感情留下阴影

即使恋爱一帆风顺，婚前性行为也不利于爱情的深化和发展，并会给婚后的夫妻生活投下阴影，用性学家金赛的话来说就是“妇女会担心丈夫因此不尊重自己”。夫妻争吵时，丈夫可能心里暗想：既然婚前能与我同居，难道她就不会与别人发生关系吗？而妻子也在心中暗自猜疑：他婚前婚后判若两人，莫非是喜新厌旧？这种猜疑十分不利于婚姻生活。

（二）如何处理恋爱期的性接触

大学生恋爱不用再遮遮掩掩，校园里随处可见亲昵牵手、坦然拥抱的情侣，低眉浅笑着从身边掠过。大学生一般年龄在19~23岁，正处在青春期性成熟阶段。他们和正常人一样正处在性意识、性能量最旺盛的时期，对于异性的一切充满好奇，有强烈的性冲动，性能量需要得到宣泄，随着情爱的发展必然导致双方不同程度的性接触，恋爱是人成熟过程中的重要阶段，也是学习爱与性的重要阶段，处理得好，使人的终生幸福得到保障；处理不好，还会给人带来身心的永久创伤。那么如何正确处理恋爱期的性接触呢？

1. 要严肃对待性

“性”是具有生理、心理与社会属性的行为。是涉及道德与法律、关乎他人与自己的前途命运、关乎家庭幸福的大问题。在现实生活中，有许多大学生并不懂得男女性生理、心理状态的差异，有些女生喜欢异性后往往以为“以身相许”是表达对对方真挚感情的最好方式；有些则以为可以以此“定终身”；还有的属于一时冲动的盲从，这些认识和行为显然是错误的。一个女生轻易地与男生发生性行为，不仅不会赢得男性的尊重，还会使别人认为你轻浮，不懂得自尊自爱，不会引起对方对你感情的重视，对现实的恋爱和将来的婚姻都可能带来负面影响，此外，在两性交往中，女性在生理上处于劣势，如果双方不注意防范，就可能导致女性受到伤害，例如意外怀孕，不得不多次堕胎等，以致影响女方以后的健康成长和顺利发展，甚至因为这些原因酝酿出更严重的悲剧。

而一些男生对女性往往是以“来者不拒”的心态来处理异性关系，并不考虑行为的后果和可能承担的责任等，实际上这种心态和做法都会埋下不确定的安全隐患，这也是与社会道德相悖的。所以男生要懂得尊重女生，女生也应当洁身自爱，懂得拒绝，学会拒绝，严于律己，以免铸成大错。

2. 要正确对待性

性不丑恶，不神秘，更不是洪水猛兽，恋爱的男女大学生在性接触方面要两情相悦，相互尊重。谈论这方面话题也要循序渐进，不能太过着急，但也不要处处回避，对于年轻人，一般不要轻易或过早涉及婚前性行为。如果发生了要注意避免身体伤害，初尝禁果的大学生一定要注意性交卫生，避免感染性传播疾病。婚前性行为对女方伤害更大，可能有感染各种妇科疾病的风险，可能承担怀孕的后果；因此，更重要的是做好避孕，千万不要存侥幸心理。大多数意外怀孕都是存在侥幸心理而未采取避孕措施造成的，如果发现意外怀孕要及时到正规医院检查，及时处理，以使伤害降低到最小。

3. 正确应对恋人间非意愿性要求

一是根据男快女慢的性反应规律来应对非意愿性行为；二是发挥女生的主动控制作用；三是男生要尊重女生的意愿；四是约会时避免诱发因素；五是从恋爱之初就约法三章。

（三）呵护性心理的健康

众多研究和事例均表明，缺乏科学的性知识，是大学生出现各类性心理障碍的主要原因所在。掌握科学的性知识，能帮助大学生以坦然客观的态度面对性问题，正确对待性生理和性心理发展过程中出现的各种生理、心理现象，免受忧郁、焦虑、恐惧等不良情绪干扰。要建立健康的性心理，掌握科学的性知识是最基础的一环。

（1）从科学健康的渠道获取性知识。随着大学生性生理和性心理的成熟，他们对性知识和性信息必然表现出一种关注和渴望。但是，社会上信息渠道的多种多样，传播的性知识良莠不齐，对大学生的性心理健康也会产生不同的影响。大学生应该选择恰当的性知识传授者，从科学健康的渠道获取性知识。性知识的传授者应是具备性知识的父母、性教育工作者或者医生。许多大学生由于受传统观念影响，有了性的困惑往往不愿意向家人、老师和医生求助或进行探讨，而是或压抑自己，或四处翻阅与性相关的书籍，或者通过和同学、朋友间隐晦性的交流，获取一些与之相关的知识。但是现在一些性知识书籍良莠不齐，同学、朋友的认识也大多带有片面性，通过这些途径获得的所谓性知识，常常是不恰当的，甚至是错误的，不少还带有色情和暴力倾向。这不仅无助于缓解和消除性的困惑，而且常常会适得其反，导致不健康性心理和性行为产生。

（2）以科学的态度坦然面对“性”。性是一门科学，大学生应该以科学的态度坦然面对，积极主动地向具备科学、系统性知识的家人、教师和医生请教，或者去新华书店购买正式出版发行的、符合自己年龄特点的、有关性知识的图书或影视资料。具有了关于性的科学知识，学会了以科学为标准来鉴别和选择性信息，才能真正地从身心及社会各方面把性统一起来，达成和谐的性的自我同一。

1. 高尚的性人格是性心理健康的保证

高尚的性人格的内容：自愿、相爱、忠贞、合法、私密、安全。

自愿：学会对非意愿性要求说NO！你是成年人，没人能强迫你。

相爱：唯有爱使情与性长存。

忠贞：忠诚，在于唯一的爱情，两颗心的互相忠实。贞洁，包括婚前的性纯洁和婚后对爱情的专一不二。也包括性生理的贞洁和性心理的贞洁。性生理失贞，发生了非法的性交关系。性心理失贞，发生了非法的性交关系后在情感上背叛性伴侣或心理上的缺损和伤害。无论男女生理性贞洁可以修复，心理性贞洁只有一次。

合法："婚姻是情爱向性爱升华的法律承诺。它是爱人赋予性权力的宣言。当人们承认性器官专属于自己的配偶时，就会低下头来，以谦爱的态度来接受配偶的爱。"——世界和平家庭联合会创会词

私密：越是不分对象、时间和地点的性行为，性意识成熟的成分就越少，也极易给他人与自己造成心理紧张。

安全：是负责任的最低底线——你不能染上性病，你不能传播性病，你不能非意愿让对方（自己）怀孕，你不能对性交后果不负责任。

最佳的安全要求：自觉（要求）使用安全套。

2. 适度的性控制是性心理健康的体现

在健全的人格力量调控下，将性行为控制在适当的时间、地点、对象和社会规范之内；以"转移、升华、克制、释放"合理调节性冲动，达到性生理、性心理及社会性道德规范三者之间的和谐统一；正常进行两性间的交往，对两性间的关系形成正确认知，做情感的主人；明辨是非，增强对黄色文化的免疫力，不因性问题而受各类性意识或性行为问题的困扰。

（1）升华性冲动：将生理的冲动转向精神的追求。

（2）转移性冲动：时空的转移可缓解性冲动。

（3）克制性冲动，推迟性行为。

一方面是化解性冲动：释放、补偿、个人性满足；另一方面是控制性冲动：男性起主导作用，适度控制性冲动是男人有毅力、高尚、成熟的表现。

3. 加强家庭和学校对大学生的性教育

家庭是培育大学生性文明的摇篮，实施性教育的基本场所是家庭，父母是实施性教育的第一任教师。无论父母是否具备性知识，也无论父母本人的性文明程度如何，都对大学生的性心理健康有着重要影响。尤其是大学生正处在性成熟、选择性行为的关键时期，父母在两性关系上的观念、行为方式都对大学生起着潜移默化的作用。特别是父母在感情方面是否融洽、深厚，彼此的依恋程度、相互的关爱等，对大学生的性行为都起着示范的作用，也对大学生的性健康、性心理起着保健的作用。

学校是大学生性文明建设的基地。学校是有目的、有计划、有组织地传授知识和技能、发展智力、培养高尚思想道德品质的场所，同时，也是性文明建设基地。大学生处在高校这样高度文明的环境中，又处在性爱萌发的关键年龄阶段，无论从大学生的身心健康成长，还是从为社会培养“四有”人才、为将来大学生未来家庭的稳定以及社会的稳定需要出发，性教育都是必不可少的内容。

4. 营造良好的社会性文化氛围

性心理的发展，一方面要受性生理发育状况的制约；另一方面也受到来自当时社会性文化的影响。前者是性心理发展的生物基础，后者是性心理发展的社会基础。

大学生健康性心理的塑造，不仅依靠对大学生进行科学的性知识教育，性道德规范教育，以及大学生自身的调适，也有赖于社会文化，尤其是整个社会所营造出来的社会性文化氛围。人生活于其中，无时无刻不与社会发生关系，受到来自社会流行的思想、观念的影响。如社会对大学生的角色要求，直接影响了他们对自身社会角色以及所应承担责任义务的理解；社会对“性”的态度，影响了大学生在社会化进程中是否能以科学、坦然的态度面对与性有关的各种现象和问题；社会习俗和规范的约束，有助于大学生减少边缘性行为、婚前性交行为，以及性变态行为的发生；社会中存在的错误性观念、性意识，黄色污染等，也是导致大学生产生各类边缘性行为、婚前性交行为，出现各类性意识和性行为困扰的重要原因。因此，充分利用各种传播媒介，普及性科学知识的同时，净化社会环境，营造良好的社会性文化氛围，也是大学生健康性心理塑造不可忽略的重要环节。

5. 性心理咨询——大学生性心理健康的有效求助途径

心理咨询是咨询人员运用心理学的理论和方法，通过建立良好咨访关系，给来访者以启发、指导和帮助，促使其健康发展的过程。性心理咨询则是心理咨询的一个特殊领域，它是心理咨询人员，运用性心理学的知识和技术，给寻求性心理咨询的来访者以启发、指导和帮助，使来访者免受性意识或性行为障碍困扰，改变不良的性适应行为方式，提高当事人性适应能力，增进当事人身心健康的过程。可见，它对解决大学生中存在的各类性心理问题，有着积极的作用。

性不仅是神秘、神奇的，更是神圣的，有重要人性价值的；大学生要在性与爱方面树立积极的观念，建立高尚的性人格，从而获得性心理的健康和整体的性健康。

思考题

1. 请谈谈你的性爱观及对婚前性行为的态度?
2. 大学生应如何面对与处理性与恋爱的关系?

阅读书目

1. 黄丽，李梅. 校园成长列车——献给大学新生的礼物[M]. 杭州：浙江科学技术出版社，2009.
2. 杨眉. 送你一座玫瑰园[M]. 北京：中国城市出版社，2005.
3. 江晓原. 中国人的性神秘[M]. 北京：科学出版社，1989.
4. 霭理士. 性心理学[M]. 上海：三联书店，1987.
5. 瓦西列夫. 情爱论[M]. 上海：三联书店，1986.
6. 艾・弗洛姆. 爱的艺术[M]. 上海：上海译文出版社，2008.
7. 盖瑞・查普曼. 爱的五种语言[M]. 北京：中国轻工业出版社，2006.

第八章 大学生的人格

任务目标

- ★ 认识人格和气质的含义及特征
- ★ 了解生物学和社会环境因素对人格形成的影响
- ★ 掌握大学生气质类型、性格类型及其评价与应用
- ★ 实现健全人格培养与塑造，促进个性与能力发展

播下一个行动，收获一种习惯；播下一种习惯，收获一种性格；播下一种性格，收获一种命运。

——威廉·詹姆士

生活中我们都要接触各式各样的人，交往中我们通过他们的一言一行对其逐渐了解。只要你稍加留意就会注意到，有些人天性乐观开朗，而有些人则总是抑郁沉闷；有些人喜欢交际，而有些人则缄默内向；有些人似乎总能主动地抓住机遇，而有些人则似乎天生谨小慎微。是什么东西使你与身边的人不同？为什么有人交朋友不费吹灰之力，有人却形单影只？为什么有人做事情轻松自在，有人却事业难成？

每个人都具有某种区别于其他个体的倾向和言行举止，包含在话语乡音和语音语调之中，包含在眉目表情之中，包含在步态坐姿之中，包含在待人接物之中，也包含在沉思默想之中。人格往往反映着个体之间的差异，即使在同一场合、同一境遇，不同的人也会有不尽相同甚至相去甚远的反应。

第一节　人格概述

一、人格的含义

人格（Personality）一词来源于古希腊文“persona”，本意是指戏剧中演员所戴的面具，类似于京剧的脸谱，它代表了演员在戏里所扮演的角色和身份。但问题在于面具后面是什么呢？这就暗示了一个人有两面：公开的一面及隐藏于面具后不为人知的一面。

人格是一种十分复杂的心理现象，由于研究者的理论、观点及侧重点不同，解释也不尽相同，目前尚无统一的定义。我国古代汉语没有“人格”这个词，但是有人性、品格等词，有“积行成习，积习成性，积性成命”。《三字经》中也有“人之初，性本善，性相近，习相远”。然而无论不同的人格心理学家如何对人格做出定义，其核心内容都是一致的。

我国心理学家黄希庭将众多观点进行整合，认为“人格是一个人才智、情绪、愿望、价值观和习惯性行为方式的有机整合，它赋予个体适应环境的独特模式。这种知情意行的复杂组织是遗传与环境交互作用的结果，包含着个体受过去的影响以及对现在和未来的构建”。

一般认为，人格是指一个人的整个精神面貌，是具有一定倾向性、稳定的心理特征的总和，它反映了个体在社会与生活环境中一贯表现的行为模式，也就是个体在一般情况下表现出来的稳定而可预测的心理特征。

在心理学中，还有一个与人格的含义相似的同义词为个性（Individuality）。从广义的角度，二者没有大的区别。但严格来说，个性与人格还是有一定不同的。个性着重强调人的独特性，强调人与人之间的差异性；而人格则强调人的整体性。值得注意的是，人们在日常生活中常说：“你不要污辱我的人格”“我以我的人格担保”等观点，这里的人格的含义并不是心理学中人格的概念，而是带有法律和社会伦理道德的意味。

二、人格的特征

尽管对人格的理解不尽一致，人格的构成也极为复杂，但有其规律性和基本特征。

（一）独特性与共同性

人与人的心理和行为各不相同。独特性除了人的遗传因素外，还表现出成长过程中的各种特征性变化。每个人的遗传素质、家庭背景、社会环境、学习条件、生活经历等先天后天因素都不尽相同，在人群中各种人格特质以不同的程度进行着排列组合，因而造就了各自独特的人格特征。正如俗语所说“人心不同，各如其面”。人们常说“世界上没有两片相同的树叶”，心理学家认为“世界上没有两个相同的人”，个体之间的区别，不仅在于外貌长相，更在于人格特点。

人格也存在共性，人与人之间的共同性，是在一定的相类似的群体环境、社会环境、自然环境中逐渐形成的，诸如某一个群体、某一个阶层或某一个民族所具有的某些共同的典型人格特征，它具有稳定性和一致性，并在一定范围内制约着独特性。“物以类聚，人以群分”，指的就是这种特性。

（二）稳定性与可塑性

人格特征是一个人经常表现的稳定的心理和行为特征。人格不是指一时的心理现象，而是人在较长时间的社会实践中，在适应或改变客观世界的过程中经常表现出来的特质。每一个个体的人格都是相对稳定的，即使在其形成、发展与成熟等过程中的各个阶段，人格特点也会呈现出阶段的稳定性。即使个体表现出某些独有的特征，这种特征也是稳定的，它让人与人从思维、情感和行为模式上区别开来，是区别于每个人的关键所在。这种人格的稳定，长期影响人的心理行为。所谓“江山易改，禀性难移”其实在心理学中并没有贬义，只是说明了人格的稳定性。同样，如果一个性格内向的人因为在某次朋友聚会中表现活跃，并不表明这个人具有活泼好动的特点。

但人格也并非一成不变，人在现实生活中复杂的经历，如年龄的增长，发育的成熟，所处环境变化，遭遇重大压力事件，罹患躯体疾病或精神疾患，经历系统的心理治疗等，都可能使个体的人格产生某些发展和变化，但其中较为持久的一再出现的特质通常有所定型而不易改变。现实的多样性和多变性都或多或少影响着人格变化，只是大多数这种变化是比较缓慢的。

（三）整体性

人格具有多种成分和特质，如能力、气质、性格、情感、意志、需要、动机、行为习惯等，这些成分和特质相互影响，相互制约组成个体复杂的人格结构体系，使人的内心、个体动机与外显行为之间保持和谐一致。虽然每个人的外貌、体格、身体特征、心理特征等方面各不相同，但这些成分和各种物质组成在不同维度上相互协调，并整合形成了个体人格及固有的行为模式，这就体现了人格的整体性。人格具有内在的一致性，受自我意识调控，与生活环境保持协调一致。这种内在的统一性是人格健康的标志，一旦失去了这种内在统一性，人的行为就会混乱，发生病变。如精神分裂症患者，就是这种统一性的丧失、精神的内部分裂状态，就犹如一个失去指控的管弦乐团。

（四）倾向性

人格倾向性是决定人对客观事物的态度和行为的基本动力，是人格心理结构中最活跃的因素，主要是在后天社会化过程中形成的，较少受生理因素影响。每个人的人格都有一定的倾向性，主要包含需要、动机、兴趣、理想、信念和世界观等心理活动，以及情感活动的倾向性，且人格倾向性的各种成分之间相互联系、相互影响和相互制约。需要是个性倾向的源泉；动机、兴趣和信念都是需要的表现形式；世界观居于最高层次，它制约着一个人的思想倾向和整个心理面貌，是人们言论和行动的总动力和总动机。

三、人格的影响因素

人格是在一定社会环境中形成的，人格既具有生物属性，也具有社会属性。

（一）生物学因素

1. 遗传因素

遗传素质是人格形成和发展的自然基础。遗传就是指由基因的传递，使后代获得亲代的各种遗传特征，如性别、体型、肤色、内脏器官的结构和功能、细胞的数目和形状，以及酶的含量等。行为遗传学就是研究支配生物的向光、向地、摄食、求偶、育儿、攻击、逃避以及学习与记忆等行为的基因和基因表达的时间、场所及作用途径的学科，目的是探讨个体在人格上的差异在多大程度上是来源于遗传和环境的差异。

家族史或家系研究是通过研究前代人的某种人格特征在家系内的后代人身上得到显现的频率，用以说明某种人格特征的遗传性和遗传形态。父母之间通常在基因上没有相关性，但子女基因的1/2来源于父亲，1/2来源于母亲；孙辈基因1/4来源于祖父，1/4来源于祖母；其他遗传关系同样能够以此类推。高尔顿于1869年出版了《遗传的天才》一书，收集名家传记和相关资料，选取了977位政治家、法官、军官、科学家、文学家、诗人、画家、音乐家等名人作为研究对象，结果表明，这些名人家属后代中有322位也是名人。他把杰出人物和他们直系亲属中杰出人物的比例进行推算，结果发现杰出人物的家庭中有31%～48%的杰出人物产生，而在当时的普通老百姓中，100万人当中才产生250个杰出人才。大量资料也表明，许多精神疾病患者的亲属都具有患病率高于一般群体的特征，而且与患者的亲缘关系越近，则患病风险越高。

同样，除了家族家系研究，双生子研究、行为遗传学、分子遗传学等领域的深入研究都得出了相似的结论，人格具有遗传特征。

2. 生理因素

大脑特质构造及其他一些复杂的神经生物学机制对人格的形成和发展产生重要影响。其中，大脑是人格的主要物质基础，大脑生理的改变就有可能导致患者人格的改变。医学和神经生理学的研究发现，大脑额叶病变不仅能改变人的认知功能，也能影响人的情绪和情感。额叶受损通常表现为两类极端的人格：一种是情绪多变、易怒、异常兴奋、难以控制冲动，有极强的攻击性；一种是极度冷淡、漠不关心、毫无兴趣，不在乎自己的衣着、举止，生活随意等。

神经递质与人格存在密切关系。5-羟色胺（5-HT）是研究最多的与人格和人格障碍相关的神经递质，过高或过低都可能造成精神障碍，其主要生理功能与情绪以及自杀和暴力等行为有关。多巴胺（DA）与亢奋和欢愉的情绪有关，人们对一些事物“上瘾”就与它有关，过高可能导致精神分裂症，过低会引起帕金森综合征。去甲肾上腺素（NE）主要表现为攻击行为和躁狂发作。其他神经递质，如乙酰胆碱和抗利尿激素等都与人格有关，人格形成和发展离不开身体生理因素。

（二）社会环境因素

人格是先天遗传因素与后天环境因素不断交互作用形成的。个体所处的外部世界，包括所有能引起行为的各种事物和情景都无时无刻不在影响着人格发展。社会生活环境和实践活动对人格发展起着决定性作用，是人在生长发育，成长成熟，甚至衰亡的全过程中遇到的所有因素的集合，涵盖的领域非常广泛，包含胎内环境、家庭环境、学校教育、人际关系、社会文化等因素。

值得注意的是，家庭中父母行为和教养方式对早期儿童人格的形成影响极大，所以有“三岁看大，七岁看老”之说。父母是孩子最早学习的榜样，父母行为的表率作用是深远的，父母的一言一行都在潜移默化地影响着孩子的人格，如待人接物、工作、学习以及好奇心、自尊心、自制力、挫折应对等。父母教养方式不当会使孩子形成不良的人格特征，对孩子过度保护，其子女会变得过度焦虑；对孩子漠不关心，其子女的成就动机和自我价值感都较低；溺爱孩子的父母，其子女常缺乏爱心、耐性和挫折承受能力；经常体罚孩子的父母，其子女会变得难以管教，而且会发生更多的攻击行为。

弗洛伊德也提出“儿童发展的早期经验将成为决定个体日后行为方式的重要因素”。20世纪中期（第二次世界大战结束）国外有心理学家追踪育儿院孩子们的成长过程发现，由于缺乏母亲的照顾，他们长大后在各个方面都受到了影响，这些孩子多有爱哭闹、僵化、退缩、表情木然、人际交往能力差等问题。孩子由于长期缺少母亲的照顾，对他的性格，甚至对他的一生，都有着深远的不良影响。

人格反映出一个人生活环境中的家庭、学校以及社会文化特点，体现了其社会化程度和角色行为，而脱离了人类的社会实践活动，不可能形成人的人格。人的知识与才能并不是与生俱来的，直立行走和言语也并非天生的本能，而是后天社会实践和劳动的产物。人类的身心发展伴随着一个又一个的关键期，错过了关键期，会给心理发展带来无可挽回的损失。“狼孩”的事例就是最好的证明。1920年，在印度狼洞发现“狼孩”卡玛拉（8岁），她具有人类的遗传素质，但不具备正常儿童的心理。刚被发现时，她生活习性和狼一样，用四肢行走，白天睡觉，夜间活动，用舌头舔食生水和流汁，吃地板上的生肉，不吃素食，不穿衣服，不会讲话，每到午夜像狼似地引颈长嚎。她被送到孤儿院后，在辛格夫妇的精心训练下，2年后能站立，6年后能直立行走，7年后学会40多个词，可以勉强学说几句话，开始朝人的生活习性迈进。但是卡玛拉活到17岁，智力仅相当于3～4岁儿童的水平。

第二节　气质与性格

一、气质的含义

气质（Temperament）是一个很古老的概念，是重要的人格特征之一，即一般所说的性情、脾气或秉性。在生活中，人们的情绪和行为表现是不同的，有的人容易被感动，有的人却很淡定；有的人无论说话做事，还是思考问题，都是慢悠悠的，哪怕天塌下来也不急，在外表上保持着沉着冷静；但有的人却爱说爱笑，打打闹闹，慷慨激昂，无论做什么事，或干净利落，或手忙脚乱。这些都属于气质的特性，与个人的思想、道德品质的好坏没有联系，只是特殊行为方式而已。

气质是人与生俱来的，典型且稳定的心理活动的动力特性，主要表现在心理活动及行动上的动力方面，如心理活动过程的速度和灵活性（如智力速度、知觉速度、思维灵活度、注意时间等）；强度（如情绪反应程度、意志行为强度等）；以及心理活动的指向性（倾向外部事物或倾向内部体验）。气质的动力特征不依赖于活动的时间、调节、目的和内容，只是个性的特征性呈现，并无好坏之分，所以它不具有社会评价意义。

气质具有明显的天赋性，较多受个体生物因素影响制约。从摇篮里的新生儿开始就会表现出某种性情特点，有的总是喜吵闹、好动、反应灵活，有的却比较安稳、安静、反应迟缓；有的强烈地向大人提出要求，有的弄的大人茫然无助、不知所措。人生来就有的这种个性特点就是气质的表现，这种自幼就有的个性特点在长大后也会不同程度保留下来，而且有些会影响一生。

气质与性格、能力等其他人格心理特征相比，更具有稳定性，但气质在生活环境和教育的影响下，在一定程度上也会发生某些变化。气质对环境的适应倾向，影响性格形成的速度和难易程度，有的气质特征勇敢大度，有的胆怯小气，有的干脆利落，有的稳重内秀等，让生性顽皮的孩子安稳沉静，让生性文弱的孩子雷厉风行，让生性憨厚的孩子察言观色，无异于按着牛头喝水。在培养人格特征时，要注意观察和适应个体的气质特点，一把钥匙开一把锁，不断发挥自我潜能，完成自我实现。

人们不断发展起来的人格总会带有特定的气质特点。由于气质的存在，人们即使说同样的话，做同样的事，也会有个性上的差异。比如帮助人、安慰人，有的柔和，有的直率，有的风趣，有的刻板，很大程度上是由于自身气质的千差万别。气质具有鲜明的个性色彩，人的先天与后天特征相互交融，也使人格更加丰富多彩。

二、气质的类型

气质类型依据不同的观点产生了较多学说，如美国生理学家柏尔曼提出的激素学说，德国精神病学家克雷奇默提出的体型学说，日本学者古川竹二提出的血型学说，美国心理学家巴斯提出的活动特性学说等。比较公认的气质类型是古希腊著名医生希波克拉底提出的气质体液学说，认为人体内有血液、黏液、黑胆汁和黄胆汁四种液体，根据四种体液的不同比例将气质分为多血质、胆汁质、黏液质和抑郁质。这种提法虽然缺少严谨的科学依据，但还是得到了众多心理学家的认同，并在此基础上进行了发展和完善，而且沿用至今。

实际上，在生活中典型的气质类型是不多见的，多数是两种或多种气质的混合型。

（一）多血质

多血质特征注意力容易转移，志趣容易变化，开朗活泼，善于交际，有较生动的面部表情和语言表达能力，感染力较强，直爽热情，容易适应环境变化。

多血质的人对一切吸引他注意的事物都会做出兴致勃勃的反应。在群体中比较受欢迎，言语富有感染力，表情生动，反应灵敏。但情绪不够稳定，喜怒易变，常有不守信用的行为表现。注意力容易转移，对事物的热情持续时间不长。

多血质的人较适合做社交性、文艺性、多样化，要求反应敏捷且均衡的工作。可从事范围广泛的职业，如外交人员、管理者、律师、运动员、新闻记者、服务员、演员等。不适宜做需要细心钻研的工作。

【案例 8-1】

大四女生姚某某，性格开朗活泼，学习成绩优秀。乐于参加学校里的活动，是民族舞协会的副会长，擅长古典风格的舞蹈，每次学习新舞蹈，总是学得比较快。学习也比较刻苦，理解事物快，上课积极发言，给出的问题答案也能获得大家的认同。

她能较快地适应不熟悉的环境，第一次上台报幕和第一次为外宾演出，都能很好地完成任务。她喜欢和同学一起玩，从来不一个人单独玩，并很善于和同学交往。

同时，她对感兴趣的课能长时间集中注意力，对不感兴趣的课不能集中注意力，有时会做出一些不自觉的小动作；但看见老师稍一示意，便能克制住自己。属于外向且情绪也较为稳定的气质特点。

（二）胆汁质

胆汁质特征动作迅速，情绪易于冲动，自我控制能力较差，心境变化大。活动中缺乏耐心，可塑性差。

胆汁质的人热情奔放、情绪兴奋、乐观向上。对工作、生活中碰到的困难能坚决克服，但如果短期内不能解决困难，则会情绪低落，心灰意冷。为人直爽坦诚，工作主动，行为果断，爱指挥人。但自制力比较差，容易感情用事，脾气暴躁，行为具有攻击性。

胆汁质的人适合做反应迅速、动作有力、应急性强、危险性较大、难度较高的工作。可以成为出色的导游员、营销员、节目主持人、外事接待人员等。不适宜从事稳重、细致的工作。

【案例 8-2】

大三男生黄某某，性子很急，每次到图书馆复习功课都带着好多本书和练习本，书翻得很快，看得也快。他说话快，思维跳跃，乐于表达自己的看法。喜欢运动量大的活动，每次踢足球都是体力最好的少数几个人之一，也是全班投铅球最远的一个人。

他爱逞能，情绪有些暴躁。上课时，常常没有听清楚老师提问就急着回答，因此会答非所问。有一次同学们正在排队，他突然跑出队伍，用力把插队的同学捉了出来，并严厉斥责插队行为，因此发生冲突。属于外向但情绪不稳定的气质特点。

（三）抑郁质

抑郁质特征对事物体会深刻，善于察觉他人难以发现的细小环节，对事物和他人羞怯，孤僻内向、动作迟钝、多愁善感。

抑郁质的人沉稳冷静、感情细腻、体验深刻、富于想象。其工作认真，不轻易许诺。在集体中会全面领会别人的想法和感觉。但不善与人交往，在处理事情时优柔寡断，多愁善感，主动性较差。

抑郁质的人能够兢兢业业地完成工作，适合从事持久细致的工作，如技术人员、化验员、机要秘书、保管员等。不适宜要求反应灵敏、处事果断的工作。

【案例 8-3】

大二女生王某某，经常能够察觉别人不易察觉的事情。在学校进行的一次随机调查实验中，有两个看似一模一样的虹膜图片标本，但实际有极细微的差异，先后参加实验的20名同学中，只有她一人注意到这个差异。

她很安静，上课或看书时总是一个姿势坐着。吃饭时，不管饭菜多么好吃，从不见她大口吃。她不太喜欢说话，喜欢一个人独处。有时同学邀请她一起参加活动，她也很少参加，更不易与陌生人接触。

她情绪不太外露，常常自己思来想去，受到表扬时，也没有什么表示。在学校里遇到不高兴的较大的事，也会努力假装什么事都没有发生，不想让别人知道。但在自己独处的时候，情绪波动会很大，在和最亲的人，比如和妈妈打电话时会流泪、爆发。属于内向且情绪不稳定的气质特点。

（四）黏液质

黏液质特征安静稳重，注意力稳定但难以转移，喜怒不形于色。动作反应慢，不灵活，对工作有条理，易于因循守旧，缺乏创新精神。

黏液质的人富于理性，情感不易发生且不外露，自制力强，行动缓慢沉着，善于完成需要意志力和长时间注意的工作。但有时情感过于冷淡，行动拘谨，不善随机应变，缺乏创新精神。

黏液质的人较适合做有条不紊、刻板平静、耐受性较高的工作。可从事外科医生、法官、管理人员、财务人员等工作。不太适合从事激烈多变的工作。

【案例8-4】

大二男生高某某，生活习惯规律，自制能力较强。从幼儿园开始，就非常听老师的话，是班级里的乖孩子。如果他手头上的事没做完，没做好，就不会去做其他事，一直要做到自己满意为止，很少受他人影响。对于有趣搞笑的事，有的同学哈哈大笑，他只是安静地笑。受了委屈，也很少和别人说，都自己放在心里。

学习时注意力很集中，旁边的同学干扰他，他也不怎么理会，很少受影响。有一段时间，他一直练习打乒乓球；又有一段时间，他一直练习打羽毛球，这两项运动他是班级里学得最早的，也是玩得最好的。在坚持性的测查中，他坚持的时间比其他同学长。属于内向且情绪比较稳定的气质特点。

苏联心理学家达维多娃曾用一个故事形象描述了四种气质类型的人在同一情景中的不同行为表现。四个不同气质类型的人到剧院看戏，但都迟到了。

多血质的人立刻明白，检票员不会放他进入剧场的，但是通过楼厅还是有可能进场，就跑到楼厅上去了。胆汁质的人和检票员争吵，企图闯入剧院。他辩解道“剧院的钟快了，他进去看戏不会影响别人”，并且企图推开检票员闯入剧场。黏液质的人看到检票员不让他进入剧场，就想“第一场不太精彩，我到小卖部等一会，幕间休息时再进去”。抑郁质的人则会说“我运气不好，偶尔看一场戏，就这样倒霉”，接着就回家去了，内心还难以平静。

美国心理学家埃森克将人格特质归结为最基本的三个维度：内外倾、神经质、精神质，这三个维度之间相互独立，每个维度均为一个连续性的坐标，每个人都可以分别在这三个维度上找到自己的位置，从而确定自己的人格类型（图8-1）。

气质对于社会实践活动具有一定影响，正确认识气质与职业活动对指导社会实践活动具有积极意义。任何一种气质都有其积极和消极的两面，不能简单评价某种气质类型好与坏。如抑郁质类型的人虽然有其孤僻、动作迟钝的一面，但是他具有善于观察对事物体验深刻的另一面。在活动中，各种气质特性之间可以起到相互补偿的作用。

因此，气质不决定一个人社会活动的价值及其成就的高低，各种气质类型的人都可以

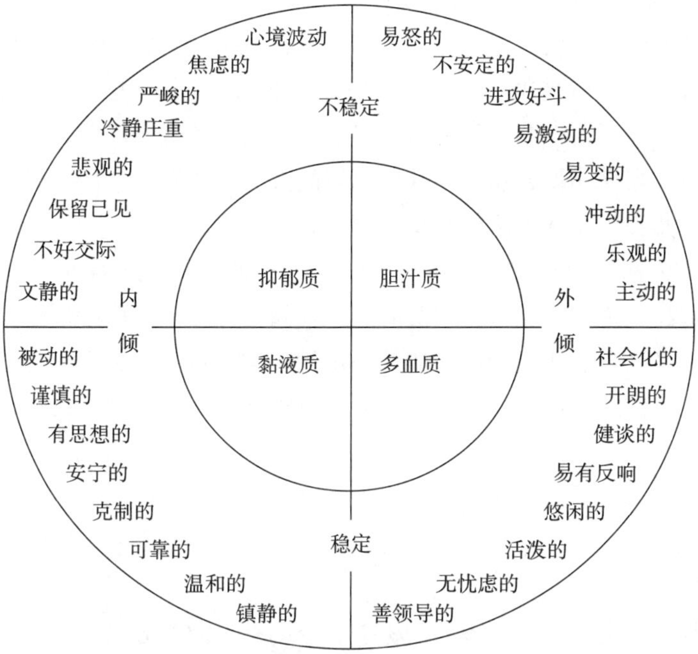

图8-1　埃森克的内外倾与神经质两个人格维度的特质关系

对社会做出杰出贡献。但是不同职业活动根据其工作性质和特点对人的气质有着不同的要求，在特定的条件下，选取气质特征合适的人员从事某项工作，可提高工作效率，减少失误。

三、性格的含义

气质的特性是生来就有的，受到后天因素影响较少；性格则更多受到成长过程中的家庭、学校和社会等后天因素的影响和塑造。气质形成早，不易变化；而性格形成晚，虽然具有稳定性，但比气质变化要快。

性格也称为个性，是个体在生活过程中形成的，对现实的稳定态度和习惯化了的行为方式中所表现出来的独特的心理特征。它是一个人心理面貌本质属性的独特结合，表现在人们对现实和周围世界的态度和行为举止中，能最直接地反映一个人的道德风貌，是人与人相互区别的主要方面。

人对现实的态度和行为方式的长期稳定的各种表现，果断或优柔寡断、勇敢或懦弱、诚实或虚伪、勤劳或懒惰等都被认为是性格特征。而那种一时偶然的表现，比如在某个场合发了脾气、摔了东西，不能就此认定为性格暴躁，也不能就此认定一个人的性格特征。

性格是个体中鲜明表现出来的心理特征，也是人格中最重要的心理特征，它反映了一个人的本质属性。有些人热情真诚，有些人阴险狡诈；有些人谦虚谨慎，有些人狂妄自大；有些人百折不挠，有些人一蹶不振；有些人谨小慎微，有些人粗心大意等，这些特征成为评价一个人最为直接的依据，正如文学家就是抓住了个体最有代表性的性格特征对人物进行塑造，才使读者就像见到其本人一样，比如哈姆雷特、阿Q、张飞、林黛玉等。

卡尔·威特认为“性格是决定一个人成功的关键”，性格也是人们所具有的能力。如果一个人的性格直爽、豪迈，就会很容易被人接受，交往活动就会广泛，在交往中不断学习知识技能，增加阅历，容易获得成功。而性格孤僻的人，往往知识片面、死板，交往活动就在狭窄的范围内，不愿合作互利，不愿共享共赢，容易半途而废。

性格对于一个人来说是非常重要的，是人生前行的领航灯。性格可以决定一个人的一生，需要不断塑造和完善，我们可以通过时间进程和自身环境来促进性格发展，可以通过不断努力学习和训练来激发性格完善。人的性格多种多样，对于不利于自身发展的性格，我们就要勇于去改变。当你的性格改变时，你的命运也随之改变；当你的命运改变时，你的人生也随之改变。

四、性格的类型

人的性格分为很多类型，根据不同的标准和原则有不同的分类。从心理机能上，可以把性格分为理智型、情绪型和意志型；从心理活动倾向上，可以把性格分为外向型和内向型；从个体独立性上，可以把性格分为独立型和顺从型；从社会生活方式以及由此形成的价值观上，可以把性格分为理论型、经济型、审美型、社会型、权力型和宗教型；用精神分析的观点，可以把性格分为优越型和自卑型等。

现在经常按照CSMP性格系统中的观点，把性格分为能力型（Cholerio）、活跃型（Sanguine）、完善型（Melancholy）和平稳型（Phlegmatic）。这四种类型通常不会单独呈现，常以自然混合型（CS、SC、PM、MP）、互补加强型（CM、MC、PS、SP）、矛盾平衡型（CP、PC、SM、MS）表现出来，还有很少一部分人以矛盾交叉型表现出来。

（一）能力型（C，外向-行动者-乐观）

能力型性格的人，热情奔放，精力充沛，能够接受高压工作，并喜欢这种工作状态；在外形仪态上自信十足，在气质上是天生的领导者；以事业为重心，独立性强，坚持原则，态度强硬，往往导致忽视人际关系；凡事讲道理，坚持己见，常与人争论；处事果敢，关键时刻能够当机立断；意志力强，努力做到最好；很少情绪化，不容易动真感情。通常的表现是对别人要求严格，对自己无所谓。

能力型性格的人，从小就很有主见，觉得年长不代表聪明，比其他学生做作业快很多，经常担任学校的社会职务等，适合成为成功的企业家、管理人士、运动员、教练、将军、政治领袖等。

能力型的人喜欢挑战，越是艰难的任务交给能力型的人，他们越是愿意接受，同时，多数情况下能排除万难完成任务。但如果任务过于简单，会觉得太没挑战而不屑于去做。

【案例 8-5】

大二女生曹某某，担任学生会副主席，还担任班级的班长，同时是舞蹈团的主力队员，事情非常多，每天像陀螺一样忙于学习、活动和工作之间，几乎没有自由的时间。她自己也在调整自己的状态，有一天她感叹了一句“现在很多小事儿我都交给一年级的小孩儿们去做”。虽然她只有大二，这话听起来很有沧桑感。

能力型的人有很多优秀的品质，果断的决定力、良好的行动力，同时具有很强的团队精神，不仅关心个人的荣誉与得失，更希望团体的每一个人能够拧成一股绳，齐心协力。

【案例 8-6】

大三男生朱某某，担任学生会副主席。大三时，班级凝聚力变得越来越松散，班主任要他兼任班长，他欣然同意，并觉得这是一个巨大的挑战。他为此多方研究，多方请教，制订出了一个班级团队凝聚规划。

同时，策划了一次全班外出郊游烧烤活动，来改善大家对同学集体活动的新认识。他多次召集班干部，先是一个又一个寝室争取意见，告诉男生“女生都同意的，你们意见怎么样?”“别的寝室都参加的，你们寝室呢?”。大家听了以后，觉得别人都去了，就也去吧。然后再跑去女生寝室，如法炮制，全班同学都同意去了。第二天开始将班干部分成几个小组分工协作，采购、食谱、游戏策划、游程安排等，有吃有玩，度过了愉快而又有意义的一天。

能力型的人喜欢做“大事”，有时候给别人的印象是不那么热情，被抱怨成“这么点小忙都不帮”。从性格的角度去理解，有可能真的是这个忙对能力型的人来说“太小了”，觉得没有挑战而不帮忙。如果身边有这样的朋友，不妨试试请他（她）帮忙解决“大麻烦”。

能力型的人常常会过于自信而坚持自己的意见，给人自以为是的印象，有些不撞南墙不回头的架势。但是真的撞了南墙，也不见得回头。常常坚持自己是对的，即使错了，也不愿意承认，“死要面子活受罪”。所以让能力型的人认错或道歉是比较困难的事情。

能力型为主导性格的人，进一步完善的方向是学会示弱。本质上来说，没有任何一个人希望自己在别人面前永远是弱者，或者永远是需要被保护的对象，但如果一直高高在上，则让人很难接受。如果能够学会适当示弱，或是表达自己的不足，会更容易与人相处。如果你身边的人主导性格是能力型，相处之道就是多做事情，增强你的执行力，那是能力型的人乐于接受的事。即便你是对的，也不逼迫对方道歉，那是能力型的人非常不愿意做的事。

（二）活跃型（S，外向–多言者–乐观）

活跃型性格的人活泼、好动，爱说话、爱冒险，在人群中很显眼；乐观开朗，积极主动，幽默感强；比较马虎，缺乏条理；重视享乐，活在当下；天真、善变、好奇；表现欲强，乐于成为众人的焦点；易于结识新朋友，也易于忘记新朋友；口无遮拦、容易犯错，也能知错就改；以人为重心，引起他们兴趣的往往是人而不是事物本身；感性大于理性。通常的表现是对别人无所谓，对自己也无所谓。

活跃型的人童年快乐幸福，经常逃避家庭琐事，总能找到乐意帮忙的朋友，以寻找乐趣为生活的主要目标等，适合成为主持人、演员、销售员、拍卖商、演说家和社团领袖等。

活跃型的人是传播快乐的使者，走到哪里都会听到活跃型的人的欢声笑语，他们待人热情。如果向陌生人问路，活跃型的人会非常热情地告诉你怎么走，如果自己不知道甚至会打电话问朋友，而实在帮不上忙还会表现出很难为情。活跃型的人很擅长讲故事，绘声绘色，声情并茂，非常吸引人。同学聚会，这些活宝型的人如果缺席，总觉得少了很多乐趣。

【案例 8–7】

大二男生张某某，在聚会场合中，常常喜欢左顾右盼，见到认识的人便走上前去打招呼，点头、握手，拍拍人家后背，甚至给对方一个拥抱。嘴巴也不会闲着，总是侃侃而谈、口若悬河、滔滔不绝，在他身边总是围绕着一群忠实的听众。如果偶尔不得不停下来听别人发言，坐姿也会很特别，只有半个屁股坐在椅子上，另一半则悬在椅子外边，手脚总是挥来摆去或抖来抖去。

活跃型的人喜欢新鲜的事，通常不太会注重细节，好处就是如果和别人闹别扭了，不记仇，不放在心上，容易相处。坏处就是经常会忘记自己说过的话，比如“哪天请你吃个饭”，这只是随口一说，不能过于当真。

【案例 8–8】

有一位主人在家中请客，三位客人先到了，一位却迟迟未到，主人就说“该来的没有来”。一位客人想到，这是在说我是不该来的，于是起身告辞。主人发现自己说错话了，急忙解释道“不该走的又走了”。这句话引起另一位客人的注意，他想既然走的是不该走的人，那就是说我是该走的人啦，于是也知趣地离开了。主人见状更着急了，他丝毫没有让这三位客人走的意思，情急之下又说道“我说的又不是你”。此时，仅剩的一位客人马上联想到，原来你说的是我，于是生气地拂袖而去。

因为说话不经过大脑加上有些马虎的特点，使得活跃型的人经常要给别人道歉，但似乎那个道歉就像一个仪式，口中说的“对不起，对不起”，丝毫不影响活跃型的人在短时间内再犯同样的错误。如果和他们较真儿，那可能会是自寻烦恼。

活跃型为主导性格的人，进一步完善的方向是关注别人，用心去体会别人的感受。尝试偶尔一些时候也要学习做一个倾听者，在传播自己快乐的同时，也可以更好地去理解周围的人。如果你身边的人主导性格是活跃型，相处之道就是多听活跃型的人说，同时适当给予表扬。活跃型的人，喜欢听别人的表扬，也很喜欢表扬别人。

（三）完善型（M，内向–思考者–悲观）

完善型性格的人追求完美，总想把事情做到最好；为人严谨，不做任何超越规范的事情；想得多，做得少，要么不做，要做就做到最好；为人敏感，多愁善感，容易出现过于消极悲观的想法；小心谨慎，容易紧张，担心别人太在意，又担心别人不在意；忠诚可靠，不愿意抛头露面；要求非常认真，标准太高；吹毛求疵，很少赞美人；以事情为重心，不会为了维系人际关系而违背原则。通常的表现是对别人要求严格，对自己也要求严格。

完善型的人对周围环境很敏感，容易感到伤感和惆怅，随手关上别人没有注意的、开着的抽屉，将小时候的玩具摆放得非常整齐，准时做作业，喜欢收集很多资料，刻苦练习某项技能却不愿公开表演等，适合成为思想家、律师、医生、艺术家、工程师、科学家等。

完善型的人追求完美，在做事情之前喜欢做深刻分析，制订一个详细的计划，在意细节，哪怕一点不满意，都不愿去执行，在执行的过程中还会不断地修改计划，似乎总是不能达到自己的满意状态。

【案例 8–9】

大一女生赵某某，自我要求非常严格，有勇有谋，做事追求完美。有一次，班级要组织一次主题班会，班主任与班干部讨论的时候，她提出全班可以开展一次走出校园，以“红船精神”为主题的革命烈士纪念馆参观体验活动，并主动请缨负责这项活动。

为了这个方案，她在周末特意一个人骑着自行车寻找活动的最佳行程路线，自己买票预先参观了一遍革命烈士纪念馆，规划参观路线，哪个点需要仔细观瞻，哪个点需要快速浏览，革命烈士墙前感想交流，革命红船前观看一大会议全息电影，湖心岛烟雨楼合影留念等，全程中有动有静，有游乐有思索，有回顾有展望。

她自行考察回来后，又与团支书和班主任沟通，进一步完善方案。因为方案严谨，班级这次活动获得了老师和同学们的一致认可。

“纠结”是完善型内心活动的常态描述，很多时候思前想后，过于追求细节和完美，有时会难以把握理想中的目标追求与现实中的真实状况的差异，还有时会为了达到预期最佳效果而影响了行动力。

【案例 8-10】

大二男生孙某某，每次上课十分认真，会记详细的笔记，下课后会很谨慎地问些问题，因为他觉得会给老师添麻烦。上课时习惯坐在第二排靠窗边的座位上，是一个老师能够看到又不是太注意的位置。有位老师上课总是习惯看着左前方，很少注意到他的位置，时间长了他就很纠结，觉得老师从来没有重视到他这边的同学。

有一次课间休息，他走过来指着自己位置的方向和老师说："老师，你怎么总不看这边，要知道我们这边的同学也是很认真上课的。"他提议后老师会时不时向他们这边看看，关注一下他。可是，过了几天他又和老师说："老师，您还是不要老往我们这边看了，看多了，我好像很不自在。"

完善型的人非常有条理，也很整洁，物品摆放都是尽善尽美。追求完美的特点让其朋友数量不是很多，但是质量很高。完善型的人对朋友很仗义，答应的事情一定会记得，朋友有困难需要帮忙时也一定会冲在前面。但完善型的人敏感且情绪化，很容易让朋友和自己受到伤害。

如果身边有一个完善型的朋友，你会觉得这个人非常挑剔。有个同学曾抱怨"我最不喜欢×××，她怎么那么虚伪。我们班有个同学换了副眼镜，×××会说这眼镜真适合你，真漂亮。我怎么没觉得那眼镜有多好看，你说是不是很虚伪?"如果是完善型的父母，孩子会获得更多要求。有些人抱怨"从小到大，爸爸就没有表扬过他；通常不批评，就认为是在表扬了。"

完善型为主导性格的人对每件事都很擅长，是很好的规范者和策划者，是所有人格形态中最有才能的人。完善型的人进一步完善的方向是告诉自己，凡事难以尽善尽美，学会放松，尽力就好，增强行动力。不要等一切都准备好了再开始，或许到时已经太迟了。如果你身边的人主导性格是完善型，与其相处之道就是"多想"，因为完善型的人敏感容易受伤害。

（四）平稳型（P，内向-旁观者-悲观）

平稳型性格的人平和稳定，没有侵略性，既不矜持勉强，也不夸张虚浮；其仁慈善良，善于关心别人，是最好的聆听者；以人为重心，难以拒绝别人，追求人与人之间的和谐；考虑事情全面，任劳任怨，很少有借口，但怕承担责任；处事冷静，有耐心，能随遇而安；能保守秘密，能提供安全感，也需要安全感；情感丰富，但表现得很内敛；有些人善于笼络人心，平衡关系，如果肯承担责任，可能会成就大事；总体来说，没有特点就是他们最大的特点。通常的表现是对别人不要求，对自己不苛求。

平稳型的人小时候不容易哭闹，是长辈眼中的乖孩子，按时完成作业，并且会不自觉地多做一点，不在乎担任学校里的社会职务，尽量让身边的人都很高兴，竭尽全力避免一些麻烦或冲突等。适合成为老师、秘书、会计师、行政要员、外交家、政府首脑等。

平稳型的人喜欢平静处事并逐步按阶段的有序进行，不喜欢把事情想得太远，不愿意给别人制造麻烦，宁愿自己接受现状，也不去改变，不愿意引人注意，也容易被人忽略。

【案例 8–11】

大四女生莱某某，性格随和，很容易与他人相处。有一次，她去给一个朋友送几本书，朋友邀请她留下来一起吃饭，她说“我得想想，不知道等下有没有其他事情”，但最终还是留了下来。点菜的时候，朋友问她“喜欢吃什么菜?”她说“随便吧”。朋友就点了几个当地有名的农家小菜。吃完饭又一起喝茶聊天，她嘀咕道“刚才吃的菜太辣了，现在肚子有些不舒服”。朋友说“你刚才怎么不告诉我呢?”她回答说“我怕你不喜欢吃不辣的”。

想到平稳型的人，可能会想到生活中老好人的形象。一般不会和别人发生冲突，没有特别强烈的情绪表露，也没有特别激进的言辞或行为，征求意见大多数回答是“都可以”。这并不代表平稳型的人内心没有想法，其实他们内心情感非常丰富，只是不易外露。

【案例 8–12】

大二男生李某某，很多时候都不好意思拒绝别人，答应了又后悔。他有一个室友，不知道为什么会借自己的衣服穿，一开始想一个寝室的，大家互相照顾一下。没想到这个室友总是借自己的衣服，还的时候还不洗。更为恼火的是，自己有一件新买的衣服被借去穿了两个月，衣服还回来的时候已经不像样子了。就是这样，他也很难表达出拒绝。这种以委屈自己换来的“和谐”并没有给自己带来乐趣，更多是烦恼。

平稳型的人更像一个旁观者，不喜欢竞争，对别人也没有敌意。“中国好声音”被称为无冕之王的帕尔哈提给大家留下深刻印象的不仅是他的声音，更是他对唱歌的态度。在比赛中他曾说“让我唱歌就行，唱多少都愿意，不要比赛，真的”。没有任何修饰和做作，这样纯朴的内心就像平稳型性格的内心写照。

是不是平稳型的人不适合做领导呢？虽然平稳型的人不如能力型的人能力突出且个性鲜明，但平稳型的人注重日常的人际维护，重视人际关系，可以有效组织和管理团队，使每个人的优势发挥得淋漓尽致。汉高祖曾言：“夫运筹帷幄之中，决胜千里之外，吾不如子房；

镇国家，抚百姓，给饷馈，不绝粮道，吾不如萧何；连百万之众，战必胜，攻必取，吾不如韩信。三者皆人杰，吾能用之，此所以取天下者也”。

平稳型为主导性格的人进一步完善的方向是学会适当拒绝别人，表达自己内心的真实想法。平稳型的人，由于过分追求和谐，迎合他人的意见，而委屈自己的想法，不会拒绝别人。如果你身边的人主导性格是平稳型，相处之道是“随意就好”。平稳型的人很难拿主意或做决定，如果一定让平稳型的人做一个决定，会让对方感觉很为难。

综上所述，典型的四种性格类型表现出千差万别，特色鲜明，各有所短，也各有所长。例如，马上要做一项性格测验，可以看到最开心的，前后座位开始交流；表现很活跃的是活跃型，可是做到一半就有点烦躁了，心里想着“怎么这么长？什么时候能做完?”最快准备好纸笔来测验的是能力型，并能认真根据测验的要求进行。完善型的人在准备纸笔的过程中，内心在想“这测试准吗?”“我以前做过×××测验，也就那样，这个能有什么更好的地方?”平稳型的人则会先等等看，看到大家都准备好了，马上要开始了，那自己也跟着做吧，甚至会一直看着别人的进度做测验直到结束。

生活中，大多数人的性格并不仅表现出一种性格类型的特点，并不是那么棱角分明，而是各种性格特征的综合体。大多数人会是两种性格类型主导的组合，对性格模式起关键性的作用，如CM、MP，甚至是相反的SM、CP等；而另外两种性格类型则属于你的附属性格，对你的性格模式起辅助作用。

性格没有好坏，但却有两面性——正面和负面，两股力量地发挥，决定了人生的精彩程度。当我们用性格类型来审视自己，一方面，应该注意自己性格的哪些方面能得到别人的良好反应，从而提高自我形象；另一方面，我们也要留意，哪些方面做得太过分，冒犯了别人，并下决心努力加以调整。人们总是感到自己是对的，别人和世界都是不对的，所以人们总想改变世界、改变别人，很少想到改变自己。其实，改变世界应该从改变自己开始。

第三节　大学生健全人格的培养

一、健全人格的含义与特征

社会的发展和人类的进步，对乐观、进取、开拓、创新的，自尊、自信、自立、自强的，身心健康的高素质人才的需求日益迫切。现代教育是“人”的教育，目的是培养健全人格的人，现代的教育环境也为培养健全人格的人提供了广阔的空间。

我国心理学家黄希庭认为，心理健康是有层次的，大致分为心理疾病或障碍、心理机能正常和健全人格三个层次。心理疾病或障碍属于不健康的层次；心理机能正常则属于低层次的心理健康，以心理适应为基本特征；而健全人格属于高层次的心理健康，表现为有高尚的目标追求，发展建设性的人际关系，从事具有社会价值的创造，渴望生活的挑战，寻求生活的充实与人生意义。

健全人格是一个表达人的本质存在状态的新时代概念，是相对于现实人格和病态人格而言的，是人们在自己心目中塑造出来的人格典范，是人格所应达到的最高境界。《心理学大辞典》对健全人格的定义为：个体需要得到满足，内在感到协调，社会适应良好，并在意识、能力、情感等方面获得较好发展的行为模式和思维方式。

关于健全人格，国内外许多著名学者都曾有过准确而翔实的描述。

精神分析心理学家弗洛伊德认为健全人格是本我、自我和超我三者的和谐统一。

人格心理学家奥尔波特的“成熟者”模型的7种特征：①有自我扩展的能力。②与他人热情交往，关系融洽。③情绪上有安全感，自我接纳。④具有现实性知觉。⑤客观地看待自己。⑥有多种技能，并专注于事业。⑦行为的一致性是其人生哲学。

人本主义心理学家马斯洛的“自我实现者”模型的15种特征：①对现实世界的敏锐洞察力。②能够认同接纳自己、他人和现实。③在情绪与思想表达上较为自然。④视野广阔，就事论事，不过多考虑个人利害。⑤有超俗的品质和独处的能力。⑥有独立自主的性格。⑦对事物有新鲜感，并有高品位的鉴赏力。⑧对事业与生活富有激情，常有高峰体验。⑨能建立持久的友谊。⑩民主的价值观，尊重别人的意见。⑪具有强烈的道德感。⑫带有哲学气质，有幽默感。⑬有创造性，不墨守成规。⑭对世俗，和而不同。⑮对生活环境有时时改进的意愿与能力。

20世纪末对“五因素人格”模型的认识逐渐趋向一致，其特征是：①外倾性。②宜人性。③责任感。④情绪性。⑤开放性。

黄希庭等根据对大学生的调查并结合我国传统文化归纳出健全人格的5种特征：①对世界抱开放态度，乐于学习和工作，不断吸取新经验。②以正面的眼光看待他人，有良好的人际关系和团队精神。③以正面的态度看待自己，能自知、自尊、自我悦纳。④以正面的态度看待现在和未来，追求现实而高尚的生活目标。⑤以正面的态度对待挫折，能调控情绪，心境良好。

综合起来，健全人格有以下特征。

第一，内部心理和谐发展。人格健全者的需要和动机、兴趣和爱好、智慧和才能、人生观和价值观、理想和信念、性格和气质都向健康的方向发展。他们的内心协调一致，言行统一，能正确认识和评价自己的所作所为是否符合客观需求，是否符合社会道德准则，能否及时调整个体与外部世界的关系。如果一个人失去他的人格内在统一性，就会出现认知扭曲、情绪失控、行为变态等问题。

第二，能够正确处理人际关系，发展友谊。这样的人在人际交往中显示出自尊和他尊、理解和信任、同情和人道等优良品质。那些嫉妒心很强的人，很难想象他们能在互惠的基础上与人合作；傲慢自大的人也绝不会虚心地倾听别人的意见。人格健全者，在日常交往中既不随波逐流，也不孤芳自赏，能够使自己的行为与朋友、同事、同学协调一致。

第三，能把自己的智慧和能力有效运用到能获得成功的工作和事业上去。他们在学习、工作中被强烈的创造动机和热情所推动，并且与他们的能力有效地结合起来，从而使他们勇于创造，善于创造，经常有所发现，有所发明，有所建树。成功又为他们带来满足和喜悦，并形成新的动机和兴趣，使他们能够得到良性发展。

二、健全人格的培养

健全人格既是人格形成发展的过程，也是人格发展的目的。由于个体人格的完善不是天生造就的，而是社会化的结果，是从“自然人”过渡到“社会人”的过程，是个体在遗传、环境、文化和自我等主客观因素的长期相互作用下，在其成长的岁月中打上的“行为烙印”。大学生正处于人格发展、完善的良好时期，也是人格定型的关键期，应抓住机遇，通过个体、家庭、学校和社会等多种渠道培养自己的健全人格。

（一）健全人格的决定因素

健全人格是在遗传与环境的交互作用下逐渐形成的。

1. 生物遗传因素

健全人格的形成离不开个体的生物遗传基础。先天的生物遗传因素为人格发展提供了必要的基础和可能性，是人格发展的物质基础条件。个体的神经系统的特性、体内的生化物质乃至身体外貌特征对人格都有影响。生物遗传因素对智力、反应、气质等生物因素相关较大的人格特征通常影响更为明显；而对价值观、信念、性格等与社会因素关系密切的人格特征通常影响相对较弱。遗传与环境是交互作用的，即使拥有良好的先天素质，如果没有受到良好的培养和训练，人格发展的心理能力也不可能得到应有的发展。

2. 早期童年经验

早期的亲子关系决定着行为模式，塑造出了日后的行为表现。“三岁看大，七岁看老”，人生早期所发生的事情对人格的影响，历来为人格心理学家所重视。人格发展的确受到童年经验的影响，幸福的童年有利于儿童发展健康的人格，不幸的童年也会使儿童形成不良的人格。但二者不存在一一对应的关系，比如溺爱可能使孩子形成脆弱的个性，逆境却可能使孩子形成坚强的个性。早期经验通常不能单独起作用，而是与其他因素共同决定人格的发展。

3. 自然物理因素

地理位置、生态环境、气候条件等这些物理因素都会影响人格的形成和发展。生长在高原一带的牧民容易形成粗犷、强悍、豪迈的人格特征；生活在丛林一带的人容易形成温和，感情丰富细腻的人格特征；地中海沿岸的民族偏外向型，北欧民族偏内向型等。某些环境污染严重的地区，人们除了出现躯体疾病以外，还可能引起性格变化。天气炎热、气温升高也会使人烦躁不安、性情变化。不过，自然环境通常对人格不起决定性作用，只是在不同物理环境中表现出不同的行为特点。

4. 家庭环境因素

研究健全人格的家庭成因，重点在于探讨家庭的差异（包括家庭结构、家庭氛围、经济条件、居住环境等）和不同的教养方式对人格发展的影响。父母双亡、离异、单亲、家长长期不在身边等都会对孩子的人格成长留下难以磨灭的影响。大多数父母按照自己的意愿和方式教育和培养孩子，有些父母借鉴他人的方式，也有些父母放任散养。权威型父母在子女的教育中表现得过于支配，强制控制，孩子容易形成消极、被动、依赖、服从、懦弱，甚至不诚实的人格特征。放纵型父母对孩子过于溺爱，让孩子随心所欲，孩子多表现为任性、幼稚、自私、野蛮、独立性差、蛮横胡闹等。民主型家庭氛围和谐，积极引导，父母孩子互相尊重，孩子多会形成活泼、快乐、真爽、自立、彬彬有礼、善于交往、富于合作、思想活跃的人格特征。可见，家庭确实是“人类性格的工厂”，它塑造了人们不同的人格特质。

5. 学校教育因素

学校是有目的、有计划地向学生施加影响的教育场所，是成长过程中重要的环境因素。学生来到大学，已经到了人格定型的关键期，学校的学习及生活氛围对学生的知、情、意、行都有重要影响。学校中的关键角色，教师对学生的人格常具有指导定向作用，在教师主导的教学实践中，学生常有不同的认知观念和行为表现。教师的观念、态度、作风、品位等，都在言传身教地转变成学生们的人格特质，甚至教师对学生的期望会引起“皮格马利翁效应”。另外，学校是同龄群体聚集的场所，同伴群体互相影响，互相促进，互相制约，是人格塑造的原动力。班集体是学校的基本团体组织，班集体的特点、要求、舆论和评价对于学生人格的发展具有“弃恶扬善”的作用。

6. 社会文化因素

社会的发展促进了文化的进步，人格的发展烙印着文化的痕迹。每个人都处在特定的社会文化环境中，并受文化的熏陶与影响，文化对人格的影响伴随着人的终生。社会文化塑造了社会成员的人格特征，促使其他成员的人格结构朝着相似的方向发展，这种相似性具有维系社会稳定的功能，又使得每个人能稳固“嵌入”在整个文化形态里。由于社会文化的影响，不同地域有着不同的文化传统，不同的文化发展时期有着不同的文化认同，不同文化的民族会有本民族固有的民族性格。例如，中华民族是一个儒雅、勤劳的民族，“儒雅”“勤劳”的品质就是中华民族的人格特征。社会在不断变化中前行，经历着传统文化与现代文化及东西方文化的交汇、碰撞与冲突，而大学生正处于人格形成、发展、完善的阶段，这对于大学生现代人格的塑造必然产生深远影响。

7. 自我调控因素

树的方向，由风决定；人的方向，自己决定。上述各因素体现的是人格培养的外因，而外因是通过内因起作用的。人格的自我调控系统就是人格发展的内控系统，由自我认知、自我体验和自我控制三个子系统所构成，其作用是对人格的各种成分进行调控，保持人格的完整、统一和谐。自我认知是对自身及其与外界关系的认识，主要涉及“我是谁”或“我是怎样一个人”等问题 。自我体验是对自己怀有的一种情绪体验，主要涉及“对自己是否满意、是否悦纳自己”等问题。自我控制是在人际互动中以自我满意的方式表现自己的过程，主要涉及“我怎样改变现状来成为理想中的那种人”等问题。这些因素不仅影响个体现实的行为方式和个体对过去经验的解释，而且影响个体对未来的期待。健全人格的人能够客观地分析自己，不会把遗传或生理方面的局限视为阻碍个人发展的因素，而会有效利用个人资源，发挥长处，不断完善自我。

（二）健全人格的塑造

人格的形成、发展、完善是主体、客体相互作用，内因、外因相互影响的过程。随着大学生心智的成熟，大学生的人格塑造越来越具有主观能动性，表现为有选择性地判断和接纳外界因素，表现出更为强烈的内因需求。大学生自身的理想与信念、自身的认识与评价，以及对完美人格的向往都成了大学生塑造健全人格、陶冶性情的强大动力。

1. 认识自我，确定人格塑造方向

大学生提升自我素质的意愿较为强烈，要想有效地进行人格塑造，需要不断深刻理解健全人格的意义，充分了解自己的人格现状，明确人格塑造的目标、内容、途径、方法。大学生要想完善人格，就应该对自己人格特质的长处及短处有清晰认识，才能从实际出发，扬长补短，对人格特质进行优化组合。扬长的方法是选择某些良好的人格品质作为自己努力的目标，比如自信、开朗、热情、勤奋、坚毅、诚恳、善良、正直等人格特征，可作为人格塑造的依据。补短的方法是针对自己人格上的缺点、弱点加以改善，比如自卑、抑郁、胆小、冷漠、懒散、任性、粗心、急躁等。不管是扬长还是补短，往往是一起进行的，二者相辅相成，相互促进。

2. 学习知识，完善思维观念

美国未来学家英格尔斯说“现代人无愧于自己称号的一个重要标志，乃是他具有传统人所无法比拟的广阔视野和丰富知识”。现代人是具有独立人格的人，而人格的独立离不开知识，离不开认知观念的支撑。学习知识，增长智慧的过程也是人格优化的过程。每一个健全的人都应该有自己的思想、信念、观点，能进行独立思考，这需要丰富的知识和阅历，尤其是有关社会与人生方面的知识。现实中，不少人人格的缺陷是源于知识的贫乏，比如不思进取容易粗鲁、自卑、退缩，而知识丰富则容易自信、坚强、谦和等。具备一定的心理知识和人文素养，就等于拥有了心理健康的钥匙，掌握了心理素质完善和人格健全的主动权。这样当自己的情绪出现困扰时，就能够应用自己的知识和经验储备，进行自我分析、自我调节，实现自助自救，或者懂得求助专业人员来解决问题。

3. 运用策略，调控合理情绪

情绪是决定行为的重要因素，伴随心理活动的始终，是个体差异的一个重要来源。情绪调节策略与个体的人格、情绪性、认知和社会发展紧密相连。积极的情绪策略可以促进整个身心发育，包括健全人格的塑造；而消极的情绪策略带来的负面影响则更为明显，如焦虑、抑郁、愤怒、嫉妒等，常常让人难以接受，甚至会产生自卑、狭隘、退缩等人格偏差。大学生调节自己情绪的方法较多，具体的运用措施有积极自我暗示、放松疗法、合理宣泄、意境升华、注意转移等方法，这些方法有些简单，有些复杂，最好能系统地学习或寻求心理专业人员的帮助，以防走了错路或弯路。通过正规路径学会了情绪管理策略，经常保持轻松、愉悦、积极的状态，是保持身心健康的重要步骤，也是健全人格塑造的必经之路。

4. 坚持不懈，锻炼坚韧意志

意志在人格特征中占有非常重要的地位。坚强或软弱的人格特征主要是以意志的发展水平为标志的，因而，培养坚韧意志是人格塑造的重要内容，也是重要途径。意志顽强的人能根据目标的要求，在长时间内毫不松懈地保持身心紧张状态，在任何情况下，都坚持不变，直至达到目的。在遇到困难时，它能激励自己树立起克服困难的决心，始终如一地完成意志行动。所谓"锲而不舍，金石可镂"正是坚韧意志的表现。磨炼意志是一个艰苦、长期的过程，其间意志力的强弱对人格塑造起着促进或阻碍的作用，会影响磨炼的结果。大学生需要在实践中经常进行自我分析、自我控制、自我鼓舞、自我监督，坚持到底，自觉主动地控制自己的行为，培养经受挫折的耐受力。

5. 善于交往，优化社会支持系统

当前社会，人与人之间的交流、沟通越来越密切，一个健全人格的人，也必然是善于交往的人。在交往的人群中，兴趣相投、志同道合者会越来越密切，他们的思想、性格、兴趣、志向等人格特征会产生相互的深入影响。在交往的过程中，彼此之间获得的来自他人的物质和精神上的帮助就构成了社会支持系统，包含亲属、朋友、同学、师生、同事等社会支持。良好的人际交往方式，比如尊重、真诚、宽容、互赢、理解、平等、信用等会获得更充足、更稳定的社会支持系统，这是培养健全人格，过上积极、健康生活的重要因素。大学生通过人际交往能够更加客观、充分地认识自己，发现学习他人的优点，纠正自己的缺点，有原则地调节冲突和改善相互间的情感关系，建立良好的社会支持系统，为人格完善提供稳定的人际支撑。

6. 积极主动，融入社会集体

人的生存、生活、成熟、发展离不开社会集体。人格的发展过程是社会化的过程，是与他人、集体、社会互动的过程。人格在集体中形成，在集体中展现，正如马克思指出"只有在集体中，个人价值才能获得全面发展，通过与他人交往，可以看到别人的长处，弥补自己的短处"。集体是人格塑造的土壤，是一个人展现自我人格的舞台，也是认识自我人格的镜子。通过与集体交往，自己的某些品质或受到赞扬、鼓励或受到指责、限制，从而有助于调整自我；而且集体能伸出手来，帮助集体中的成员扬长避短。一个人的成功离不开集体，只有集体的土壤才能孕育出成熟的、健全的个性；只有在集体中一个人的才能才会得到充分展现。雷锋说"一滴水只有放进大海里才能永远不会干涸，一个人只有当他把自己和集体事业融合在一起的时候才能最有力量"。

7. 刚柔并济，把握人格的"度"

人格的"度"是十分重要的，否则"过犹不及"。列宁指出"一个人的缺点仿佛是他的优点的延续，如果延续得过了头，表现得不是时候，不是地方，那成了缺点"。人格塑造的度，具体地说，应该是坚定而不固执，勇敢而不鲁莽，豪放而不粗鲁，好强而不逞强，活泼而不轻浮，机敏而不多疑，果断而不冒失，稳重而不寡断，谨慎而不胆怯，忠厚而不愚蠢，老练而不世故，忍让而不软弱，自信而不自负，自谦而不自卑。"度"的把握除了人格品质要健康发展，避免偏离方向，还表现在不同性质的人格品质要协调发展，即“刚柔并济”，对于“刚”者应多发展些“柔”，对“柔”者应多发展些“刚”，这样才能形成合理的、和谐的人格结构。“度”还要因人因时因事因地表现人格特征，这样所塑造出来的人格才有韧度，才有适应力。

8. 健康生活，养成良好习惯

习惯很重要，好的习惯使人立于不败之地，坏的习惯却足以毁掉人的一生。生活中要不断培养良好的习惯，做人方面要真诚待人、诚实守信、认真负责、自信自强；做事方面要遵守规则、讲究效率、友善合作；学习方面要主动学习、独立思考、劳逸结合、总结反思等。与此同时，不要让恶习损害我们的身心，不要让乱丢垃圾、出口成“脏”、不注意仪表礼仪等恶习损坏形象，不要让拖拖拉拉、马马虎虎、浪费时间等恶习影响生命质量，不要让迷恋网络、浮躁浅薄等恶习污染心灵。大学生正处于人生成长的重要时期，面临学习、生活、恋爱、就业等一系列人生重大问题，要做到生活有规律，科学用脑，锻炼身体，合理饮食，兴趣爱好广泛，业余生活丰富，身心健康与健全人格协调发展。

健全人格的理想状态就是人格的生理、心理、道德、社会各要素完美地统一、平衡、协调，使人的才能得以充分发挥。健全人格不仅关系到大学生自身的健康与成才，也关系到社会的发展与进步，还关系到现代化的进程与质量。大学生正处于人格发展、完善的关键时期，要抓住这个有利时期，在正确的理论指导下，深入全面地理解自我、了解社会，把握自我与社会适应要求的差距，不断改进自己的人格，更好地实现自己的人生价值。

附表8–1　气质类型测验

请认真阅读下列各题，非常符合自己情况的记“+2”，比较符合的记“+1”，拿不准的记“0”，比较不符合的记“–1”，完全不符合的记“–2”。

1. 做事力求稳妥，一般不做无把握的事。
2. 遇到可气的事就怒不可遏，想把心里话全说出来才痛快。
3. 宁可一个人干事，不愿很多人在一起。
4. 到一个新环境很快就能适应。
5. 厌恶那些强烈的刺激，如尖叫、噪声、危险镜头等。
6. 和别人争吵时总是先发制人，喜欢挑衅别人。
7. 喜欢安静的环境。
8. 我善于和别人交往。
9. 我是那种善于克制自己感情的人。
10. 生活有规律，很少违反作息制度。
11. 在多数情况下，情绪是乐观的。
12. 碰到陌生人觉着很拘束。
13. 遇到令人气愤的事，能很好地自我克制。
14. 做事总有旺盛的精力。

15. 遇到事情总是举棋不定，优柔寡断。
16. 在人群中从不觉得过分拘束。
17. 情绪高昂时，觉着干什么都有趣，情绪低落时，又觉得干什么都没意思。
18. 当注意力集中于某一事物时，别的事很难使我分心。
19. 理解问题总比别人快。
20. 碰到问题总有一种极度恐惧感。
21. 对学习、工作怀有很高的热情。
22. 能够长时间做枯燥、单调的工作。
23. 符合兴趣的事情，干起来劲头十足，否则，就不想干。
24. 一点小事就能引起情绪波动。
25. 讨厌那种需要耐心细致的工作。
26. 与人交往不卑不亢。
27. 喜欢参加热闹的活动。
28. 爱看感情细腻、描写人物内心活动的文艺作品。
29. 工作学习时间长了，常感到厌倦。
30. 不喜欢长时间谈论一个问题。
31. 愿意侃侃而谈，不愿窃窃私语。
32. 别人总是说我闷闷不乐。
33. 理解问题常比别人慢些。
34. 疲倦时只要短暂休息就能精神抖擞，重新投入工作。
35. 心理有话，宁愿自己想，不愿说出来。
36. 认准一个目标，就希望尽快实现，不达目的，誓不罢休。
37. 学习或工作同样一段时间后，常比别人更疲倦。
38. 做事有些莽撞，不考虑后果。
39. 老师或他人讲授新知识、技术时总希望他讲慢些，多重复几遍。
40. 能够很快忘记那些不愉快的事情。
41. 做作业或完成一项工作总比别人花时间多。
42. 喜欢运动量大的剧烈体育活动，或者参加文艺活动。
43. 不能很快地把注意力从一件事情上转移到另一件事情上去。
44. 接受一个任务后，就希望把它迅速解决。
45. 认为墨守成规比冒险强些。
46. 能够同时注意几件事物。
47. 当我烦恼时，别人很难使我高兴起来。
48. 爱看情节起伏跌宕、激动人心的小说。
49. 对工作认真严谨，始终一贯的态度。
50. 和周围人的关系总是相处不好。

51. 喜欢复习学过的知识，重复做熟练的工作。
52. 喜欢做变化大，花样多的工作。
53. 小时候会背的诗歌，我似乎比别人记得清楚。
54. 别人说我“出语伤人”，可我并不觉得这样。
55. 在体育活动中，常因反应慢而落后。
56. 反应敏捷，头脑机智。
57. 喜欢有条理而不甚麻烦的工作。
58. 兴奋的事常使我失眠。
59. 老师讲新概念，常常听不懂，但弄懂以后就很难忘记。
60. 假如工作枯燥，马上就会情绪低落。

胆汁质：2 6 9 14 17 21 27 31 36 38 42 48 50 54 58 总分（　）

多血质：4 8 11 16 19 23 25 29 34 40 44 46 52 56 60 总分（　）

黏液质：1 7 10 13 18 22 26 30 33 39 43 45 49 55 57 总分（　）

抑郁质：3 5 12 15 20 24 28 32 35 37 41 47 51 53 59 总分（　）

评分方法：

A．如果某类气质得分明显高出其他三种，均高出4分以上，则可定为该类气质。如果该类气质得分超过20分，则为典型型；如果该类得分在10～20分，则为一般型。

B．两种气质类型得分接近，其差异低于3分，且又明显高于其他两种，高出4分以上，则可定为这两种气质的混合型。

C．三种气质得分均高于第四种，而且接近，则为三种气质的混合型，如多血—胆汁—黏液质混合型或黏液—多血—抑郁质混合型。

D．如果4栏分数皆不高且相近（＜3分），则为四种气质的混合型。多数人的气质是一般型气质或两种气质的混合型，典型气质和数种气质的混合型的人较少。

附表8-2　CSMP性格测试

请认真阅读下列各题，选择最适合你的表现，每题单选（4选1）。题目不分好坏，只是根据第一印象选择。

1. ①冒险型——对新事物下决心做好。②适应型——轻松自如融入任何环境。③生动型——表情生动多手势。④分析型——准确知道所有细节之间的逻辑关系。
2. ①持久型——完成一件事后才接手新事。②娱乐型——充满乐趣与幽默感。③说服型——用逻辑与事实服人。④和平型——在任何矛盾中不受干扰，保持冷静。
3. ①包容型——易接受他人的观点，不坚持己见。②牺牲型——为他人利益愿意放弃个人意见。③社交型——认为与人相处好玩，无所谓挑战或商机。④强烈意识型——决心依自己的方式做事。
4. ①体贴型——关心别人的感觉与需要。②控制型——控制自己的情感，极少流露。

③竞争型——把一切当成竞赛，总是有强烈的赢的欲望。④幸福型——因个人魅力或性格使人信服。

5. ①清新振作型——给旁人清新振奋的刺激。②敬仰型——对人诚实尊重。③保守型——自我约束情绪与热忱。④机智型——对任何情况都能很快做出有效反应。
6. ①满足型——容易接受任何情况和环境。②敏感型——对周围的人事十分在乎。③自立型——独立性强，机智，凭自己的能力判断。④生机型——充满动力与兴奋。
7. ①计划型——事前做详尽计划，依计划进行工作。②耐型——不因延误而懊恼，冷静且容忍度高。③积极型——相信自己有转危为安的能力。④推广型——运用性格魅力或鼓励推动别人参与。
8. ①确信——自信，极少犹豫。②率性——不喜欢预先计划，或受计划牵制。③程序——生活与处事均依时间表，不喜欢干扰。④害羞——安静，不易开启话匣子的人。
9. ①井然有序——有系统、有条理安排事情。②迁就——愿改变，很快与人协调配合。③直言不讳——毫不保留，坦率发言。④乐观——自信任何事都会好转。
10. ①友善——不主动交谈，经常是被动的回答者。②忠诚——保持可靠、忠心、稳定。③趣味——时时表露幽默感，任何事都能讲成惊天动地的故事。④强迫——发号施令者，别人不敢造次反抗。
11. ①勇敢——敢于冒险，下决心做好。②愉快——带给别人欢乐，令人喜欢，容易相处。③外交——待人得体有耐心。④细节——做事秩序井然，记忆清新。
12. ①振奋——始终精神愉快，并把快乐推广到周围。②坚持一贯——情绪平稳，反应永远能让人预料到。③文化性——对学术、艺术特别爱好。④自信——自我肯定个人能力与成功。
13. ①理想主义——以自己完善的标准来设想衡量事情。②独立性——自给自足，自我支持，无须他人帮忙。③无攻击性——从不说或做引起他人不满与反对的事。④激发性——游戏般地鼓励别人参与。
14. ①感情外露——忘情地表达出自己的情感、喜好，与人娱乐时不由自主地接触别人。②果断——有很快做出判断与结论的能力。③尖刻的幽默——直接的幽默近乎讽刺。④深沉——认真、深刻，不喜欢肤浅的谈话或喜好。
15. ①调解者——避免矛盾，经常居中调和不同的意思。②音乐性——爱好且认同音乐的艺术性，不单是为表演。③行动者——闲不住，努力推动工作，别人跟随的领导。④结交者——喜好周旋于宴会中，结交朋友。
16. ①考虑周到——善解人意，能记住特别的日子，不吝于帮助别人。②固执者——不达目的誓不罢休。③发言者——不断愉快地说话、谈笑，娱乐周围的人。④容忍者——易接受别人的想法和方法，不愿与人相左。
17. ①聆听者——愿意听别人想说的。②忠心——对理想、工作、朋友都有不可言喻的忠实度。③领导者——天生的带领者，不相信别人的能力如自己。④生趣——充满生机，精力充沛。

18. ①知足型——满足自己拥有的，甚少羡慕人。②首领型——要求领导地位及别人跟随。③制图型——用图表、数字来组织生活，解决问题。④可爱型——讨人喜欢，令人羡慕，人们注意的中心。

19. ①完美主义者——对已对人高标准，一切事情有秩序。②和气性——易相处，易说话，易让人接近。③工作者——不停地工作，不愿休息。④受欢迎者——聚会时的灵魂人物，受欢迎的宾客。

20. ①跳跃型——充满活力和生气的性格。②勇敢型——大无畏，不怕冒险。③模范型——时时保持自己举止合乎认同的道德规范。④平衡型——稳定，走中间路线。

21. ①乏味——面上极少流露表情或情绪。②忸怩——躲避别人的注意力。③露骨——好表现，华而不实，声音大。④专横——喜命令支配，有时略傲慢。

22. ①散漫——生活任性无秩序。②无同情心——不易理解别人的问题与麻烦。③无热忱——不易兴奋，经常感到好事难成。④不宽恕——不易宽恕或忘记别人对自己的伤害，易嫉妒。

23. ①逆反——抗拒或犹豫接受别人的方法，固执己见。②保留——不愿意参与，尤其当事物复杂时。③怨恨——把实际或想象的别人的冒犯，经常放在心中。④重复——反复讲同一件事或故事，忘记自己已重复多次，总是不断找话题说话。

24. ①惧怕——经常感到强烈的担心、焦虑、悲戚。②挑剔——坚持做琐碎的事情，要求注意细节。③健忘——由于缺乏自我约束，不愿记无趣的事。④率直——直言不讳，不介意把自己的看法直说。

25. ①好插嘴——滔滔不绝的发言者，不是好听众，不留意别人也在讲话。②不耐烦——难以忍受等待别人。③优柔寡断——很难下定决心。④无安全感——感到担心且无自信心。

26. ①不善表达——很难用语言或肢体当众表达感情。②不愿参与——无兴趣且不愿介入团体活动或别人的生活。③不受欢迎——由于强烈要求完美，而拒人千里之外。④难预测——时而兴奋，时而低落，承诺总难兑现。

27. ①犹豫不决——迟迟才有行动，不易参与。②难于取悦——标准太高，很难满意。③即兴——不依照方法做事。④固执——坚持依自己的意见行事。

28. ①悲观——尽管期待好结果，但往往先看到事物的不利之处。②自负——自我评价高，认为自己是最好人选。③放任——容许别人（包括孩子）做他喜欢做的事，为的是讨好别人，让人喜欢自己。④平淡——中间性格，无高低情绪，很少表感情。

29. ①无目标——不喜订目标，也无意订目标。②冷落感——容易感到被人疏离，经常无安全感或担心别人不喜欢与自己相处。③好争吵——易与人争吵，永远觉得自己是正确的。④易发怒——有小孩般的情绪，易激动，事后马上又忘了。

30. ①漠不关心——不关心，得过且过，以不变应万变。②莽撞——充满自信，坚韧不拔，但常不适当。③消极——往往看到事物的反面，而少有积极的态度。④天真——孩子般的单纯，不喜欢去理解生命的意义。

31. ①孤独离群——感到需要大量时间独处。②工作狂——为回报或成就感，不断工作，耻于休息。③需要认可——需要旁人认同、赞赏，如同演艺家，需要观众的掌声、笑声与接受。④担忧——时时感到不确定、焦虑、心烦。
32. ①胆怯——遇到困难退缩。②过分敏感——被人误解时感到冒犯。③不圆滑老练——常用冒犯或未斟酌的方式表达自己。④喋喋不休——难以自控，滔滔不绝，不是好听从。
33. ①多疑——事事不确定，又对事缺乏信心。②擅权——冲动地控制事情或别人，指挥他人。③抑郁——很多时候情绪低落。④生活紊乱——缺乏组织生活秩序的能力。
34. ①内向——思想兴趣放在内心，活在自己的世界里。②无异议——对多数事情均漠不关心。③排斥异己——不接受他人的态度、观点、做事方法。④反复——善变，互相矛盾，情绪与行动不合逻辑。
35. ①杂乱无章——生活无秩序，经常找不到东西。②情绪化——情绪不易高涨，不被欣赏时很容易低落。③含糊语言——低声说话，不在乎说不清楚。④喜操纵——精明处事，影响事物，使自己得利。
36. ①缓慢——行动思想均比较慢，通常是懒于行动。②怀疑——不易相信别人，寻究语言背后的真正动机。③顽固——决心依自己的意愿行事，不易被说服。④好表现——要吸引人，要做注意力的集中点。
37. ①大嗓门——说话声与笑声总是令全场震惊。②统治欲——毫不犹豫地表示自己的正确或控制能力。③懒惰——总是先估量每件事要耗费多少精力。④孤僻——需大量时间独处，喜避开人群。
38. ①易怒——当别人不能合乎自己的要求，如动作不够快时，易不耐烦而发怒。②拖延——凡事起步慢，需要推动力。③猜疑——凡事易怀疑，不相信别人。④不专注——无法专心或集中注意力。
39. ①勉强——不甘愿的，挣扎，不愿参与或投入。②报复——情感不定，记恨并力惩冒犯自己的人。③轻率——因无耐性，不经思考，草率行动。④烦躁——喜新厌旧，不喜欢长期做相同的事。
40. ①妥协——为避免矛盾，宁愿放弃自己的立场。②好批评——不断衡量和下判断，经常考虑提出相反的意见。③狡猾——精明，总是有办法达到目的。④善变——像孩子般注意力短暂，需要各种变化，怕无聊。

每一个题目选项对应的字母如下：

1. CPSM	2. MSCP	3. PMSC	4. MPCS	5. SMPC
6. PMCS	7. MPCS	8. CSMP	9. MPCS	10. PMSC

11. CSPM	12. SPMC	13. MCPS	14. SCPM	15. PMCS
16. MCSP	17. PMCS	18. PCMS	19. MPCS	20. SCMP
21. PMSC	22. SCPM	23. PMCS	24. MPSC	25. CMPS
26. MPSC	27. CSMP	28. PMCS	29. SPCM	30. SMCP
31. PMCS	32. MCPS	33. PSCM	34. SMCP	35. SMPC
36. PCSM	37. MCPS	38. PMCS	39. MSPC	40. PMCS

评分方法：

对应40个题的答案，分别计算C、S、M、P四个字母的个数。按数值多少排序，数值越多的字母越代表主导性格。如果某个字母数值超过25，则是典型的该种性格类型。得分最多的第一和第二字母，形成了你的组合性格，对你的性格模式起关键性的作用；其他字母属于你的附属性格，对你的性格模式起辅助作用。

C-（　）　S-（　）　M-（　）　P-（　）

C—外向、乐观、行动者的能力型

S—外向、乐观、多言者的活跃型

M—内向、悲观、思考者的完善型

P—内向、悲观、旁观者的平稳型

自然混合型：CS（SC）、PM（MP）互补加强型：CM（MC）、PS（SP）矛盾平衡型：CP（PC）、SM（MS）

思考题

1. 如何理解人格和健全人格的内涵？
2. 请结合气质类型特征，分析自己的气质类型，以及给你带来的启示。
3. 请结合性格类型特征，分析自己的性格类型，以及给你带来的启示。
4. 请结合实际，思考健全人格的决定因素与自己成长历程的关系。
5. 请结合实际，思考如何塑造自己的健全人格。

阅读书目

1. 丹尼尔．内特尔．人格：认识自己，做更好的你[M]．北京：中信出版社，2020.
2. 大卫・范德．人格心理学：人与人有何不同[M]．北京：世界图书出版公司，2018.
3. 亚伯拉罕・马斯洛．动机与人格[M]．北京：中国人民大学出版社，2012.
4. 武志红．走出人格陷阱[M]．北京：北京联合出版有限公司，2020.
5. 威廉・麦独孤．性格的力量[M]．北京：中国友谊出版公司，2019.

第九章 大学生的心理困惑

任务目标

★ 认识大学生心理健康的影响因素
★ 了解大学生常见心理困惑的特征
★ 掌握大学生心理困惑的应对方式
★ 理解识别常见心理困惑的重要性

每天安静地坐十五分钟，倾听你的气息，感觉它，感觉你自己，并且试着什么都不想。

——艾瑞克·弗洛姆

第一节 大学生心理健康影响因素

人的心理健康本身就是一个极为复杂的动态过程，要找到影响一个人的心理健康的原因或症结所在也是相当复杂的。它可以是个体自身因素，也可以是社会环境造就；可以是生理因素，也可以是社会因素。总之，影响一个人的心理健康的原因肯定不会是单一的，而是多种因素交错在一起而导致的。简言之，大学生心理问题的产生与个体自身因素和客观环境因素相关。其中，个体自身因素是诱发其心理问题的内因，而客观环境因素是引起心理变化的外因，而外因通过内因起作用。

一、个体因素——内因

各种危机源是引发心理危机的外部诱因，而最终是否引发心理危机，起关键作用的还是个体的内部因素。个体自身因素是影响心理健康的内因，具体反映在以下几个方面。

（一）躯体化因素

中国古代中医告诉我们，人的“七情六欲”都将影响一个人的身体健康，相反，个体的生理因素也会对一个人的心理健康造成很大影响。

科学家研究发现，一个人的生理器官或者神经系统的缺损或者运行不正常就会造成心理波动剧大，甚至产生心理问题。比如人体肾上腺素过多，导致大脑皮质兴奋，从而可能引发躁狂型精神病症状。还有，人的脑干黑质里合成的一种称为多巴胺的物质（见第八章、第一节），它使大脑兴奋，使人处于觉醒状态，因此，有一些精神分裂症病人的症状与该物质分泌过多有关，相反，患帕金森病的人，其症状出现手颤抖、不能动作，却是与多巴胺过少有关。

当然，在躯体化因素中，人脑最为直接。心理是人脑的机能，人脑是心理活动的器官。例如，左半球颞叶相连的部位是管理人的思维的地方，如果它受损，人们就不能正常思维了。又如，大脑语言区中央前回下部分，如果它受损，人们就不能正常说话了，这就是“失语症”。由于食物中毒、煤气中毒、药物中毒等有毒、有害物质侵入人体导致人的中枢神经系统的感染，都有可能造成心理问题。因此很多出现精神疾病症状的人，医生会首先让病人去检查生理器官，确认是否由于躯体因素导致心理病症。

（二）遗传因素

遗传是指在个体身上体现的遗传素质。载有父母遗传信息的基因（DNA）在复制过程中，将遗传信息传给子女。一个人，作为一个整体，其身心健康（包括身、心两个方面）与遗传因素的关系十分密切。当然也不能说人的心理异常或精神疾病都是遗传下来的，只是说有些心理异常或精神疾病与遗传因素密切相关。近几十年的研究表明，在精神疾病中，精神分裂症、躁狂抑郁症和癫痫性精神病等所谓内源性精神病，遗传因素在其发病过程就有着十分重要的作用。如德国精神病学家卡尔曼的研究证明，父母均为精神分裂症患者，子女患病率为68.1%，有一方为精神分裂症患者，子女发病率为16.4%；家庭无精神病史者，子女发病率仅为0.85%。

（三）生理或疾病因素

个体在成长发育过程中，身体过胖或过瘦、身材矮小或身材过高、相貌平平或有缺陷等生理问题都会对大学生心理造成困扰甚至心理异常。另外，由于躯体疾病或躯体损伤所致的组织变异和功能失调均能引起心理异常。

（四）心理因素

个体心理因素对心理健康的影响最大，包括个体的认知态度、意识品质、情感表现和性格特征等几方面。一个人的自我认知是与其世界观、人生观和价值观相关的，当大学生在生活中遇到各种各样的事件后，不同的人会有不同的认知，就会有不同的情感表现和行为方式，如果认知是不合理的，必然会导致不良情绪的产生，如果不良情绪长期得不到疏导，积压在内心就会导致心理障碍的形成。其中个人遇到的各种挫折与心理冲突是造成心理问题的重要原因。

人人都有需要，需要产生动机，从而推动人们的行为。到了大学以后，大家发现每个人的需要是多样化的，从而改变了高中阶段“考上好大学”，这一唯一目标和需要。当需要得到满足时就会产生正向的情绪体验和态度，如满意、喜悦、兴奋等积极的情绪，从而增强自我肯定评价；相反，当需要得不到满足的时候就会产生负向的情绪体验，如失望、悲伤、沮丧、痛苦乃至绝望等消极情绪，同时增加了对自我的否定和负面评价。当其心理需要不能得到满足或不合理的需要恶性膨胀，又得不到及时合理的疏导时，势必是心理健康的“定时炸弹”。

社会生活及人的心理需要往往是多样性的，也就是人们常说的难以“两全其美”，因此，人们的心理常处于矛盾状态，难以抉择，并因此产生强烈的心理冲突，最常见又难以解决的就是动机冲突。比如想考研，又怕读完研后更不好找工作，想参加工作又怕低学历找不到高层次的工作岗位；又比如既想成为“学霸”，又想成为各种“会”里的“活跃分子”。动机冲突得不到合理的解决或者把自己“逼”得过头了，就会产生焦虑、紧张、恐惧的情绪，使得效率降低，影响学习成绩和人际交往，因此陷入苦恼、不安、痛苦的“旋涡”中无法自拔，最终导致心理异常。

性格特征同样也影响着心理健康。危机人格理论认为，心理危机受个体人格特征的影响，容易陷入危机状态。在大学里，个别学生在心理发展和成长的过程中出现了一些消极的个性心理特征。比如以自我为中心、情绪不稳定、认知能力和自控力差、过分敏感等，这些都是导致心理异常的重要原因。研究表明，特殊的人格特征往往会导致相应的精神疾病，特别是神经官能症的发病基础。比如谨小慎微、追求完善、墨守成规、敏感多疑、事事后悔、苛求自我等强迫性人格特征，容易导致强迫性神经症；再比如，易受暗示、沉溺幻想、情绪多变、容易激怒、以自我为中心、自我表现等特殊人格特征，容易导致癔症。因此培养健康的人格是保持身心健康的关键因素。

二、环境因素——外因

大学生作为一个特殊群体，他们不仅在心理因素上存在特异性，其自身所处的外部环境也存在特异性。大学生的心理困惑概括来说就是一“高”一“低”：一“高”是，大学生是承载社会、家长高期望值的群体，自我成才欲望非常高；一“低”是，其心理发展尚未完全成熟、稳定，缺乏社会经验，适应能力较差。正是这种矛盾造成了大学生的心理问题。导致大学生心理困惑的环境因素，主要有以下四个方面。

1. 家庭环境因素

家庭作为个体的主要社会网络，是个体心理健康重要的影响因素。家庭是儿童心理健康形成的初始环境，是儿童获得早期生活经验、形成最初的道德认识和行为习惯的主要场所。

分析一个人的心理状况与其生长的原生态家庭环境是分不开的。家庭因素主要包括家庭结构、家庭成员之间的情绪氛围、父母的教育方式、家庭的经济结构以及家长的人格特征等。家庭的情绪氛围是良好的心理素质形成的前提。在气氛紧张、父母关系不和谐的家庭里，父亲和母亲都处于极大程度的情绪紧张状态，他们常常烦躁不安、性情暴躁、言语粗鲁，对长辈缺少孝敬甚至虐待。在这样的环境中，没有独立生活能力、完全依赖父母的儿童容易情绪紧张，为父母关系失调而慌乱、憎恨，为忠实父亲还是母亲而烦恼和疑惑。紧张的家庭人际关系，使孩子长期处于负性情绪中，又缺少温暖和关爱，容易使孩子形成孤僻、自私、玩世不恭、缺乏安全感等不良品质，对个体的心理健康造成极大不良影响。父母的教养方式直接影响孩子心理和个性的成长。在中国式的家庭里，父母往往出现两种极端：一是极端的溺爱、放养的教养方式，无限的满足孩子的一切需要；另一种是望子成龙的父母对孩子的严厉近乎苛求的教养方式。开明的家庭教育态度则是融洽和谐、民主平等的，而非居高临下或一味骄纵。家庭的人员结构或经济结构的变化都是大学生产生心理危机的因素，比如单亲家庭或重组家庭，又或者家庭经济出现突然转变都会影响大学生心理健康。

2. 学校环境因素

学校是大学生学习、生活的主要场所，学生的大部分时间都是在学校中度过的，因此，学校的校风、课程设置以及心理健康教育等对学生的心理健康影响极大。大学里的学业压力、人际交往压力、就业压力以及经济压力都冲击着心理发展尚未成熟的大学生。我国的高等教育目前普遍存在着教师“授业更重于传道”；学校对学生人格完善的重视程度不够；师生之间的交流越来越少；灌输式的教育方式依然是主流；学生在学习过程中缺乏应有的主动性和创造性，往往是被动接受知识而少有学习兴趣的产生；学生对大学生活缺少指导等。大学生正处于由不成熟向成熟转变的心理过渡阶段，因此，相比其他年龄阶段的人群，他们的心理压力更大，出现心理问题的可能性也更大。

3. 社会环境因素

我国正处于社会转型时期，经济的快速发展、社会制度的巨大变革、社会竞争的日益激烈、多元价值观念的冲击以及互联网技术的飞速发展等，都将对校园内的大学生产生多重影响。在新旧道德伦理观念与道德规范交替的社会不定型期，出现了信仰的迷茫、价值的失落、道德规范的弱化和思想观念的混乱等现象，许多人的世界观、人生观、价值观发生了严重扭曲。大学校园并非是昔日的象牙塔，社会生活中种种不健康的思想、情感、行为，严重污染着校园内的大学生，特别是现在各种社交传媒的作用越来越大，网络、手机文化出现的“表面化、庸俗化、虚拟化”混乱着、影响着大学生的心理健康。与此同时，大学生群体作为社会中高智商、高素质的群体往往容易受到社会大众的关注，其群体的一言一行也容易被大众所诟病和放大，从而会加重大学生的心理负担。

第二节　大学生心理困惑的类型

一、发展性心理困惑

1. 学习困惑

学习是大学生的首要任务，也是大学生活的主要内容。和中学相比，大学的学习目标、教学内容、教学方式、教学环境都有较大差异，有些大学生在适应大学学习的过程中，不能较快地掌握大学学习的方法，跟不上老师的上课节奏，从而出现自卑、焦虑、注意力不集中、学习效率低等问题，甚至出现考试焦虑、失眠、头痛等现象。另外，有些大学生对学校不满意或对专业不喜欢，导致学习动力不足，学习目标不明确，甚至厌学。

【案例 9-1】

张某，大四学生，来自省重点中学。高考时因发挥不理想，没能考上自己心中向往的学校。勉强接受现在的学校。入学后就树立明确的目标，一定要考上某985大学的研究生，弥补高考时的遗憾。6月份大学英语六级考试没有通过，随着研究生考试日益临近，张某心里越来越紧张，晚上入睡困难，白天精神状态差，学习效率明显下降，甚至害怕晚上来临，担心自己睡不着从而影响学习，心里感觉十分苦闷。

2. 人际关系困惑

和中学相比，大学生的人际交往更为广泛，更为复杂，更具社会化。大学生渴望友谊，希望扩大交际圈，提高人际交往能力，收获好的人际关系。但由于认知、情绪和个性等各方面因素，再加上缺乏人际交往的经验和技巧，他们容易陷入交往误区，在交往过程中遇到冲突和挫折，因此产生人际关系的困惑。

有些大学生以自我为中心或过于自负，不屑与人交往；有些大学生因自卑、恐惧、性格孤僻，不敢或不愿与人交往；有些大学生缺乏社会技能，经验不足，从而导致人际关系失调，倍感孤独。

【案例 9-2】

某学院男生，上大学一年多，和班级同学相处不融洽，跟室友发生过几次不小的冲突，更换了两次寝室。现在和高年级的学生住，几乎不交流，也不与同班同学来往，集体活动也很少参与，常感到孤独和自卑，情绪烦躁，失去了学习信心，以至于厌倦学习，想要休学或退学。

3. 情绪困惑

在大学四年的学习、生活、交往过程中，此类情绪问题是大学生群体中比较突出和普遍的问题。因独特的社会地位、知识水平以及大学环境特点，大学生极易产生不同程度的情绪困惑，从而导致认知失调，影响人际关系的建立和学习生活。

（1）焦虑。焦虑是一种十分常见的情绪反应，是类似担忧的反应或是自尊心受到潜在威胁时产生担忧的反应倾向，是个体主观上预料可能会产生某种不良后果而出现的一种紧张、担忧、不安兼恐惧的混合的消极情绪体验。总体而言，焦虑是由个体对未来可能发生的困难、冲突、挑战、危险或威胁的预感所诱发的。适度的焦虑对个体发展有益，能诱发人的活力，激发个体潜能，而过度的焦虑则使个体处于一种无所适从的状态，出现坐立不安、注意力分散、效率下降、身体不适等不良反应。

（2）抑郁。抑郁是大学生常见的情绪困扰。当个体感到无法应对外界压力时产生的消极情绪。情绪抑郁的大学生主要表现是：情绪低落、闷闷不乐、兴趣降低、缺乏活力，干什么都打不起精神，不想参加社交活动，故意回避熟人，对生活失去信心，体验不到生活的快乐。抑郁情绪严重的可能伴有食欲减退、失眠等现象。对大多数人而言，抑郁只是偶尔的、暂时的，常与外界情境刺激有关，如学习成绩下降、失恋、意外伤害、家庭变故等，也有个人内部心理原因的影响。长期过度的抑郁会使人的身心受到严重损害，无法有效地学习和生活。

（3）嫉妒。嫉妒是指他人在某些方面比自己优越而产生的不愉快，并以心怀不满为特征的一种不悦、自惭、怨恨、痛苦、恼怒心理。嫉妒对象多指向与自己不相上下或稍高于自己的熟悉的同学、朋友和周围的其他人。嫉妒心强的人一旦发现别人胜过自己就会产生怨恨或愤怒的情绪，这种情绪一旦成为行为，就会制造谣言、设置障碍、落井下石、挑拨离间、伺机报复，以求从另一个角度去击败对方并力图让自己心安理得。嫉妒心理是阻碍进步、影响团结、妨碍交往，最终危害自身健康的消极情感。

【案例 9-3】

李某和王某是同班同学兼室友。入学后不久，两个人就成了形影不离的好朋友。李某活泼开朗，王某也落落大方，两人一个是班长，一个是校学生会副部长。大二学期末评优时，李某获得了一等奖学金，还被评为校级优秀学生干部。而王某因一门课程挂科而未获得任何荣誉，感觉白忙活了一年。王某认为李某得到的好处比自己多，把风头占尽。后来，她时常以冷眼对李某。大三时，李某参加了全省职业生涯规划大赛，并获得一等奖。王某得知这一消息先是愤愤不平，而后妒火中烧，趁李某不在宿舍的时候将其获奖证书撕成碎片，扔在地上，踩上数脚。李某知道真相后，怎么也想不通为什么两个好朋友变成了这样子?

（4）易怒。愤怒是由于客观事物与人的主观愿望相违背，或因愿望无法实现时，人们内心产生的一种刺激的情绪反应。处于青春期的大学生内分泌系统处于空前活跃时期，大脑神经过程的抑制和兴奋发展不平衡，自制力较差，容易冲动。易怒是大学生常见的一种现象，有的大学生因为一件小事或一句话便暴跳如雷，甚至拳脚伤人；有的因人际协调受阻而怒不可遏、恶语伤人；有的以自我为中心，对他人缺乏宽容和理解，稍有不顺就气愤不已；有的因别人的观点或意见与自己相左而恼羞成怒。这种不加控制的愤怒情绪极易伤害人际关系，同时也破坏自己的心情。

（5）冷漠。冷漠是个体对外界刺激缺乏相应的情绪反应，表现为对人对事漠不关心，反应冷淡、退让的消极情绪体验。冷漠是一种对环境和现实自我逃避的减缩性心理反应，表现为对生活没有热情和兴趣，对自己的前途、国家大事漠然置之，对周围的人和事态度冷淡，对集体和同学无动于衷。于是，把自己游离于社会群体之外，独来独往，对各种刺激麻木不仁。具有这种情绪的人从表面上看虽然表现为平静、冷漠，但内心却往往有强烈的痛苦、孤寂感和压抑感。

4. 恋爱和性的困惑

细数人生中的众多阶段，大学生活是最浪漫、自由的一个时期。大学生渴望了解异性，向往爱情，但由于缺乏爱的能力，一些大学生不能正确理解和对待爱情，难以理智处理多种恋爱问题，往往饱受单恋、被动恋爱、恋爱与学习关系问题、恋爱与友情的矛盾、恋爱受挫、失恋等情感之苦，出现不同程度的心理冲突，如焦虑、难过、矛盾、自责，严重的出现抑郁、失眠、注意力不集中、不愿与人交往，甚至自伤或伤人行为。在性面前，大学生对性知识、性行为的不恰当认知，常陷入矛盾旋涡，出现困惑。婚前性行为、校园同居、恋物癖、性意识困扰等问题都会引起大学生的恐惧、焦虑和苦闷，在一定程度上影响其正常学习和生活，甚至干扰自我的正常发展。

【案例 9-4】

小方与同班男生小刘谈恋爱，过了一段时间之后，小方觉得双方性格不合提出分手。小刘感觉被小方抛弃，不甘心就此分手，对小方苦苦哀求无果。从此，情绪一落千丈，整天待在宿舍，并威胁小方要自杀。小方不为所动，他又扬言，如果小方不同意和好，他就要报复，让小方不得安生。两人都陷于痛苦的深渊。

5. 自我认知困惑

大学生的心理发展逐渐成熟，他们对未来充满美好的想象和憧憬，开始努力寻求自己的人生价值，并不断反省自我、探索自我、充实自我和发展自我。这些既是促使他们自我发展和成熟的内在动力，也给他们带来自我评价与认知的矛盾和迷惘。个人理想与现实的冲突、过强的自尊心和过度的自卑感、虚荣心都会影响他们的人际关系，甚至成为学生发展和健康成长的绊脚石。

【案例 9-5】

罗某，男，18岁，重点工科大学一年级学生。来自农村，自幼勤奋刻苦，成绩优秀。考入大学后，由于城乡环境的差异，他觉得自己在服饰、语言、动作，以至风度上都不能与城里来的同学相比，内心产生了“先天不如人”的自卑感，但同时也有不甘心、不服气的思想，想以优异的学习成绩来展示自己的才能，在过分紧张的学习和沉重的心理压力之下，他开始失眠了。

6．职业发展困惑

大学生对人生的期望较高，寒窗苦读十余年，付出了那么多的时间、精力和金钱，他们都希望获得一份薪酬合适、环境良好、有发展空间的工作。有些大学生对自己的性格、气质、兴趣与能力未做充分考虑，对职业发展缺乏规划，一味急躁盲目或无所适从，时常产生迷茫、困惑、矛盾、无助、焦虑、自卑等消极情绪体验。什么工作岗位是适合自己的？什么工作是自己擅长的？如何从茫然中找到自己的方向，找到自己的出路？先择业还是先就业？这些问题给众多大学生造成了很大的精神压力。

【案例 9-6】

小宋，大二男生，学习成绩中等。大二第二个学期开学不久，感到茫然，学习没有动力。有时看着身边的同学不是在用功学习就是积极参加各类活动，心生懊恼。可小宋没有明确的奋斗目标，学习上得过且过，生活上马马虎虎、毫无目的，上课打不起精神，他不是因为喜欢上网而荒废了学业，而是因为实在没劲才去上网、聊天、打游戏。

二、心理疾病

1．神经症

神经症又称神经官能症，是一组大脑功能失调的精神障碍的总称。个体没有可证实的器质性病变，但出现焦虑、抑郁、恐惧、强迫、疑病症状，与其现实处境不相称，个体对存在的症状感到无能为力的痛苦，有相当的自知力，一般社会适应能力较好。

根据CCMD-Ⅳ的精神疾病分类标准，神经症一般可分为以下几种类型：强迫症、焦虑症、疑病症、恐惧症。

（1）强迫症。强迫症是以强迫症状为特征的神经症，个体存在反复持续，主观上感到不必要但不能克制的思想、意向、情绪和行为，因而出现焦虑、烦恼、痛苦的体验。强迫症主要包括三种类型，分别为：强迫观念，某种观念、回忆、联想等不能自我控制的反复出现，如强迫回忆、强迫性穷思竭虑；强迫意向或冲动，常被某个念头缠绕，产生一种非理性的、有害的冲动；强迫动作，不能克制地反复出现某些行为，如强迫洗手、强迫计数。

【案例 9-7】

A同学，男，大一学生。处世畏首畏尾、谨小慎微，做事力求尽善尽美，做事总不放心，反复检查。在他从寝室到教室上课的路上，经常要停下来几次，检查上课的资料是否已带齐。上课时，经常质疑自己看到的课件或材料是否真实，反复确认眼镜的存在。裤子皮带系紧了，觉得影响自己的呼吸，系松了又认为形象不雅，他便将皮带不断地扣在第四个眼儿里，又扣在第五个眼儿里……每天重复着这些无谓的动作，严重影响了他的正常生活和学习，为此他很苦恼，想改变却无能为力。

（2）焦虑症。焦虑症是以持续性精神紧张，焦虑为主要特征的神经症。主要包括惊恐障碍和广泛性焦虑两种。个体在毫无缘由或一些无关紧要的情况下，对未来紧张不安、忧心忡忡。紧张焦虑程度与现实情境极不相称。

广泛性焦虑，又称慢性焦虑，主要表现为不明原因的经常或持续的紧张不安和提心吊胆，并会出现出汗、头痛、心悸、背痛等植物神经症状，甚至夜间入睡困难。

惊恐发作又称急性焦虑症，患者时常会不可预测地突然出现严重的惊恐体验，心跳过速、呼吸困难、头晕、气急，感到大难临头或死亡将至，发作时通常可持续数分钟。

（3）疑病症。疑病症是对自身健康状态过分关切，深信自己患了某种严重的躯体疾病为特征的神经症。个体对自己的健康状况过分关注，经常诉说身体某部位的不适，怀疑、担心自己得病，并到医院检查，医院的检查结果未发现异常。不相信检查结果和医生的解释，并坚信自己有病，反复就医，甚至影响个体学习和生活。

（4）恐惧症。恐惧症是以强烈的恐惧为主要表现的神经症。个体对某些事物或特殊情境产生过分、难以控制的恐惧感，同时伴有焦虑和植物性神经功能障碍，并采取回避行为。恐惧症主要包括三种类型，分别为：场所恐惧症、社交恐惧症和特定恐惧症。

①场所恐惧症主要表现为在某些特定环境，如广场、幽室、拥挤的公共场所、难以快速逃离的商场、电梯等，个体会出现严重的恐惧和焦虑，伴有呼吸急促、心悸、眩晕。②社交恐惧症主要表现为害怕社会交往。个体在处于社交情境中，可能受到他人注视时或害怕当众出丑而出现明显的焦虑不安，不敢看人、不敢讲话，甚至面红耳赤、出汗、心慌、眩晕，并想方设法回避或离开这样的场合。③特定恐惧症是个体对特定对象或情境有不合常理的恐惧，如对某种动物的恐惧，害怕猫、老鼠、蛇、鸟类及昆虫等；有些个体是对尖锐物体的恐惧；有些是对黑暗、风、雷电等自然现象的恐惧。

【案例 9-8】

小林，大三的男生，只要天黑就不敢去地下室，白天无所谓。一次，母亲强迫他去，他竟然昏倒在地下室。后来发展到不敢关灯睡觉，即使和别人同住一屋，一关灯就吓得“哇哇”大叫。原来在其幼年期，听小朋友讲鬼故事，说到一位鬼怪，专挖十岁以下小朋友的眼睛，当时听完故事后满怀恐惧的回家，结果半路在黑暗中遇到一名喝醉酒的人，小林吓得昏了过去，从此对黑暗产生极大恐惧。

2. 抑郁症

世界卫生组织发表的2001年世界卫生报告说，抑郁症目前已成为世界第四大疾患，抑郁症也正成为危害大学生的主要心理障碍。

抑郁症主要表现为情绪低落、暗自伤心流泪、兴趣丧失、思维迟缓、不愿与人交往、感到处处不如意、自我评价降低、自责自罪、食欲降低、失眠早醒、担心自己患病、感到全身处处不适，内心体验多苦闷、无助、无望，甚至悲观厌世，觉得活着没意思，严重者可能出现自杀的念头和行为。抑郁症之所以在大学生群体中比例较高，主要原因有：一方面，他们对社会有各种强烈的需求，极力想表现出自己的才能；另一方面，他们对社会的复杂缺乏认识，对自身行为的合理性和可能性了解得不够深刻，加上人生观、价值观尚未稳定建立，对挫折的承受能力与心理防御机制不成熟、不完善，因而很容易表现出抑郁的情绪和心境。

3. 人格障碍

人格障碍又称变态人格、病态人格，是指个体的人格特征明显偏离正常，并形成了特有的行为模式，不能适应正常的社会生活，对社会功能造成影响，使个体对环境适应不良，个体为此感到痛苦，但难以纠正。人格障碍源于童年期，定型于青年期，持续至成年期甚至终生。人格障碍本身并非病态。

（1）偏执型人格障碍。主要表现为：固执刻板、敏感多疑，较难接受他人意见，易与别人争执，过分警惕与防卫，对人不信任，总以为自己是正确的，将自己的挫折和失败归咎于他人。给人感觉不通情达理，很难相处。

（2）分裂型人格障碍。主要表现为：退缩、孤僻、害羞，常常独来独往，缺乏亲密的人际关系，情感疏远，不善表达自己的情感。他们常沉溺于幻想之中，幻想内容缺乏情感色彩，对现实的认识能力保持完好，但活动能力差，缺乏进取心，对竞争环境采取回避态度。

（3）自恋型人格障碍。主要表现为：自我评价过高、自傲自负，过分关注别人的评价，要求别人持续关注和赞美，对批评感到愤怒和羞辱。

（4）反社会型人格障碍。主要表现为：常发生不符合社会规范的行为，自私自利、缺乏同情心，对他人的痛苦无动于衷，甚至在某些情况下有意给别人制造痛苦和麻烦，缺乏悔恨羞愧之心，行为冲动具有攻击性，反复出现违纪、违法行为，对社会危害大。

（5）表演型人格障碍，又称癔症型人格障碍。主要表现为：情绪不稳定，暗示性强，容易受到他人或环境影响，以自我为中心，过分做作，富有表演色彩和戏剧性行为，不自觉地用幻想替代现实。

（6）依赖性人格障碍。主要表现：缺乏独立性，感到自己能力低下、精力不足，容易疲劳、情绪不稳定、缺乏自信，过分依赖别人、缺少主见，过分服从别人的意志，希望别人安排自己的生活，对他人依赖性强。

（7）焦虑型人格障碍，又称回避型人格障碍。主要表现为：回避社交，害怕被取笑、羞辱或嘲弄，过分焦虑和担心，心理自卑，自感无能，害怕在社交场合被批评和拒绝，面对挑战多采取回避态度或无力应付。此类个体长期或全面地脱离社会关系。

三、精神分裂症

精神分裂症的症状表现复杂、多样。其特征性表现是患者精神活动与现实环境分离，思维、情感、意志行为之间不协调，难以理解，甚至相互分裂。患者一般智力状况良好，对自己的病态表现缺乏自知力，难以正常地学习和生活。下面将介绍精神分裂症几种特征性症状。

1. 思维障碍

这是精神分裂症最具有特征性的症状之一。主要表现在：

（1）思维联想障碍。患者思维活动缺乏连贯性和逻辑性，说话或写东西缺乏中心思想，思维内容前后不连贯，缺乏现实意义和逻辑联系。由于联想的偶然性，患者回答同一个问题常出现回答内容前后不一致。有思维松弛、破裂性思维、象征性思维等思维活动障碍。

（2）妄想。妄想是一种在病理基础上产生的歪曲的信念、病态的推理和错误的判断。它与现实不符，也不符合患者所受的教育水平，但患者对此坚信不疑，无法说服，也不能通过亲身体验和经历加以纠正。妄想的主要类型有：关系妄想、被害妄想、钟情妄想、影响妄想、夸大妄想等。

2. 情感障碍

这是精神分裂症的重要特征之一，主要表现为情感迟钝冷漠，情感反应与思维内容及外界刺激不配合。患者对周围事物的情感反应迟钝或平淡，对生活、学习的要求减退，兴趣爱好减少。病情严重时，对那些使一般人产生莫大悲哀和痛苦的事，也表现得冷淡无情、无动于衷。同时，又可对细小事件产生爆发性情感反应。有的患者会出现情感倒错，以无所谓的情绪叙述自己最痛苦的遭遇，谈到高兴的事情反而会伤心流泪。

3. 意志行为障碍

患者明显的意志活动减少，对社交、学习和工作没有兴趣，缺乏应有的要求，行为懒散、退缩、被动，严重时终日卧床或呆坐，无所事事、孤僻离群、脱离现实。

4. 幻觉

幻觉是一种虚幻的表象，患者感知到客观现实中不存在某种事物的存在。半数以上的精神分裂症患者会出现幻觉，最常见的是幻听，主要是语言性幻听，客观毫无诱因地听见同学、邻居或陌生人说话，而说话内容往往是与他相关，令其产生不愉快的体验。此外，幻视也不少见。精神分裂症幻视的形象往往是很逼真的，颜色、大小、形状清晰可见，内容多单调离奇。

第三节　大学生心理困惑的应对

目前，高等教育处于大众化的阶段，大学校园不再是单纯的“象牙塔”，而是大学生的心理逐步走向成熟而尚未成熟的过渡时期，各种心理活动异常活跃，充满矛盾，而自我调节能力不够，再加上生活学习环境的变化，人际关系的复杂化，以及外在社会环境的变化，就业竞争等一系列问题导致大学生产生一系列心理困惑。

一、正确看待心理困惑

心理困惑很普遍，不是什么可怕的东西，大可不必畏之如虎，当然也不能无视其存在。首先要科学认识和看待心理困惑。每一个人，在他的成长经历中，在学习、工作和生活中都会遇到一些困扰，只是因为个体的差异导致应对和表现方式的差异。比如有一些人的自我调控能力强，他就能够将一些心理问题通过某种途径化解而不表现或表露出来，而另一些人则会出现情绪上或其他方面的甚至行为上的反应。有的大学生即使出现心理问题（有的是知道自己有心理问题，有的则未察觉），也不去或不愿去心理咨询和找心理医生，这是偏见所致。他们认为，一旦去找心理医生，如被发现，则很可能被认为有精神疾病。要么是人们离他而去，要么是受到身边人的歧视。因此，大多数有心理问题和疾病的人，宁愿忍受心理疾病的煎熬，也不愿去找心理医生。

大学生遇到心理困惑既不能轻易对号入座，也不能讳疾忌医，应该运用科学的知识去自我识别，并采取正确的措施。正视心理问题，正确面对和坦然接受并解决心理问题，才是最理性和有效的预防心理疾病的最好方法。

二、学会自我调节

当自身出现心理困惑时，怎么面对和处理呢？要知道从心理健康状态角度来讲，完美的健康，没有一点问题的心理状态几乎是不存在的。而往往内因是事物变化发展的根据，“外因通过内因起作用”，因此首先要做的就是接纳自己的问题，这样不仅可以帮助自己减轻心理压力，而且可以帮助自己发掘出更多的潜力，寻求更好的处理方法。无论何种困惑或何种程度都会有不同程度的负性情绪表现出来。

1. 加强认知调节

积极、乐观的认知方式、认知态度和消极、悲观的认知方式对于心理调节的反应是完全不一样的。积极乐观的认知方式会减轻心理压力，因此平时我们要注意纠正片面的、绝对的、无限夸大失败后果的思维方式，学会用全面、辩证的观点看问题。

2. 加强情绪调节

当我们可以觉察自己情绪的时候，首先要接纳它，并体验情绪。只有这样才能更好地利用情绪，更好的生活，而不是陷于情绪中无法自拔。最不明智的做法就是不承认自己的不良情绪，试图压抑它、“忘记”它，这样反而更“危险”。接纳情绪后就要学会如何调节它的一些方法，比如建立合理性认识，转移注意力方向、合理宣泄调节、自我激励调节等。

3. 加强行为调节

人的行为直接影响着活动效率及自我评价，很大程度上对心理健康有着直接影响，所以大学生应注意自己在交往、学习、日常生活中的行为调节，使之能够适应学习和生活的要求，更好地实现自己的期望目标，从而提升自我效能感和满意度，产生自信心和愉悦感。

三、积极寻求帮助

在人的一生中，多数人都有可能出现心理困扰或障碍，其中许多人需要心理援助。研究发现，如果要寻求帮助，大多数人愿意从家人或朋友那里获得，而不愿意到专业的心理咨询机构去寻求帮助。人是无法脱离社会关系的，尽管强大的自我调节能力可以帮助我们，但很多时候还是需要“求已不如求人”的态度。

1. 寻找自己的“社会支持系统”

所谓“社会支持系统”，是指我们在自己的社会关系网络中所获得的、来自他人的物质和精神上的支援。一个完备的支持系统包括亲人、朋友、同学、同事、邻里、老师，甚至网友。良好的人际关系是获得温暖、爱、归属与安全感的最佳渠道。在你快乐、高兴的时候有人愿意听你分享，你的社会支持会让你有更美好、更强烈的积极情绪体验；在遇到困难、感到无助的时候，你更需要社会支持系统给予支持与力量。建立获取社会支持资源的意识对于建立并维护社会支持体系是十分重要的。

2. 从心理咨询机构寻找支持力量

心理学认为，当人烦恼、忧郁、苦闷时，尤其需要的是他人的理解和倾听，而专门的咨询人员多是某领域的专家或经验丰富的咨询员，他们可以倾听你、理解你、指导你、陪伴你、帮助你更好的处理发展过程中遇到的各种具体问题。高校中的心理咨询机构具有“教育、发展、保健和治疗”四重功能，而立足于发展性咨询是大学生心理咨询的特色与生命力所在。因此，心理健康的学生、心理困惑的学生都是心理咨询中心服务的对象。专业的心理咨询机构的首要原则就是保密原则，这一原则也就保障了来访者的安全性。

思考题

1. 大学生常见的心理困惑有哪些?
2. 如何看待大学生心理困惑?

阅读书目

1. 马建青. 大学生心理健康[M]. 北京：人民出版社，2011.
2. 程宇洁. 心理课堂——一个女大学生的心理学课堂笔记[M]. 上海：上海大学出版社，2006.
3. 马克·威廉姆斯，约翰·蒂斯代尔，辛德尔·西格尔，乔·卡巴金. 穿越抑郁的正念之道[M]. 童慧琦，张娜，译. 北京：机械工业出版社，2015.
4. 张德芬. 遇见未知的自己（修订版）[M]. 湖南文艺出版社，2016.

第十章 大学生的生命意识

任务目标

- ★ 认识生命意识对个体发展的影响
- ★ 了解大学生生命意识的阶段特点
- ★ 掌握大学生树立正确生命意识的方法
- ★ 理解大学生正确认识生命意识的重要性

“生命”是一个古老而又神圣的词，也是人们常常谈论的话题。每个人都很关注但又不自觉忽略。为什么有人陶醉于生命的多姿多彩，有人却彷徨于生命的多灾多难？生命是什么？生命从何而来？又往何处去？如何认识生命？这些经常困扰我们的话题都和生命意识有关。生命意识是指每一个现存的生命个体对自己生命的自觉认识，包括生存意识、安全意识和死亡意识等。

第一节 生命的究竟

人生最宝贵的是“生命”。然而什么是生命？我们又该用什么样的态度去对待生命的过程及生命的终结是一个值得思考，也让人困惑的话题。

对于生命的看法，学术界各个学科、各个学派都有自己的认识和见解。《不列颠百科全书》对生命如此定义：生命是由许多相互关联的有机反应的开放系统所组成。生物学认为生命是作为生物的本质属性而抽象出来的一个概念。现代生物学阐明：生命是蛋白质和核酸的复合体系存在方式，它具有不断自我更新、繁殖后代以及对外界产生反应的能力。心理学认为，生命即意识到的自我，从婴儿期开始缓慢发展。法律学认为，生命是动植物或有机体的存在状态。医学上对生命的界定就至少有三种：活着的状态（由新陈代谢、生长、繁衍以及对环境的适应所表现出来的特征；动植物器官能完成其所有或部分功能的状态）；有机体的出生或发端到死亡之间的时期；将生命物体（动、植物）与非生命、非有机的化学物或已死的有机物区别开来的特征的总和。在生命哲学中，生命的哲学含义超越了生物学。生命哲学认为，生命是世界的、绝对的、无限的本原，它跟物质和意识不同，是积极地、多样地、永恒地运动着的。生命不能借助于感觉或逻辑思维来认识，只能靠直觉或体验来把握。

从广义出发，大体上可以分为两类：一是把生命看作世间生物的基本的系统存在；二是把生命抽象化为一个神秘概念。从狭义上看，生命就专指人的生命。

一、生命的过程

中国的先哲们喜欢用独到的视角审视生命的过程。子曰："吾，十有五，而志于学，三十而立，四十而不惑，五十而知天命，六十而耳顺，七十而从心所欲，不逾矩。"生命的过程是指个体从生物学受孕到生理死亡所经历的一系列生命阶段，即从婴幼儿、童年、少年、青年、中年、老年到死亡的过程，也被称为生命周期。在此过程中的每一个阶段都有其特定的心理发展任务及心理健康特征。

（一）婴幼儿期（0~3岁）

婴幼儿期的心理健康被认为是心理健康的起点。许多有关心理健康的关键因素都是在婴幼儿期奠定的，婴幼儿所经历的事件会对成年以后的生活产生深远影响，同时这一时期又极易受到外界影响。因此，提高对婴幼儿期心理健康的认识，有助于对婴幼儿心理健康的培养，对以后的心理健康发展具有重要作用。这一时期，母乳喂养可以增加母亲与孩子的沟通，使孩子获得心理上的满足，有助于神经系统发育和健康情感的发展。母亲的爱抚可以帮助婴幼儿建立良好的依恋关系。此外，游戏对婴幼儿的心理发展来说非常重要，婴幼儿可以通过游戏活动增强大脑发育，提高认知功能发展。

（二）幼儿期（3~6岁）

幼儿期是智力、思维和语言发展的关键时期。3岁幼儿的脑重已达成人的四分之三，7岁时已接近成人，大脑的控制、调节功能逐渐发展。幼儿个性初步形成，自我意识开始发展，出现更自主的行为，对事物的评价具有更强的主观性。这一时期是接受早期教育的最佳时期，玩耍和游戏是幼儿期的主导活动，也是幼儿身心健康发展的重要途径。可以帮助幼儿走出自我中心的世界，学会与人交往、与人合作，建立群体伙伴关系。

（三）儿童期（6~12岁）

儿童期又称学龄期，脑的发育已近成熟，是智力发展最快的时候，感知敏锐性提高，注意力稳定性增长，形象思维向抽象思维过渡，行为自控管理能力增强。对事物富于热情，情绪波动性大。自我意识和社会意识迅速增长，性格可塑性很大。这一时期是由游戏活动为主导转变为学习主导活动的时期，在此期间可以组织儿童多参加一些社会劳动，增加儿童对周围事物的认识，使其学会与家人以外的成人及小朋友相处，培养良好的道德品质、意志品质及关心他人、调节情绪等重要品质。

（四）青少年期（12～18岁）

青少年期是从不成熟走向成熟的过渡时期，这一阶段的个体在生理上和心理上要经历很大变化。青少年期的认知活动具有一定的精确性和概括性，意义识记增强，抽象逻辑思维开始占主导，思维的独立性、批判性有所发展，逐渐学会了独立思考问题。同时，自我意识存在矛盾，一方面逐渐意识到自己已长成大人，希望独立，强烈要求自作主张；另一方面由于实践少，许多方面还不成熟，经济上不能独立，从而出现独立性与依赖性的矛盾。情绪容易受外界影响，易从一个极端走向另一个极端，应帮助他们找到适合自己应对挫折的方法。加强性生理及性心理教育，让青少年对性器官及第二性征有正确认识，正确认识理解性意识与性冲动，必要时通过心理健康教育解决一些性心理问题的困扰。

（五）青年期（18～35岁）

青年期是人生最宝贵的黄金时期，生理与心理都已成熟，精力充沛，富于创造力，开始走向独立的生活，也面临许多挑战。青年期的个体在心理的各个方面得到了全面发展，主要表现在认知能力趋于完善，情绪情感丰富、强烈，但不稳定，意志活动控制力日渐增强，人格逐渐成熟。青年期开始走入社会生活，富有理想，却又常常遇到各种挫折和人际关系的矛盾，出现强烈的情绪反应，此时，寻找合适的对策来应对心理挫折和失败感的产生显得十分重要。青年期需要增加愉快生活的体验，有助于克服不良情绪。同时注意提升行动力，将新的想法应用到生活和工作中，克服不良情绪的困扰。

（六）中年期（35～60岁）

35～50岁称为中年前期，个体处于生命的全盛时期，体力好、精力旺盛、工作能力强、效率高，知识经验和智力水平都处于高峰期；50～60岁称为中年后期，个体的体力和心理发展状态开始呈现下降趋势，但随着年龄增长，个体的经验越来越丰富，知识面更宽广、深厚，因而工作能力和效率依然较高。人到中年，在社会和家庭中都处于一个承上启下的中坚位置，事业上取得了一定的成绩，肩上继续承担着事业的重担；在家庭中，既要抚育未完全独立的儿女，还要赡养年迈的父母，“操不完的心”“做不完的事”，因而成为心理负荷最大的人群。中年人往往心力交瘁，容易出现心理健康问题。这一时期，需要注意避免心理负荷过重，合理安排工作，保持平和的心态，学会缓解压力。处理好家庭中的各种关系，多讨论，避免态度不统一。对于躯体上的不适感，及时就诊，做到无病放心，有病早治和及时调理，及早预防器质性疾病的产生。

（七）老年期（60岁～死亡）

步入老年，各系统功能趋向衰退，感知觉功能下降，情绪趋向不稳定，易兴奋、激惹，情绪激动后需较长时间才能恢复。人格上表现出以自我为中心，猜疑、保守、情绪化、偏执、敏感等特点。老年人退休后，容易出现失落和自卑，思想上也由积极状态变为消极状态，精神上从有依赖感变为无依赖感，在思想、生活、情绪、习惯、人际关系等方面容易出现不适应。老年期应培养和坚持各种兴趣爱好，既可以丰富生活，又可以协调神经系统的活动。保持必要的人际交往，积极投身社会生活，对生活中的各种问题，面对现实，以切实的方法解决，不退缩、不逃避。正确面对死亡，认识到死亡是生命的一部分，对死亡有思想准备，克服死亡恐惧心理。

二、为什么怕死

作为生命的开始，“生”带给大部分人的体验是开心和幸福。而作为生命的终结，“死亡”带给大部分人的体验是“恐惧”。毫不夸张地说，对死亡的恐惧伴随着整个人生。从孩提时代开始，人们便可以注意到林林总总的死亡痕迹——落叶、死去的昆虫和宠物、去世的亲人、父母的老去、墓地等。如果孩子们说出自己的担心，父母大多会觉得不舒服并且试图安慰孩子，把死亡说成很遥远的事情，或是通过复活、永生、天堂等否认死亡的故事来安抚自己和孩子的恐惧。随着岁月的流逝，青少年在青春期对死亡的关注被成人早期两项重要的生命功课——成家、立业所分散。随着孩子长大离家、职业生涯告终，中年危机如约而至，死亡恐惧再次来袭。我们无法忍受生活在恐惧中，于是需要各种方法减轻这种痛苦，比如把希望寄托在孩子身上，或者努力使自己变得更有钱、更出名。我们是否认真思考过“为什么怕死?”对死亡本身的恐惧通常让人们停留在恐惧的状态，而忽略了对原因的思考。

【案例 10-1】

大四女生，临床医学专业。自大学三年级开始学习内外科等临床专业课程以来，经常担心自己得病。以前不太注意的一些症状，如咳嗽、头痛等，都会引发自己的担心，联想到各种疾病。最近去医院见习，见到一例肺癌患者，发病初期有胸闷、出汗、疲劳等症状。回来后担心自己得了肺癌，到医院做了胸片检查后才放心。

在五年制的临床医学专业流行着一个所谓的病“大四综合征”。是指医学生在学习医学专业知识的过程中，各种疾病的症状学习，使学生过分关注自己的身体健康，还有家人的健康，把一些平时的症状加以放大，这些焦虑的情绪体验和死亡恐惧有关。

不仅是医学生，对死亡的恐惧会增加人们过度求医的心理需求。研究表明，医院门诊患者有近三分之一的就医原因和焦虑的情绪体验相关。

（一）未知的恐惧

当我们存在时，死亡对于我们还没有来，而死亡存在时，我们已不存在了。

——伊壁鸠鲁

死亡的恐惧源自未知，人的任何知识都源于经验。有些是通过直接经验，例如，通过品尝了解食物的味道，通过旅行了解不同地方的风土人情。有些是通过间接经验获得的，例如，通过老师的讲授，阅读书籍和看视频资料等。唯有死亡，是没有办法通过经验来获得的。人活着时，他不可能知道死；人死之后，他又不能体验、不能言说。所以，死及死后之事在人们的知识范围之外，在任何年代人们要从经验中知晓死及死后之事都是不可能的。面对那个未知的世界，人们的了解更多来源于小说或是影视作品的描述，从棺材、死尸等死亡的现象中获得一些恐怖的观念，诡异的色彩更增添了令人恐惧的成分。

（二）丧失的恐惧

死亡的本质是丧失。从这个意义上来说，死亡不仅是生命的终结，是生命中对于我们来说美好的人或事的丧失带给我们的恐惧。例如，高中毕业后，“高中生”的身份在我们的世界中就不再存在了；成年以后，童年就在我们的世界中成了回忆；结婚以后，告别了单身的角色……其中也包括，我们失去自己的至爱亲朋。

【案例 10-2】

大二女生，近一个月经常出现注意力不集中的现象，没有心思看书。原因是爷爷查出患有癌症，刚刚做完手术，在接受化疗。虽然爷爷已经85岁高龄，但她内心仍然十分难过。在小学以前，她是爷爷带大的，爷爷对她十分宠爱。长大以后有什么心里话她也愿意和爷爷讲，她一直希望自己大学毕业以后找到工作，可以买东西给爷爷，好好孝顺他。现在医生说，爷爷只有半年的时间了，她内心十分难过，觉得自己读书都没有了意义。就算找到工作，赚的钱也不能给爷爷花了。她内心虽然十分清楚人的寿命是有限的，但仍然不能接受自己最亲近的爷爷就要离开自己的事实。家里距离学校很远，她只能在放假的时候回家，平时没有办法照顾生病的爷爷，又让她很内疚。经过心理疏导，该同学开始利用业余时间做兼职工作，并经常在空余时间给爷爷打电话。用自己打工赚的钱买一些爷爷生活中能用到的生活用品寄给爷爷，尽自己的能力在爷爷活着的时间，做自己能做的事情。

三、为什么不怕死

试想，如果人活得很老了，不能走路、不能看东西、不能吃饭、不能工作，什么也不能做了，也不能死，也是一件令人恐惧的事情。试想，如果没有死亡，人口数量无限制增长，地球资源被吃光用尽，人类还能生存发展吗？因此，死亡的不可避免是人类延续的必要条件，从这个意义上讲，死亡是伟大的。

人不应当害怕死亡，他所应害怕的是未曾真正地生活。

——奥里利厄斯

如何去应对死亡带来的恐惧？多少世纪以来，睿智的哲学家们试图反思人生必死之痛，帮助人们获得内心的和谐平静。人们需要对死亡有一个合理的解释，才能从根本上摆脱对死亡的恐惧。

（一）西方的生死观

中西方的文化差异体现在很多方面，面对死亡的态度截然不同。在中国，无论是影视作品还是现实生活中，面对亲人、朋友离世，出现的往往都是伤心欲绝的面画。而在西方世界，经常出现的是为逝者灵魂祷告的画面。这与中西方的宗教信仰不同有关。

宗教对于死亡的解释，可以帮助人们克服死亡的恐惧。认为死亡不是终结，而是一个新的开始。古希腊哲学家将人分为肉体和灵魂。苏格拉底和柏拉图认为，灵魂是永恒的、不死的，可以脱离肉体而存在，又赋予肉体以思想和智慧。人们常说的死实际上只是肉体的死亡。苏格拉底在生前，对来到监狱中营救自己的学生说："我们之中认为死是一件坏事的人乃是错误的……死要么是一场无梦的熟睡，那显然很好。要么就是灵魂移居到另一个世界里去……如果一个人能和奥尔弗斯、缪索斯、赫西俄德、荷马谈话，那他有什么东西不愿意放弃呢？如果真是这样的话，那就让我一死再死吧。"

西方文化，不仅对死亡问题不再避讳，而且还特别注重灵魂的价值，将死亡看成是新的生命的开始。西方文化敢于正视死亡，其目的是寻求生的价值，重视生的质量，为的是今生今世更好地活着。它看重的不是生命的社会意义，而是人生的幸福和个人的人生体验。

（二）儒家生死观

儒家思想在中国是长期占主导地位的思想。在生死观上，儒家很重视人的生命，强调要尊重生命、敬畏生命。《论语·先进》载："季路问事鬼神。子曰：'未能事人，焉能事鬼？'曰：'敢问死。'曰：'未知生，焉知死？'" 在孔子看来，人不知生就更不知死，人活着就要明白为何而活的道理，活着的目的是实现人生的价值，至于死，暂且不管，死是最后的休息。从这里看出相对于死而言，孔子更加重视生，体现了其尊重生命、敬畏生命的思想。《论语》中很多内容谈到死亡，如"生，事之以礼，死，葬之以礼，祭之以礼""死生有命，富贵在天”“自古皆有死”等。显然，孔子对于“死”的问题极为关注，也隐约表达出儒家对难以把握的人之生死的慎重、敬畏和无奈。正是儒家这种对人死亡问题的“疑而不问”，使得儒家更加追求生命的不朽和超越，用“立德”“立功”“立言”“成仁”“成圣”等来逃遁不可违背的自然生命，实现死亡后的精神永生，用“杀身成仁”来处理生死的矛盾，体现生死的价值。孟子更明确地论述了这一点，他说：“生，亦我所欲也；义，亦我所欲也。二者不可得兼，舍生而取义者也。”由此看出儒家认为还有比生命更为重要的东西是“德”和“义”。儒家这种积极活泼、深沉厚重的对待生死的人生观，深刻影响着国人的观念和性格，形成了中华民族的精神特色。

（三）道家生死观

与儒家“入世”的生命哲学不同，道家是一种“隐世”的生命哲学。道家主“无为”；道家认为“道”是万物最初的始点，也是万物的终点。在对生命本质的认识上，道家认为生命乃宇宙自然之化生，人世间的一切自然现象、社会人事等都是由“道”派生出来的，“自然”是道的本性。生命来源于“道”，生命本性即为“自然”，因此道家是一种自然主义的生命本质观。它摆脱了神性，超越了物性，也超越了人为的德行，直接从生命的根源处、从人类生命与宇宙生命的统一中去理解人的生命本质。在生死观上，道家强调生死应顺其自然。

道家主张把生死看透，重超脱，听顺万物自生自灭。人要做到“无为”“无事”“无欲”，天下才会太平，国家才能治好。人的死亡是自然的事，甚至不必去计较生死的异同。庄子曰：“方生方死，方死方生。”生死相含相续，有生命就随之以死亡，死亡同时意味着生命。

（四）临终心理

医学将人的死亡过程划分为三期：濒死期、临床死亡期、生物学死亡期。“临终”是指死亡过程中的濒死期，对临终者来说，这是一个充满痛苦、遗憾和恐惧的过程，一般要经历以下5个阶段的心理过程。

1. 否认期

当人们知道自己患病严重到不可救治的时候，最初的心理反应是否认。不承认自己患有无法逆转的疾病，怀疑诊断是否出了差错。这是心理防御机制，可以暂时成为掩盖事实的积极心理屏障。这一时期一般持续时间短暂，个别人会持续到生命的终结。

2. 愤怒期

否认期是短暂的，随着病情的进展，身体状况越来越差。临终者由于恐惧和绝望会产生焦虑、愤怒、怨恨的情绪。怨恨命运对自己不公，因疾病痛苦得不到缓解，各种治疗无效而报怨医务人员，因牵挂家人而怨恨自己等。

3. 协议期

当临终者发现怨恨于事无补的时候，改为试图用合作的态度和良好的表现来换取延续生命或其他愿望的实现，会积极配合治疗和护理，情绪平静，期望得到及时有效的救助。期待奇迹发生，自己可以渡过难关，尽量用合作的表现推迟死亡的来临。

4. **抑郁期**

随着身体状况的日益恶化，临终者逐渐意识到现代医疗技术已经无力回天，自己即将丧失生命，因而陷入深刻的悲哀和绝望。绝望的病人常有一种无所适从的失控感，有控制的孤独感，忧郁愁闷、万念俱灭。

5. **接受期**

死亡已是即将发生的事，临终者已经无可奈何默认了残酷的现实，心理上有所准备，既不痛苦也不害怕，处理好想要处理的事宜，等待与亲人的最终分别。一般情况下，此时人的身体处于极度疲劳、衰竭的状态，常会表现出平静，原有的恐惧、焦虑和痛苦已逐渐消失。

临终心理突破了人们对死亡研究的禁忌，促使人们开始科学和理性的研究死亡现象。能够平和接受死亡的事实，理解了死亡，才能真正的活着。一个人对死亡理解得比较透彻之后，对死亡不再恐惧时，反而能够把怎样活得好作为自己思考的中心。

【案例 10-3】

医生告诉老人得了癌症，老人平静而面带微笑地说，我感谢上帝让我得了癌症。

医生很吃惊，得了癌症，不怨天尤人，就已经难得，为什么还要说感谢呢？

老人：到了我这个年纪，死亡就是我的邻居了，随时可以来敲门，如果我得了脑出血，心肌梗死，我很可能一句话也来不及说就死了，那样我的亲人接受起来该多么困难，而且我还有很多要交代的事情没有着落。现在我得了癌症，我有充足的时间和亲人告别，能把诸事安排的清清爽爽。当死亡一定要来时，还有什么比这种方式让人更安心，这是上帝给我最好的礼物了。

（五）经典的临终时刻

（1）贝多芬在去世前耳聋了二十多年，平时他日夜希望自己的耳朵能复聪。到了生命的最后一刻，他断断续续地说："到了天堂，我就能听得见了。"床旁侍候的人无不泪下。

（2）萧伯纳临终时对女佣说："太太，你想让我像古董一样永远活下去吗？我已完成了我要做的，我要走了。"

（3）法国十六世纪著名的讽刺戏剧家拉伯雷最后的话是："该把幕帷放下了，滑稽戏演完了。"

（4）美国著名科学家、医生乔治·比尔德在生命的最后一分钟还想为医学做出贡献。他最后的话是："我想把人临死时的想法记录下来，这对科学或许有好处，但这是不可能的。"

（5）丘吉尔临终前面露笑容，幽默地说："我已经准备好了去见上帝，不管上帝是否已准备好了酷刑来质问我。"

（6）乔治·华盛顿去世前像平时一样沉着地对他的秘书下命令："我得去了，把我的葬礼搞得像样些，但记着，我死后两天内不要把我放进墓穴，清楚吗？好，就这样。”

（7）著名文学家巴尔扎克在临终前，心中仍然惦念着他那尚未完成的《人间喜剧》。医生问他完成那些工作还需多少日子，他说六个月。医生摇摇头，“六个月都活不到吗？那六个星期咋样？”医生照样是摇头。“那么至少六天时间总可以吧？我还可以写个提纲，也还可以把已经出版的五十卷书校订一下。”巴尔扎克的声音几乎哀求。而医生则立即劝他写好遗嘱。“什么？”“只给我六个小时？”就这样他问着问着就悄然离世了。

（8）在西方，最著名的临终名言，可能要算美国民族英雄内森黑尔就义前的那句话了。英国殖民者问他那么年轻就死有什么遗憾的事，他昂首挺胸，大声说：“我唯一遗憾的是我只能为我的祖国献出一次生命。”

（9）孙中山先生在1925年病逝，生前最后一口气还喊着：“和平、奋斗、救中国！”

（10）1976年1月7日，周恩来病情继续恶化，气息已变得十分微弱，长时间处于昏迷状态。深夜11时，弥留中的周恩来从昏迷中苏醒。他微睁双眼，认出守在他身边的吴阶平大夫，用微弱的声音说：“我这里没有什么事了。你们还是去照顾别的生病的同志，那里更需要你们……”这是周恩来留下的最后一句话。1976年1月8日，敬爱的周恩来总理与世长辞！

第二节　生命的珍惜

卓别林的一部电影，名字叫《城市之光》。女主人公要自杀，结果让卓别林救了。女主人公说：“你为什么救我？你有什么权利不让我死？”卓别林的回答妙极了，他说：“急什么？咱们早晚不都得死？”

> 死是一件不必急于求成的事，死是一个必然会降临的节日。
>
> ——史铁生

生命是地球上最珍贵的财富。当我们看见小草翠绿，树影婆娑；听到虫鸣鸟叫，人群喧闹；闻到清新空气，百花芳香。都能感受到万物的欣欣向荣，世界充满生命力和无限希望，整个世界因生命的存在而变得生动和精彩。

生命的孕育过程是艰辛的：通常说的十月怀胎，是指胎儿从受孕到出生的过程，约40周。大部分妈妈要忍受孕期反应，想吐又什么也吐不出来，很难受；不敢剧烈运动，不敢提重物，不敢爬高；翻身这个简单的动作也不是很利索就能做到了，搞不好腿还会抽筋；休息的时候去街上为宝宝选一些物品；即使生病也不敢吃药……宝宝出生以后，家人开始各种辛勤的养育……

生命不仅属于自己，也属于家庭，属于所有和我们的生命有联结的人，我们应该珍惜自己的生命！

【案例 10-4】

如果你的生命只剩下两分钟，你会写下什么？

当老师问这个问题的时候，我的大脑一片空白。两分钟以后，老师问有没有谁愿意分享自己的体验时，我毫不犹豫地举手了。其实这是我进入大学后第一次主动发言。但是我的纸上却什么都没有写。可能大家奇怪，什么都没写为什么还要发言，我只是想说我内心的体验太强烈了，我想和大家分享。我从来不敢主动发言，是觉得自己没有什么特别的，很自卑。从小到大，我一直觉得自己长相很一般，个头也一般，家庭也一般，学习也一般，考上的大学也很一般。所以，我的世界只有两个字“一般”。我从来没有像别的孩子那样有什么出色的地方，可以让自己的爸妈为之骄傲。以至于我经常问自己，我来到这个世界的价值是什么，我不知道。但是今天，在这两分钟里，老师让写下什么，我还没有来得及，我的脑子里出现的都是：如果我的爸爸妈妈知道了我飞机失事的消息会有多痛苦；如果我的姐姐知道了会有多痛苦；我的室友知道了会有多痛苦；我的朋友知道了会有多痛苦……一个一个痛苦的画面让我找到了我的价值。我的存在，就是有价值的。所以我要发言，是想告诉那些和我有过一样体验的同学，如果你也经常为自己的一般而质疑自己活着的意义，就去想一想失去你之后，亲人有多痛苦吧。

一、自杀

（一）自杀的定义

自杀是指个体蓄意或自愿结束自己生命的行为。从心理学角度看，一般正常人的自杀可以理解为个体在心理上陷入了无法摆脱的困境时所采取的一种自我防御机制。自杀行为应具有以下特征。

（1）自杀行为主体和客体具有同一性：行为主体的行为所指向的客体也是自己本人。

（2）行为动机是出于自愿的、故意的，也就是自由选择的行为。

（3）实现自杀目的的手段可以是积极的（如跳楼），也可以是消极的（绝食）。因而，行为结果可以是直接导致，也可以是间接导致的，如过量的酗酒引起的酒精中毒等导致的死亡。

具有上面三个条件的行为就是自杀。因此，我们可以将自杀界定为：任何由个体自己自愿或蓄意完成的积极或消极行为直接或间接引起的死亡称为自杀。

（二）大学生自杀的类型

（1）根据自杀的情绪（理智主导程度），可将大学生的自杀分为情绪型自杀和理智型自杀。①情绪型自杀又叫冲动型自杀，是由明显的偶然事件所引起的，在激愤、赌气、恐惧、绝望等失控激情状态作用下，所产生的突然性自杀行为。这种类型的自杀进展快，发展期短，突发性强，难以预测和防范。②理智型自杀是个体经过较长时间的评价和酝酿，逐渐萌发自杀意念，并有目的、有计划进行的自杀行为。这种类型的自杀进程较慢，发展期较长，在自杀发展过程中有比较复杂的心理表现，便于危机干预。

（2）根据自杀的动机，可将大学生的自杀分为以下心理类型：①心理解脱型：这种自杀者往往是在遭受挫折和打击时，缺乏应付技巧，心理承受力差，陷入悲观、悔恨、恐惧、孤独等状态，无望、无助感强烈，认为只有一死才能使问题最终解决，在非理性认知支配下，把自杀作为逃避现实、寻求解脱的手段。目前，大学生这种自杀类型比较多。②寻求关注型：有些学生遇到挫折和打击，一时激愤，企图以死来体现自己的价值和勇气，或者引起人们的注意和同情。③抗争-惩罚型：如有些女学生受到恶势力侵犯和侮辱后，不善于拿起法律的武器伸张正义，惩治坏人，而是以死抗争，证明自己的清白。有些学生在恋爱受挫时，把自杀作为一种惩罚手段，我痛苦你也别快活。试图以死让对方承担法律的责任或承受道义、良心上的谴责，这类自杀在情感矛盾、人际关系等事件中比较常见。④要挟型：自杀者并非真的希望结束自己的生命，而只是把自杀作为一种要挟对方、迫使对方就范或让步的手段。这种类型的自杀在大学生恋爱事件中可以见到。

（三）大学生自杀的特征

1. 自杀原因多元化但又相对集中

大学生自杀的原因受个体的出身、经历、价值观、个性特征等多种因素的影响而呈现多元化的分布，但仍有某些比较集中的趋势。据调查资料表明，大学生自杀的原因主要是：失恋、学习竞争压力过大、人际关系不良、经济和就业压力增大、身体疾患、精神和心理障碍等。大学生面临学习、交往、成才、恋爱、就业等一系列人生发展课题，面对人生的多种挑战，他们承受着其他年龄阶段无法比拟的心理压力，是人生发展任务最繁重、心理冲突最尖锐、心理动荡最剧烈的时期。

2. 自杀方式多样化，激烈方式增多

自杀方式受主体性别、情境、工具可获得性、个性等因素的影响而存在个体差异。调查发现，目前大学生自杀方式中，采用跳楼等激烈手段的比例有增多趋势。尤其是从高层建筑跳楼自杀者增加较多（超过自杀总数的2/3以上）。激烈自杀方式致死率和致残率高，抢救难度大，后果严重，应该引起警惕，做好防范措施。

二、自杀的危害

据世界卫生组织估计，每年全球约有一百万人自杀死亡，年自杀率为16.0/10万，每40秒钟就有一人自杀死亡，自杀引起的死亡占全死因的1.5%。一项基于全球 44 个国家死亡数据的统计结果显示，其中35个国家，自杀是15～44岁年轻人的前5位死因；28个国家，自杀是该年龄段第3位死因。

大学生是一个特殊的群体，他们风华正茂，普遍接受过良好的教育，是家庭、社会乃至国家和民族的希望。大学生自杀行为害人害己，对家庭和社会都将造成负面影响。很多家庭

将孩子视为未来和希望，随着孩子的逝去，父母一直生活在阴霾的余生中。尤其对于失独家庭来说，父母和亲人承受更大的打击，很可能从此一蹶不振。对朋友和同学也会造成一定的负面影响，陷入失去同学和朋友的痛苦中。还有一些学生在遭遇挫折和打击的时候，容易效仿同学的自杀行为，从而导致不良影响的扩大。富士康员工接连跳楼的事件，就是自杀行为的消极连锁反应。

大学生是时代的佼佼者，是社会人才的后备军，自杀行为使社会失去的不仅是生命，还有人才。此外，一些在校生的自杀，并不是学校的错误，但是外界会对学校的声誉及管理现状进行评价。有可能干扰学校的正常教学秩序，也有可能带来法律纠纷，影响学校和谐的建设和社会的稳定。

三、防范自杀

导致大学生自杀的原因有多个方面，可能是社会竞争的日益激烈、就业压力过大、学业过于繁重……从根本上说，是大学生缺乏对生命价值理论知识的认识，在生命的旅程中没有理论的导向，把自杀当作应对挫折、摆脱困境的唯一方式。

（一）人生价值观教育

少追求物质，多追求理想，只有思想才能赋予生活以意义，并具有永恒的价值。思想具有十分重要的意义，而价值观是思想的核心。所以，加强思想政治教育，使当代大学生树立正确的人生价值观是一项意义重大的工作，也是防止大学生自杀的根本举措。

（二）心理健康教育

我们要强化学校心理健康教育的功能，普及心理卫生知识，提高大学生的整体心理素质，培养大学生的自我心理保健能力。一方面，目前还有许多有心理问题的大学生意识不到问题的存在，通过心理健康教育，可以帮助他们了解有关青年期的心理特征，心理问题的症状表现及其危害，增强他们的心理卫生保健意识，帮助他们掌握一些常用的自我心理调节技巧，提高他们的抗挫折能力。另一方面，大部分有心理咨询需求的大学生不愿意被别人知道去找过心理咨询师或心理医生，因为在社会上，人们还是认为心理问题与精神病是两个差不多的概念，对于这部分大学生来说，心理健康教育可以引导他们树立正确的心理咨询观念，缓解其前去心理咨询的焦虑不安的心情，以便能及时得到心理咨询员的帮助，避免心理问题加重而导致自杀。

（三）生命教育

生命教育就是引导学生正确认识人的价值、生命，理解生活的真正意义，培养学生的人文精神，培养学生对终极信仰的追求。生命教育的本质在于尊重生命以及生命的价值。

表现为三个层次：第一，保存生命教育，即生存教育。生存是生命的底线，只有生命的存在，才能谈得上人的其他问题，所以如何保存、保护生命成了生命教育的首要内容。生存教育的主要任务在于帮助学生认识生命，教会学生基本的生存技能，满足生命生存的需求。第二，发展生命教育，即生命价值教育。人的生命存在不同于动物的直接性和重复性生命存在，而是一种历史性的和有意义的生命存在，是在发展中得到展示与实现的生命存在。因此，发展是人类生命存在的高级自觉与永恒追求，也是生命意义的标志。第三，死亡教育。人的生命的完整过程包括了生与死，死亡是生命的重要组成部分，死亡教育是生命教育的重要内容，它的目的在于介绍死亡知识，让学生了解死亡是怎么一回事，以及死亡对亲人、朋友的伤害，使学生对各种与死亡相关的打击、挫折、损失有所准备，从而更加珍惜生命。

（四）防范自杀知识教育

针对性地传授防范自杀知识，让大学生了解自杀心理机制，了解自杀者的先期征兆。直接或间接的、语言的或非语言的自杀性表达，如“我不能像这样下去”“我的生活看不到任何光明”“也许我们不会再见面了”“不必感到惊讶，许多人想杀死自己，这就是社会”等。使大学生具备基本的防范自杀技术，如谈话，或许可以使一个有自杀倾向的大学生把注意力从自杀上转移开，而去寻找其他的方法解决内心的冲突。谈话及交流可以减少有自杀倾向的大学生的迷惘、焦虑及恐惧，但与其谈话的人应该有一定的敏感性，应避免加剧有自杀倾向的大学生的羞愧和内疚，也不可对其感到厌恶。一旦发现有自杀征兆的大学生，就应充分利用其亲属、同学、朋友、老师、心理咨询员等资源，实施社会心理支持，以消除其孤独无助感，使其恢复对生活的留恋，增强生存的信心；同时，在可能的条件下，帮助其解决面临的实际问题（如帮助处理思想行为混乱情况下所易忽视的事情），这样的做法能消除有自杀倾向的大学生心理上的麻木不仁，而这种麻木不仁是自杀的重要基础。因此，通过对话和实际的帮助，可能使有自杀倾向的大学生原先缩窄的视野变得开阔，缓解他们认知上的局限，以消除引发其自杀行为的导火索。对于自身遇到心理困扰而无法自我调整时，应及时向心理老师、心理医生寻求帮助，消除困扰。

第三节　生命的升华

一、与死亡对话

人们都忌讳说“死”，所以关于死，出现了许多“别称”。死于意外事故叫“遇难”，年幼而亡叫“夭折”。生病而死叫“病故”，年老在家安然而故叫“寿终正寝”，被尊敬的人死去叫“与世长辞”“停止了呼吸”“去见马克思”，古代帝王还有专用词“驾崩”。甚至连“死”的谐音“4”都被认为是不吉利的。

即便避而不谈，死亡却如影随形，时不时出现在每个人的视野中。虽然直面死亡就如同直视骄阳一样，那是一件极痛苦又困难的事情。但是，与死亡的直视，可以让人充分觉知活着，真正了解人类生存的处境，人生的有限性，从而更加珍惜生命。许多研究表明，直面死亡能够引发戏剧化的长久改变。濒临死亡的癌症患者，大部分非但没有陷入麻木的绝望，反而产生了积极而深远的改变。这些人放弃了生活中无关紧要的琐碎之事，重新安排了人生的重心。他们对生命中原本平常的事物，比如变幻的四季、美丽的大自然以及节日或是新年的来临等充满感恩。这些晚期癌症患者不再对其他人感到恐惧，有勇气去冒险，很少担心被拒绝。一个癌症患者甚至幽默地说："太遗憾了，直到我的身体里长满癌细胞我才知道该怎么活。"

【案例 10-5】

张××，女，大学一年级下学期患骨癌而被迫休学。经治疗复学后，决定做一些以前自己不敢做的事情，充分珍惜活着的时间。以前一直是一个默默无闻，内向的女孩。复学到了新的班级，热情的和每一位同学交流，和大家交往的非常愉快，很快成了班级最活跃的同学。自己说"癌症改变了自己很多，从来没有想过自己还可以是这样的自己"。在大二开学的班干部竞选中，以全票成功竞选班长。带领班级组织活动，参加比赛……虽然最终因为癌细胞转移，她没能完成大学的学业而离开了大家。但是留给同学们的是她努力地为自己生活的乐观心态。很多同学在她的精神影响下，也做了很多冒险的尝试。

这种直面死亡的"自我觉知"引发了个人的重要改变，即"觉醒体验"。除了死亡，重大的生活事件常常也会引发觉醒体验。比如，丧失身边亲爱的人，患有危及生命的疾病，亲密关系的破裂等。

我们现在已经很关注人生，可是人生是一个完整的过程，作为人，关注整个生命的过程，特别是它的终结，是一种文明。与死亡对话会引发恐惧和焦虑，却也有可能极大地丰富你的整个人生。

二、向死而生

有时我想，要是人们把活着的每一天都看作是生命的最后一天该有多好啊！这就更能显出生命的价值。

——海伦·凯勒

死亡是最好的老师，因为死亡的存在，提醒我们生命的有限，让我们懂得了珍惜。

（一）珍惜时间

有一位英国人做了个有趣的统计，说一个人若能活到七十岁，他一生就用了：23年即32.9%的时间去睡觉，18年即22.8%的时间去工作，8年即11.4%的时间看电视，6年即8.6%的时间进餐，6年即8.6%的时间搭车，4.5年即6.5%的时间娱乐，4年即5.7%的时间生病，2年即2.8%的时间穿衣。这样算来，人的一生可以真正利用起来做自己喜欢的事情并为之奋斗的时间并不多。

列夫·托尔斯泰说过“如果我们记得我们是会死去的，我们的全部生活就会获得完全另一种使命。人在知道他过半小时就会死去时，便不会在这半小时内去做那些徒劳无益的事，那些愚蠢的事，尤其是那些坏事。”人是一种“向死而生”的生物，人之“生”是由“死”来规定的。本质上每活一秒钟，就是“死”去一秒钟。 因此，离死亡还有50年、5年、5个月、5天，甚至5个小时，难道不是一回事吗？珍惜生命中的分分秒秒，认识死亡的突发性，就当珍惜每一刻生存的光阴。全心全意地活好每一天、每一刻。把每一天都当成生命的最后一天，不醉生梦死，不虚度年华。

（二）珍惜情感

每个人在人生的各个阶段以不同的方式体验着人际孤独，每个人都在尝试建立亲密的人际联结。即使那些在建立亲密关系方面长期存在障碍的人，也愿意尝试去建立亲密关系。亲密关系可以帮助人们降低对死亡的恐惧。虽然每一个生命个体都是孤独地来到这个世界，再孤独的离开这个世界。美国心理学家欧文·亚隆的一个病人曾做了形象的比喻“就好像在一个漆黑的夜晚，一个人乘着小船飘荡在港湾里，看见很多船只的灯光，我知道，我没法到他们那里，也没法加入他们，但是看到这些灯光在海湾里跃动是多么令人安慰。”

死亡的本质是丧失，它教会了我们珍惜和身边的人相遇。回想自己高中时代的好朋友，此刻他（她）在哪里。即使我们可以打电话、视频，也可以相约假期一起玩，但是彼此在一起上课、看书、随时谈心的时光再也不在了。

如此想来，在大学里遇到的每一个人都值得我们去珍惜。每年几百万的考生，我们在同一年考上大学，并有幸在同一所大学。同一所学校那么多学生，我们有幸在同一个班级、同一个寝室，可以朝夕相处的学习和生活。大学毕业以后，即使我们在同一个城市工作，每天的忙碌奔波，让我们很少能有时间聚会。同学聚会变成了一个奢侈的活动，“有时间我们聚聚”变成了一个遗憾的表达。

（三）学会宽容

生活中或影视作品中不乏看到这样的镜头，人在临终前说“我都到了这个时候，还有什么想不明白的”。似乎，死亡有一种力量，让人们可以放下曾经的不满和怨恨。宽容别人，也是善待自己。当我们生活在怨恨别人的世界中，自己也没有办法真正的快乐。

【案例 10-6】

大二女生自述：最近和我的好朋友闹别扭了，其实也没有什么大不了的，甚至我都想不明白我们为什么而不开心了。但是我们已经冷战快一个月了。谁都不理谁，其实内心挺难受的。我们曾经为在大学里还能交到好朋友而开心，如今却闹成这样。直到有一天，我们在课堂上进行了一个关于死亡的体验。每个人只有两分钟时间的生命，你会写下的话是什么？她在班级进行了分享，第一句话是写给她的爸爸妈妈的，第二句是写给我的，让我原谅她的斤斤计较。那一刻，我流出了感动的眼泪。我看到了宽容的力量，也意识到了自己的小气。

（四）学会感恩

死亡教会我们感恩，感谢我还活着，可以有机会去做自己想做的事情，学会珍惜和享受每一天，就像这天是我们生命中的最后一天一样。也让我们学会用感恩的心态去面对生活，感受生活中的点点滴滴，感恩帮助我们的所有人。不仅是我们的亲朋好友，更有很多陌生人给予我们帮助，让我们的生活更美好。

【案例 10-7】

我是一个法学专业的学生，大学没有我想象的那么轻松，也没有我想象中的快乐。每天三点一线的生活，让我觉得大学的生活很枯燥。直到有一天，老师问我“如果这是你大学生活的最后一天，你会以怎样的心情度过?”。我从来没有这样想过，我开始默默回忆这一天是怎么度过的，似乎没有什么区别，只是平凡的一天而已。仔细回忆，平凡的一天让我感受到了温暖。因为准备司法考试，早早去自习室复习，同学帮我带了早饭到教室。晚上复习得很迟，回去下雨了，没有带伞。在教学楼门口徘徊的时候，一个陌生的同学主动问我是否要回寝室，一直把我送到寝室门口。一进寝室，室友告诉我，热水器热水已经烧好了。平凡的一天，有这么多值得感动的事情发生，平时都没有在意。

（五）珍惜健康

健康是1，事业、财富、婚姻、名利等都是后面的0，由1和0可以组成10、100等*N*种不同大小的值，成就人类与社会的和谐旋律。对于一个人而言，如果没有健康这个1，其他条件再多也只是0。没有健康就没有一切，所有的0都是健康1的外延和扩展。但是，健康又是那么容易被人忽视。大学生活中，早上下雨成了一个幸福的信号，因为可以不用晨跑或是做早操。看似简单的幸福背后，不难看出大学生对健康的忽视。手机成为学生下课时的主要伙伴，晚上要等断网后才爬上床睡觉。考试前通宵复习，考完试通宵打游戏、追剧的现象屡见不鲜。

在癌症降临之前，从微软到谷歌大中华区总裁，再到创新工场董事长，李开复的事业一帆风顺。李开复还连续出了几本书，一直是大学生的创业导师，数十年来，尽管劳碌繁忙，每天工作十五六个小时，但李开复一直志得意满，毕竟自己想做的事多半都能实践，眼前还有无尽的前程，等待他去开拓。但在52岁生日前不久，李开复却遭遇了人生重大生死考验，被医生宣判得了第四期淋巴癌。“面对死亡，我们反而容易得到顿悟，了解生命的意义，让死亡成为生命旅程中无形的好友，提醒我们，好好珍惜我们的生命，不是只度过每一天的日子，也不只是追求一个现实的名利目标。”李开复想要修满7个死亡学分，第一分就是健康无价。曾经的李开复认为睡眠是浪费时间，半夜起来给员工回E-mail，证明他工作多努力，直到生病以后，才深深体会到，其实失去了健康，就什么都没有了，生命最重要，健康和生命是一样重要的。

三、活出生命的意义

约翰·霍普金斯大学的社会学家对48所大学的7948名大学生做过一项统计调查。78%的学生回答“找到生活的目的和意义”。缺乏意义感是现代社会中存在的压力和焦虑的主要来源。著名的心理学家弗兰克尔是20世纪的一个奇迹，他一生对生命充满了极大热情，67岁开始学习驾驶飞机，在几个月后领到飞机驾照，一直到80岁还登上了阿尔卑斯山。他的著作《活出生命的意义》，记录了在纳粹时期，作为犹太人，他的全家都被关进了奥斯维辛集中营，父母、妻子、哥哥全部死于毒气室中，只有他和妹妹幸存的经历。集中营不堪回首的往事反而强化了弗兰克尔的核心理念“人活着是为了寻找生命的意义”。

弗兰克尔发现寻找生命意义的三个途径：工作（做有意义的事）、爱（关爱他人）、拥有克服困难的勇气。在某些情况下，人被剥夺了工作或者享受生命的机会，但不可避免的痛苦是永远也不会被排除的。在勇敢接受痛苦挑战时，生命那一刻就有了意义，并将这种意义保持到最后。即使面对看似毫无希望的境地，即使面对无可改变的厄运，人们也能找到生命的意义。那时重要的是，能够将个人的灾难转化为胜利，将个人的厄运转化为人类的成就。因此，生命的意义是无条件的，因为它甚至包括了不可避免的痛苦的潜在意义。

与生命的意义对应的是生命的无意义。人们一次又一次追问“如果一切最终都会消失，人生的意义到底是什么?”

美国一份新创刊的《漫画周刊》为提升发行量，推出了一项“征画活动”，要求应征作品必须以《世界的最后时刻》为题。应征作品的一等奖奖金高达10万美元，三等奖也有3万美元。在限定的日期内，来自世界各地的应征作品堆积如山。为了获得高额奖金，所有的应征作者都将想象力发挥到了极致：有的画在世界的最后时刻情侣紧紧抱在一起，一边喝酒一边接吻；有的画在世界的最后时刻将钞票堆在大街上燃烧；还有的画在世界的最后时刻坐上宇宙飞船逃离地球……

最后获得一等奖的作品，是一位普通的家庭主妇用铅笔画的漫画。画中的她在厨房里涮洗碗筷后，正伸手关紧自来水开关。丈夫则坐在餐桌边啜饮着一杯咖啡，旁边还有一杯冒着一缕热气的咖啡在等着她。在餐桌旁的地板上，有两个小男孩，正在做着玩积木的游戏……

评委们对这幅看似平常的一等奖作品的评语是：我们震惊于这一家人的平静。他们理解了世界存在的意义和人类对幸福的最高追求。

这是日常生活中再平常不过的一个画面，出现在世界的最后时刻，不能不让人感动，这是多么难得的平常心态。胡适曾说："生命本身没有什么意义，你要能给它什么意义，它就有什么意义。与其终日冥想人生有何意义，不如试用此生做点有意义的事。"有意义的事，不一定是改写历史，名垂千古的大事，可以小到在公交车上给老人让一个座位，也是有意义的。好好地活着，也是一件有意义的事。

"未知死，焉知生"。以死亡为师，我们才能认识到人生的无常，才能学会"真正地活着"，好好活着。死并不是人生最大的损失，虽生犹死才是。

结语

正是因为生命的有限性，使我们学会珍惜生命，为自己的生命确立意义并为之努力，在生命的终点，尽可能减少遗憾。大学阶段是青年期的开端，又被称为人生的第二次生命，也是为生命确立意义的关键时期。因此，在此阶段，大学生应学会正确看待生命和死亡，从有限性的视角积极探索生命的意义并为之努力。

思考题

1. 到目前为止，对你触动最大的一件事情是什么？在此过程中你对生命有了什么新的认识？
2. 请梳理自己生命中遇到的重要他人，以及他人对自己生命意识的影响。

阅读书目

1. 欧文·亚隆. 直视骄阳：征服死亡恐惧[M]. 北京：中国轻工业出版社，2015.
2. 欧文·亚隆. 妈妈及生命的意义[M]. 北京：机械工业出版社，2011.
3. 维克多·弗兰克尔. 活出生命的意义[M]. 北京：华夏出版社，2010.
4. 米奇·阿尔博姆. 相约星期二[M]. 上海：上海文艺出版社，2007.
5. 李开复. 向死而生：我修的死亡学分[M]. 北京：中信出版社，2015.
6. 郑晓江. 学会生死[M]. 郑州：中州古籍出版社，2007.

参考文献

[1] 吴建平．社会心理学[M]．北京：中国农业大学出版社，2005.
[2] 李江雪．大学生情绪管理与辅导[M]．北京：北京师范大学出版社，2010.
[3] 郭念锋．心理咨询师（三级）[M]．北京：民族出版社，2005.
[4] 王怀明．组织行为学：理论与应用[M]．北京：清华大学出版社，2014.
[5] 刘勇．教师专业发展团体心理辅导学[M]．广州：中山大学出版社，2011.
[6] 王伟．人格心理学：第2版[M]．北京：人民卫生出版社，2013.
[7] 陈少华．人格心理学[M]．广州：暨南大学出版社，2010.
[8] 肖建文．性格正能量[M]．北京：外文出版社，2014.
[9] 赵静波．人格与健康[M]．北京：人民卫生出版社，2009.
[10] 李晓文．人格发展心理学[M]．杭州：浙江教育出版社，2008.
[11] 柏杨．女人比了解上帝都难[M]．太原：北岳文艺出版社，2005.
[12] 柏杨．女人天生是尤物[M]．太原：北岳文艺出版社，2005.
[13] 柏杨．女人危险的投资[M]．太原：北岳文艺出版社，2005.
[14] 岳晓东．爱情中的心理学[M]．北京：机械工业出版社，2010.
[15] 岳晓东．通向心灵旺盛的十堂课[M]．北京：世界图书出版公司，2010.
[16] 登华．与烦恼相处——精神的主客观分析[M]．北京：民主与建设出版社，2000.
[17] 建青．大学生心理健康教程[M]．杭州：浙江大学出版社，2015.
[18] 黄希庭．心理学与人生[M]．广州：暨南大学出版社，2005.
[19] 黄希庭．大学生心理健康教育：第3版[M]．上海：华东师范大学出版社，2011.
[20] 李子勋．幸福从心开始 李子勋的100个快乐处方[M]．北京：中国广播电视出版社，2006.
[21] 李子勋．心灵飞舞 李子勋谈心理健康[M]．北京：中国广播电视出版社，2006.

[22] 李子勋．婚姻的烦恼[M]．北京：中国广播电视出版社，2006.
[23] 中央人民广播电台[中国之声]社会新闻部．学习爱 与著名心理学专贾晓明关于恋爱心理的对话[M]．武汉：武汉大学出版社，2006.
[24] 贾晓明．大学生心理健康[M]．北京：北京理工大学出版社，2005.
[25] 李银河．李银河说性[M]．哈尔滨：北方文艺出版社，2006.
[26] 李银河．关于情感的对话[M]．武汉：武汉出版社，2009.
[27] 黄学规，金瑾如．大学生心理健康指导[M]．杭州：浙江科学技术出版社，2005.
[28] 郑辉．大学生心理健康教育[M]．长沙：湖南师范大学出版社，2013.
[29] 陈英敏．中外心理健康教育经典案例评析100篇[M]．济南：山东人民出版社，2010.
[30] 郑晓江．学会生死[M]．郑州：中州古籍出版社，2007.
[31] 汪开达．精神病学[M]．北京：人民卫生出版社，2010.
[32] 陈红英等．大学生心理健康教程[M]．湖北：武汉大学出版社，2012.
[33] 胡月．大学生心理健康教育[M]．辽宁：大连理工大学出版社，2013.
[34] 林崇德，杨志良，黄希庭．心理学大辞典[M]．上海：上海教育出版社，2004.
[35] 李开复．向死而生（我修的死亡学分）[M]．北京：中信出版社，2015.
[36] 饶淑园，赖美琴．大学生心理健康[M]．广州：暨南大学出版社，2014.
[37] J.M.Burger. 人格心理学[M]．北京：中国轻工业出版社，2014.
[38] C.GJung. 性格哲学[M]．北京：九州出版社，2003.
[39] L.A.Pervin. 人格科学[M]．上海：华东师范大学出版社，2001.
[40] B.P.Allen. 人格理论：发展、成长与多样性：第5版[M]．上海：上海教育出版社，2011.
[41] 西蒙・波伏娃．第二性[M]．北京：西苑出版社，2004.
[42] 贝蒂・弗里丹．女性的奥秘[M]．哈尔滨：北方文艺出版社，2002.
[43] 弗洛姆．爱的艺术[M]．北京：光明日报出版社，2006.
[44] 罗素．俗物的道德与幸福[M]．北京：华文出版社，2004.
[45] M・斯科特・派克．少有人走过的路[M]．吉林：吉林文史出版社，2009.
[46] 毛姆．月亮和六便士[M]．上海：上海译文出版社，2007.
[47] 毛姆．人生的枷锁[M]．上海：上海译文出版社，2007.
[48] 渡边纯一．男人这东西[M]．北京：文化艺术出版社，2004.
[49] 渡边纯一．丈夫这东西[M]．上海：上海人民出版社，2004.

[50] 雪儿·海蒂. 海蒂性学报告“男人篇”[M]. 海南：海南出版社，2002.
[51] 雪儿·海蒂. 海蒂性学报告“女人篇”[M]. 海南：海南出版社，2002.
[52] 雪儿·海蒂. 海蒂性学报告“情爱篇”[M]. 海南：海南出版社，2002.
[53] 威尔·鲍温. 不抱怨的世界[M]. 西安：陕西师范大学出版社，2010.
[54] 约翰·格雷. 男人来自火星 女人来自金星[M]. 吉林：吉林文史出版社，2006.
[55] 詹姆士·杜布森. 爱必须自尊[M]. 北京：中国妇女出版社，2006.
[56] 克里希那穆提. 重新认识你自己[M]. 北京：群言出版社，2005.
[57] 瓦尔·莫里森，等. 健康心理学导论[M]. 江苏：江苏教育出版社，2012.
[58] 欧文·亚隆. 直视骄阳[M]. 北京：中国轻工业出版社，2015.
[59] 维克多·弗兰克尔. 活出生命的意义[M]. 北京：华夏出版社，2010.
[60] 欧文·亚隆. 妈妈及生命的意义[M]. 北京：机械工业出版社，2011.
[61] 米奇·阿尔博姆. 相约星期二[M]. 上海：上海文艺出版社，2007.
[62] 阿德勒. 让生命超越平凡[M]. 北京：西苑出版社，2003.
[63] 阿德勒. 自卑与超越[M]. 北京：作家出版社，1986.
[64] 奥马尔·马涅瓦拉. 与自我和解[M]. 北京：人民邮电出版社，2015.
[65] 埃里克·H. 埃里克森. 同一性：青少年与危机[M]. 杭州：浙江教育出版社，1998.
[66] 弗洛伊德. 精神分析引论[M]. 北京：北京出版社，2012.
[67] 弗洛伊德. 弗洛伊德谈自我意识[M]. 北京：中国商业出版社，2011.
[68] 弗洛伊德. 自我与本我[M]. 长春：长春出版社，2004.
[69] 布瑞·格特勒. 自我知识[M]. 北京：华夏出版社，2013.
[70] 皮亚杰. 心理学与认知论——一种关于知识的理论[M]. 北京：求实出版社，1988.
[71] 安妮塔·伍尔福克. 伍尔福克教育心理学[M]. 北京：中国人民大学出版社，2015.